U0682447

抗日战争时期中国人口伤亡和财产损失调研丛书

主　编　李忠杰
副主编　李　蓉　姚金果
　　　　霍海丹　蒋建农

四川省抗日战争时期人口伤亡和财产损失

四川省委党史研究室　编

中共党史出版社

图书在版编目(CIP)数据

　　四川省抗日战争时期人口伤亡和财产损失/四川省委党史研究室编.
—北京:中共党史出版社,2015.8
　　(抗日战争时期中国人口伤亡和财产损失调研丛书/李忠杰主编)
　　ISBN 978-7-5098-3227-1

　　Ⅰ.①四… Ⅱ.①四… Ⅲ.①抗日战争－损失－史料－四川省
　　Ⅳ.①K265.06

中国版本图书馆 CIP 数据核字(2015)第 197510 号

出版发行:*中共党史出版社*
责任编辑:黄　艳
复　　审:姚建萍
终　　审:汪晓军
责任校对:龚秀华
责任印制:谷智宇
责任监制:贺冬英
社　　址:北京市海淀区芙蓉里南街6号院1号楼
邮　　编:100080
网　　址:www.dscbs.com
经　　销:新华书店
印　　刷:北京汇林印务有限公司
开　　本:170mm×240mm　1/16
字　　数:350 千字
印　　张:17.75　17 面前插
印　　数:1—4000 册
版　　次:2015 年 8 月第 1 版
印　　次:2015 年 8 月第 1 次印刷
　　ISBN 978-7-5098-3227-1
定　　价:43.00 元

此书如有印制质量问题,请与中共党史出版社出版业务部联系
电话:010—82517197

《抗日战争时期中国人口伤亡和
财产损失调研丛书》

本课题在中共中央党史研究室室委会领导下进行。先后三位时任主任孙英、李景田、欧阳淞对本课题给予了重要指导。

主　编　李忠杰
副主编　李　蓉　姚金果　霍海丹　蒋建农

参加审稿的领导和专家：
一、中共中央党史研究室领导和专家
　　曲青山　孙　英　龙新民　陈　威　石仲泉
　　谷安林　张树军　黄小同　黄如军　李向前
　　陈　夕　任贵祥　郑　谦　王　淇　黄修荣
　　刘益涛　韩泰华

二、有关部门和单位的专家
　　李景田（第十二届全国人大常委、民族委员会主任
　　　　　委员；中共中央党史研究室原主任；中共
　　　　　中央党校原常务副校长）
　　何　理（中国人民解放军国防大学少将、教授、中
　　　　　国抗日战争史学会会长）
　　支绍曾（中国人民解放军军事科学院少将、原军事
　　　　　历史研究部副部长、研究员）

罗焕章（中国人民解放军军事科学院研究员）

刘庭华（中国人民解放军军事科学院原军事历史研究部研究室主任、研究员、博士生导师、首席军史专家）

阮家新（中国人民革命军事博物馆原副馆长、研究员）

步　平（中国社会科学院近代史研究所原所长、研究员）

汤重南（中国社会科学院世界历史研究所研究员、中国日本史学会名誉会长）

姜　涛（中国社会科学院近代史研究所研究员）

荣维木（《抗日战争研究》原主编）

郭德宏（中共中央党校党史教研部原主任、教授、博士生导师）

肖一平（中共中央党校党史教研部教授）

杨圣清（中共中央党校党史教研部教授）

李东朗（中共中央党校党史教研部教授、博士生导师）

徐　勇（北京大学历史系教授、博士生导师）

李良志（中国人民大学中共党史系教授）

王桧林（北京师范大学教授、博士生导师）

谢忠厚（河北省社会科学院原现代史研究所所长、历史研究所顾问、研究员）

中共中央党史研究室课题组成员

李忠杰　霍海丹　李　蓉　姚金果　李　颖
王志刚　王树林　杨　凯

《抗日战争时期中国人口伤亡和
财产损失调研丛书》

总　序

中共中央党史研究室副主任　李忠杰

发生在 20 世纪三四十年代的中国人民抗日战争，是中华民族抵抗日本帝国主义侵略的一场规模巨大的战争，是世界反法西斯战争的重要组成部分和东方主战场，是近代以来中国反对外敌入侵第一次取得完全胜利的民族解放战争。中国人民抗日战争的胜利，成为中华民族由衰败走向振兴的重大转折点，也对世界各国人民取得反法西斯战争的胜利、争取世界和平的伟大事业产生了巨大影响。

这场战争，作为世界反法西斯战争的一部分，从根本上来说，是反法西斯正义力量与法西斯侵略势力之间的一场大决战，是文明与野蛮的一场大搏斗。日本侵略者，站在法西斯阵营一边，不仅与中国人民为敌，而且与世界人民为敌，肆意践踏人类的公理和正义，企图以残暴杀戮的手段，将中华民族置于自己的铁蹄之下。日本侵略者先后占领了中国、东南亚、南亚、大洋洲许多国家的领土，杀害居民，掠夺物资，强征劳工，施放毒气，蹂躏妇女和儿童，毁坏和窃取文物，造成了大量人员和财产的损失，给中国人民和亚洲其他许多国家人民留下了巨大的创伤，给世界文明造成了空前的破坏。

中国是受战争摧残最为严重的国家。从 1931 年到 1945 年的 14 年间，日本侵略者先后占领了东北、华北、华中、华南等大片中国最重要的经济政治文化战略地区。在整个战争进程中，日军到处屠杀、焚烧、抢掠、奸淫，使中国人民的生命财产惨遭蹂躏；大量使用生化武器，进行残酷的细菌战和化学战；把大批中国平民和俘虏当作细菌和毒气的试验品；对无辜的中国平民施放毒气，或在河流、湖泊、水井中投毒；掠走大批中国劳工，强迫他们筑路、开矿、拓荒，从事大型军事工程，使其大批冻、饿、病、累而死；强征中国妇女作为"慰安妇"，严重残害妇女的身心健康；对抗日根据地实行"烧光、杀光、抢光"政策，企图摧毁抗战军民起码的生存条件；在许多地方还制造了一系列触目惊心的大惨案。直至今天，日本侵略所造成的后果还难以完全消除，日军遗留的毒气弹还不时地威胁着中国人民的生命安全。

日本侵略者的罪行，违背了起码的人类良知和国际公法，不仅是对人权和人道主义的践踏，而且是对人类文明的挑战。它决不是如某些日本右翼分子所说是解放亚洲和太平洋地区人民的行动，而是亚洲和太平洋地区历史上最黑暗的一幕，是人类文明史上的一场浩劫。第二次世界大战结束后，根据《波茨坦公告》的规定，远东国际军事法庭在东京对日本首要战犯进行了国际审判，确认侵略战争为国际法上的犯罪，策划、准备、发动或进行侵略战争者为甲级战犯。此外，盟军还在马尼拉、新加坡、仰光、西贡、伯力等地，对日本的乙、丙级战犯进行了审判。中国也先后对日本的有关战犯进行了审判。这些审判，与欧洲的纽伦堡审判一起，使发动侵略战争的罪犯受到了应有的惩处，代表了全世界一切爱好和平人民的共同愿望。这是正义的审判，历史的审判！这一审判的结果是不容挑战的！

策划和制造当年这场战争的，是一小撮日本军国主义和法西斯分子。而日本人民，从根本上来说，也是受害者。所以，日本人民也用不同方式对这场战争进行了抵制和反抗。不少参加侵华战争的士兵认识到战争的性质，幡然悔悟，积极参加了国际和日本国内的反战活动。战后，很多人勇敢面对历史事实，以见证人的身份揭露了日本军国主义的罪行。还有很多当年的士兵，真诚忏悔战争的罪行，以实际行动推动世界和平和中日友好，做了很多有益的工作。他们的良知和勇气，应该得到充分的肯定和赞赏。

相反，日本国内一些右翼势力，直到今天仍然否认侵略战争的性质和罪行，竭力推卸侵略战争的责任。对早已由当年远东国际军事法庭作出严正判决的南京大屠杀一案，始终企图翻案。历史不容改变，事实岂能抹杀！企图歪曲历史，掩盖罪行，这是中国人民绝对不能同意的！

中国人民在当年那场战争中的胜利，是正义战胜邪恶、光明战胜黑暗、进步战胜反动的伟大胜利！是正义的胜利、人民的胜利、和平的胜利！既是中华民族永远值得纪念的胜利，也是世界人民永远值得纪念的胜利！但是，在纪念胜利的同时，我们不要忘记，这一胜利是用极为惨重的代价换来的。在这一伟大胜利的背后，是中华民族遭受的巨大人员伤亡和财产损失！中华民族，既为这场战争的胜利作出了巨大的贡献，也在这场战争中付出了巨大的民族牺牲。

1995 年，江泽民同志在首都各界纪念抗日战争暨世界反法西斯战争胜利 50 周年大会上，对当年日本侵略中国造成巨大人口伤亡和财产损失的基本数据作出了重要表述。2005 年，胡锦涛同志在纪念中国人民抗日战争暨世界反法西斯战争胜利 60 周年大会的讲话中，再次郑重宣布，据不完全统计，在抗日战争期间，中国军民死伤 3500 多万人；按 1937 年的比值折算，中国直接经济损失 1000 多亿美元，间接经济损失 5000 多亿美元。中国领导人公开宣布的基本数据，从整体上揭示了中国人口伤亡和财产损失的规模，有力地揭露了日本军国主义侵略的罪行。

数据，是历史的抽象。数据的背后，是大量的事实、确凿的证据，是无数人们的惨痛记忆和血泪控诉。为了更直接、更具体、更全面、更系统、更立体地还原当年的历史，展示中国人民遭受的灾难和损失，揭露日本军国主义的罪行，驳斥日本右翼势力否认侵略罪行的种种言论，我们必须通过更多档案资料的展示、历史文书的挖掘、具体事实的考查、当事人的证词证言、各种各样的物证书证，等等，将侵略者的罪行昭告天下。因此，作为炎黄子孙，作为郑重的历史工作者，有必要、有责任、有义务、也有权利对战争期间中国的人口伤亡和财产损失进行更加系统、详尽、具体的调查研究，将当年中国人民的巨大牺牲和惨重损失永远地记载下来。

这项调查研究工作，本来在抗日战争结束之后，或者在新中国成立时，就应该进行。但由于种种历史原因，未能系统、全面地进行。由于年代久远，资料散失，在世的证人越来越少，现在进行这方面的调查和研究已经有很大困难。但是，无论早晚，这项工作总得有人来做。现在才做，已经晚了几十年。但如果现在再不做，将来就更晚，也更困难了。所以，无论再困难，做，都是必要的。做好这项调研，是对历史负责、对人民负责、对当年的牺牲殉难者负责、对我们的子孙后代负责。根本上，是对整个中华民族负责，也是对国际社会和人类文明负责。

因此，2004 年，中央党史研究室决定开展《抗日战争时期中国人口伤亡和财产损失》的课题调研。从 2005 年开始，组织全国党史部门围绕这一重大课题，开展了系统深入的调研工作。其基本任务，是按照实事求是的原则，调查更加详实、有力、具体、准确的档案、材料、事实，更加清楚准确地掌握日本军国主义的侵略罪行，更加清楚准确地掌握日本侵略在各个不同领域、地区和方面对中国造成的破坏和损失。其中包括：各个省、自治区、直辖市在抗战中的人口伤亡和财产损失情况；历次重大战役战斗中中国军队伤亡的情况；日本从中国掠走各种资源的情况；日本从中国掠走和破坏文物的情况；日军在中国制造的一系列重大惨案；中国劳工的损失情况；中国妇女遭受日军性侵犯的情况，包括"慰安妇"的情况；日军在中国使用细菌武器、化学武器及其造成伤害的情况；日本侵略在其他方面给中国造成破坏的情况；等等。

课题调研的整体布局，实行块块和条条的结合。每个省、自治区、直辖市党史研究室，主要负责把本区域内的情况调查清楚。也可根据实际情况，选择一些重点，进行专题性的调研，形成专题性的研究成果。一些重要专题，单靠某个省（自治区、直辖市）做不了，就采取条条的办法，组织专题性的调研。还有一些，则是条条与块块相结合。如毒气，日军在不同区域使用过，有关的省（自治区、直辖市）都调查。但作为一个专题，由相关的区域进行协调，配合开展调研工作，并形成专项的调研成果。如劳工、性侵犯等，就大致属于这种类型。

课题调研的方式方法，主要是查阅和搜集档案文献资料，包括不同历史时期的统计报表。同时查阅当时有关的报刊资料，查阅多年来涉及有关地方、有关课题的研究成果。对一些特殊的重大事件，特别是重大惨案等，也同时进行社会调查，对当事人、知情人、有关研究人员等进行走访，记录证词证言。对于特别重要的事件，有条件的，还进行必要的司法公证，如南京大屠杀、潘家峪惨案等，使这些调查都成为在法律上可以采信的证据。根据需要与可能，也到国外境外包括台湾地区查阅搜集档案资料。

中央党史研究室进行了大量组织和指导工作。在课题确定前，首先进行了必要的论证，得到了许多专家的支持。随后，制定了详细的工作方案，向各省、自治区、直辖市党史研究室发出正式通知和实施意见，明确了工作的指导思想、组织领导、调研项目、工作步骤、基本要求、注意事项等等。为了提高认识，振奋精神，交流经验，落实措施，专门召开了工作培训会议，就课题的总体规划、调研方法、需要把握的问题等，作了全面部署，特别是提出了把调研工作做成"基础工程、精品工程、警世工程、传世工程"的要求。多年来，一直分阶段、有步骤地把这项课题调研推向前进。有关领导和专家分别到各地参加会议，指导培训，提出要求，统一规格，解答疑难问题。在调研过程中，随时就有关问题进行具体指导。工作班子及时编发简报和简讯，交流情况和经验。

各级党委和政府高度重视。多数地方成立了由党史研究室领导负责的课题组。各地先后召开工作会议、电话会议等，培训人员，落实任务。许多地方形成了由党史研究室牵头，档案、民政、财政、司法、地方志、社科院以及高校等部门单位联合攻关的局面，保证了调研工作扎扎实实、有计划有步骤地向前推进。

《抗日战争时期中国人口伤亡和财产损失》课题调研先后经历了六个阶段。第一，酝酿启动。第二，全面调研。这是最重要的阶段。各地组织专门人员，查询档案，实地走访，搜集了大量资料。第三，起草报告。凡参加调研的县以上单位，都要在搜集整理、考证研究档案文献资料和进行实地调查的基础上，写出调研报告，全面、准确地反映调研成果。同时，将调研中搜集的档案文献资料进行分类整理，制作统计表、大事记和人员伤亡名录等。第四，分级验收。为保证调研成果的科学性、准确性、严肃性，各省、自治区、直辖市调研报告都要经过四级验收。首先由课题领导小组审查通过，然后聘请所在省份资深专家审读验收，合格后报送中央党史研究室课题组。中央党史研究室课题组审读各省、自治区、直辖市的调研报告及相关调研成果，认为合格后，再聘请有全国影响的专家审读，写出书面意见并亲笔署名。根据审读意见，各地都要反复认真进行修改，只有达到规定要求才能通过验收。第五，上报成果。完成调研工作的省、自治区、直辖市，都按统一要求，将调研中收集的档案文献资料等所有文件，精心整理，分类成册，向中央党史研究室提交调研成果。各市县也要逐级向省级报送。第六，反复审核。中央党史研究室召开审稿会，组织各省、自治区、直辖市按照标准自审，相互间互审，将各种材料进行比对，将有关数据核实，解决带有共性的问题，进一步统一标准、统一规范、统一格式。

这项课题调研，作为一项浩大的工程，到目前为止，进行了将近 10 年之久。前后共有 60 多万党史工作者、史学工作者和其他各类有关人员参加。将近 10 年来，各个地方都周密组织，采取有力措施推动工作开展，保证调研质量。如山东省，先在 30 个县（市、区）进行试点，然后在全省普遍推开，形成了纵向省市县乡村五级联动、步调一致，横向十几个部门优势互补、携手攻关的工作格局。课题调研期间，山东省参加工作的同志共查阅档案238742 卷，复印档案资料406912 页，查阅抗战期间及战后出版的书刊 61301 册（期），复制文献资料220177 页。走访调查 8 万余个行政村、609 万名 70 岁以上（即 1937 年全国性抗战爆发以前出生）老人中的 507 万余人，收集证言证词 79 万余份。拍摄照片资料 7376 幅、录像资料 49678 分钟，制作光盘 2037 张。全省1931 个乡镇，每个乡镇都建立了包括证人证言证词、伤亡人员名录、财产损失清单、人员伤亡和财产损失数字统计、人员伤亡和财产损失大事记、重大惨案证据材料以及证人和知情人口述录音、录像、照片等内容的抗战时期人口伤亡和财产损失材料卷宗，共 12892 个。

这项课题调研，也得到了社会各界特别是档案图书部门、专家学者的普遍支持。许多档案馆、图书馆为这次调研提供各种方便。不少专家学者在教学科研任务繁重、经费困难的情况下，承担专题研究任务。有的外请专家利用学校假期全力以赴做课题，缺少交通工具，就以自行车代步或徒步，到档案馆和图书馆查阅文献资料。

为了扩大搜寻面，中央党史研究室还组织查档小组，分赴美国、俄罗斯、日本，搜集了许多抗战史料。很多地方的课题组都到台湾查档。在台北"国史馆"、中国国民党党史馆、"中央研究院"近代史研究所档案馆等，找到了数量巨大、整理比较细致的抗战档案。台北"国史馆"馆藏的国民党在大陆统治时期行政院赔偿委员会档案，涉及抗战时期中国人口伤亡和财产损失的有8924卷，内容十分翔实具体。既有中央机关、军队系统人口伤亡和财产损失情况，也有地方省、市，县、区和个人填报的资料，包括台湾地区和华侨的档案资料。新疆防空委员会也报送有财产损失材料，如修筑防空工事、疏散费等财产损失。重庆市报送有日机空袭慰恤重伤难胞姓名卡，上面有卡号、伤员姓名、性别、年龄、籍贯、受伤时间、受伤地点、恤金额、发恤金时期、所住医院名称、医院地址、入院时间等，受伤部位还配有图片加以说明。所有这些，为查明当时各方面的人口伤亡和财产损失，提供了重要证据。

　　这项重大课题调研的成果，均编成《抗日战争时期中国人口伤亡和财产损失调研丛书》公开出版，为国内外学者提供并为子孙后代留下一份关于抗战时期中国人口伤亡和财产损失的系统资料。经过验收、审核合格的调研报告和主要档案文献资料，都按统一体例，编辑成为丛书的A、B两个系列。A系列为各省、自治区、直辖市各一本调研成果，以及若干重要专题的调研成果，由中央党史研究室负责审核。B系列为各省、自治区、直辖市的其他大量调研成果，由各省、自治区、直辖市党史研究室负责审核。全部成果统一设计、统一规格、统一版式、统一编号，由中共党史出版社统一出版。全部出齐之后，将有300本左右。

　　为了集中反映日本侵略者在中国制造的各种重大惨案，我们专门编纂了一套《抗日战争时期全国重大惨案》，收录抗战时期死伤平民（或以平民为主）800人以上的重大惨案100多个，配以档案、文献、口述及照片等作为历史证据。日本一些右翼分子，常常攻击中国为什么不拿出伤亡人员名单。我们专门安排了一个省，即山东省，公布该省具体的伤亡人员名录（第一批先公布该省100个县＜市、区＞的死难人员名录），包括姓名、籍贯、年龄、性别、伤亡时间等多项要素。以此说明，中国的伤亡人员都是有根有据、铁证如山的。

历史的生命在于真实、客观、准确。《抗日战争时期中国人口伤亡和财产损失》这一课题调研的生命也在于真实、客观、准确。所以，在开展这一课题调研的过程中，我们始终把保证调研质量，保证所有材料、事实、成果的真实性、客观性和准确性放在第一位，并在五个重要环节上严格要求、严格把关。第一，严格要求。一开始就明确规定，课题调研工作坚持实事求是的原则和科学严谨的态度。整个调研工作必须尊重历史事实。档案怎么记录的，就怎么记载，不能随意改变。当事人、知情人怎么说的，就怎么记录，不能随意加工。所有的材料、事实都要经得起法律上和学术上的质证。在需要与可能的情况下，对当事人、知情人的证词证言要进行司法公证。各种数据，都要确有根据，不能随便编排、采信。不许追求任何高数字、高指标。第二，统一规范。对课题调研的项目、内容，都做了认真细致的研究，提出了统一要求和严格规范。对全部调研项目设计了统一的表格，对调研报告的内容和格式做了统一规定。每个数字的内涵外延，包括如何计算、如何换算等等，都有明确的规定。事前对调研人员进行了培训。调研过程中，对没有理解的问题、疑难的问题等，都由专家给予统一的解释、说明。第三，责任到人。对所有参与课题调研的人员，都实行责任制。查档的、笔录的、整理的、起草调研报告的、审读的……，每个环节的人员都要签名，以对这一环节自己的工作负责，对子孙后代负责。明确规定，今后凡遇到质疑，有关环节的调研人员都要能够站出来进行证明、解释和辩论。第四，客观撰写。在汇总情况、起草调研报告阶段，要求所有的数据统计都必须客观、真实、准确。一律用事实说话，材料要具体、实在。不允许像写文艺作品那样来写调研报告；不允许作任何想象、编造和煽情性的描写；不允许刻意追求语言的生动华美；不允许使用任何带有夸张性、主观推断性的文字；不允许用"不计其数"、"无恶不作"这类抽象的形容词来概括相关内容；经过调研，凡是能够说清的事实、数字都予采用，但仍然说不清的情况、数据，就客观地说明未查核清楚，在汇总和整理数据时充分考虑这些因素，绝对不得编造数字。第五，逐级验收。除了在调研过程中由特聘的专家随时给予指导外，对各地提交的调研报告和相关材料，都实行逐级验收制度。其中，对省级调研成果实行由地方到中央的四级验收，其他调研成果由有关省、自治区、直辖市党史研究室组织验收。每一验收环节都要有专家审读、签字。凡存在问题和不符合要求之处，都要退回重新核查和修改。

经过艰苦努力，到 2010 年底，我们在深入调研的基础上，初步编出了几十本成果，先行印制了少量样本作为内部工作用书，组织力量作进一步的研究、审读、复查、校核。从 2014 年初开始，我们又组织展开了新一轮较大规模的审核工作。第一，召开有关省、自治区、直辖市党史部门参加的审稿会，进一步提高认识，明确规范，听取相互评审以及从社会各方面听到的意见，对审核工作提出要求，进行部署。第二，开展自审、复核、修改，确保准确无误。同时在各省、自治区、直辖市党史部门之间交叉审读，相互间进行比较、核对、衔接。自审互审完成后，都要确认是否具备正式出版的质量水准，签署是否同意交付出版的意见。第三，由中央党史研究室组织专家，对所有拟第一批出版的成果（书稿）进行六个环节的审读、检查、修改、校对，不仅检查是否还有表述不够准确或不够清楚的地方，而且对各本书稿之间、每本书稿各个部分之间的内容、叙述、时间、数字等进行统筹检查，排除表述不一致的内容。第四，如实客观地说明我们工作尽最大努力后达到的程度。始终强调，凡是已经清楚的，就清楚表述。还没有搞清楚的，就如实说明还没有搞清楚。某些数据、结论与其他书籍资料不完全一致的，则说明我们是依据什么材料、从什么角度得出和叙述的，不强求一致。第五，组织各地党史部门继续参与审核。凡有疑问的，都与有关地方党史部门联系、查核。多数省、自治区、直辖市都派专人来京参与审核、修改、校对。审核完毕后，又组织各地党史部门对自己书稿的清样再次进行审核。然后再按出版流程交付印制。今年以来对这些成果再次进行如此繁密、细致的复核工作，都是为了进一步保证成果的质量，保证历史事实的真实性和准确性。

特别需要强调的是，开展这项调研，不是为了简单汇总、计算这样那样的数据，而是为了寻找、展示更多的档案、更多的材料、更多的人证物证、更多的历史事实，用具体的事实来反映当年中华民族遭受的巨大灾难，揭露日本侵略者反人类的罪行。时隔几十年，很多数据难以查清，很多数据可能不很吻合，而且数据的分类、统计、核算都极为复杂，远远不是简单做一做加法就能算出来的。所以，我们在数据上采取了十分谨慎的态度。能统计出来的就统计出来，难以统计的也不强求。统计的口径、结果相互有差别的，也注意说明。今后，我们将会对数据问题作进一步研究。因此，目前的研究还只是阶段性的，不能说已经包罗万象，更不是最终的结论。总体上，还是在为今后更加综合性的研究提供一个详尽、扎实的基础。

由于自始至终都高度重视和强调调研的质量，所以，对于这一项目的真实性、客观性、准确性，我们有充分的信心。当然，无论如何，历史已经过去了六七十年，很多当事人已经去世，很多档案资料已经散失。现在再对发生在六七十年前的灾难进行大规模的调查，其困难是可想而知的。所以，即使做了最大的努力，我们仍然充分预计在调研成果及有关材料中，还是会有不足和差错之处，出版之后，肯定会有不同意见。所以，我们真诚地欢迎所有看到这些调研成果的人们，对其中的内容、材料、数据等进行审查、讨论。如此，必将有更多的人们关心和参与对当年那场灾难的调查，必将会提供和发现更多的档案、更多的资料、更多的见证，必将对我们调研成果中的很多内容进行不断的推敲琢磨，从而使我们能够更加准确、系统地展示当年中国的人口伤亡和财产损失，使我们为子孙后代留下的资料更为完整、更为丰富。我们也欢迎日本和其他国家的人们对这些调研成果进行阅读、审查、讨论、质疑。如此，将会有更多的国家和人们关注中国当年所遭受的灾难，也将会有更多的存留于国外境外的档案资料出现在公众面前，也将会使对当年这段历史和灾难的记录、研究更加准确和科学。

《抗日战争时期中国人口伤亡和财产损失》课题调研，是一项学术性的工作。开展这项课题调研，是为了更加准确和详尽地记录这场战争和灾难的历史，更加充分和有力地揭露日本军国主义的侵略罪行、反击日本右翼势力否认侵略战争的言行，更加充分和有效地进行爱国主义教育，毋忘国耻、振兴中华，更加积极地促进两岸交流、推进祖国和平统一进程，同时，也是为了给全世界所有关注当年这场战争和灾难的国家、政府和人们一个更加负责任的交代，为子孙后代继续研究当年中国人民抗日战争和日本军国主义的侵略罪行留下一笔丰富翔实的历史遗产。因此，虽然是学术性调研，但具有重大的历史意义、现实意义、国际意义、政治意义。作为历史工作者，我们有责任、有义务，实事求是地把中华民族在那场战争中蒙受的巨大灾难和损失尽可能完整地记载下来。推动和开展这项课题调研，是良心所在，是责任所在！每每读到那些令人震颤的历史事实，每每想到那数千万死难者的冤魂亡灵，每每掂量我们今人特别是历史工作者的责任，我们都禁不住潸然泪下。将近 10 年来，所有调研人员本着对历史和民族负责的精神，殚精竭虑，无私奉献，千方百计寻找各种线索，逐字逐页翻阅档案资料。为了做好对当事人、知情人的调查取证工作，顶酷暑，冒严寒，深入村镇，一家一户进行走访。也许，随着时间的流逝，这样的调研工作，以后再也不可能如此全面深入大规模地进行了。所以，对于能够基本完成这一课题的调研，我们极为欣慰，对能够取得今天这样的成果，我们极为珍惜。将近 10 年来，调研工作遇到过重重困难，调研人员付出了巨大心血，但只要能够对国家、对民族、对人民有一个负责任的交代，我们所有的努力、辛劳甚至痛苦都是值得的！

现在，《抗日战争时期中国人口伤亡和财产损失调研丛书》A 系列第一批成果就要正式出版了，随后我们还将根据工作进程陆续出版第二批、第三批……B 系列丛书的编纂和出版工作也将同时推进。而且，这项课题调研工作远没有结束。截至目前课题调研取得的成果，都还是阶段性的、部分的、不完全的成果。很多专题性调研还要继续进行，对大量档案资料还要进行分析研究。所有这些，都还需要我们继续不懈地努力。我们将以对历史负责的精神，一如既往地将这项课题调研工作做好。

历史，是现实的基础，更是未来的起点。打开尘封的记忆，重温昔日的往事，我们可以得到很多的启示和教诲，增长很多的聪明和智慧。所以，研究历史，形式上是向后看，但根本目的是向前看。作为一种科学的研究，我们调查历史的真相，记录历史的灾难，不是为了延续旧时的仇恨，不是为了扩大中日之间的裂痕，不是为了煽动狭隘民族主义的情绪，而是为了以史为鉴，不让历史的悲剧重演；面向未来，书写更加友好合作的美好篇章。经历了太多的苦难和挫折之后，我们更加坚定地热爱和平，更加执着地追求正义，更加珍惜国家的主权与独立，也更加关注世界的文明发展和进步。我们真诚地希望，世界各国能够携手努力，平等协商，求同存异，友好相处，共同推进世界的发展，共享人类文明的成果；我们真诚地希望，中日两国人民能够更多地加强交流、理解和合作，共同开辟中日关系的新局面，使中日关系更加健康稳定地向前发展，使中日两国人民真正世世代代地友好下去；我们真诚地希望，中华民族能够始终以坚韧不拔的努力，坚定不移地走和平发展之路，在中国特色社会主义旗帜下全面建设小康社会，努力实现社会主义现代化，为推动建设一个和平发展、文明进步的世界作出自己的贡献！

2014 年 4 月 30 日

《抗日战争时期中国人口伤亡和财产损失》课题①调研工作规范和要求

2004 年，中共中央党史研究室决定开展《抗日战争时期中国人口伤亡和财产损失》课题调研。2005 年向全国各省、自治区、直辖市党史研究室发出开展此项工作的正式通知，进行相应部署，着重说明工作的指导思想、调查项目、实施步骤及规范和要求。以后又随着课题调研的深入开展，对规范和要求进行了补充和完善。

一、课题调研的基本任务

抗战损失课题调研的目的和任务是深化对抗日战争时期中国人口伤亡和财产损失的研究。1995 年，在首都各界纪念抗日战争暨世界反法西斯战争胜利 50 周年之际，江泽民同志曾经对 20 世纪三四十年代日本侵略中国造成巨大人口伤亡和财产损失的基本数据做出了重要表述。2005 年，在纪念中国人民抗日战争暨世界反法西斯战争胜利 60 周年大会的讲话中，胡锦涛同志再次郑重宣布，据不完全统计，在抗日战争期间，中国军民伤亡 3500 多万人；按 1937 年的比值折算，中国直接经济损失 1000 多亿美元、间接经济损失 5000 多亿美元。中共中央党史研究室组织开展的课题调研，旨在全面详尽调查有关抗日战争时期中国人口伤亡和财产损失的具体事实，为这组基本数据提供强有力的史实支撑，并不是简单地做数据统计。

---

① 本课题亦简称为抗战损失课题或抗损课题。因为抗日战争时期及抗战胜利后国民政府统计人口伤亡和财产损失多采用"抗战损失"等概括性提法，其中将人口伤亡也称作抗战损失之一种，与财产损失并提，故沿用这一表述。

课题调研的基本任务是：按照实事求是的原则，经过广泛、全面、深入细致的调查研究，包括查阅搜集档案资料、对统计数据进行分析等，获得更多的证据，以更加全面和准确地揭露日本帝国主义侵略中国的罪行及其对中国人民造成的伤害。

课题调研的主要内容包括：（1）各个省、自治区、直辖市在抗战中的人口伤亡和财产损失情况；（2）历次重大战役战斗中中国军队伤亡的情况；（3）日本从中国掠走各种资源的情况；（4）日本从中国掠走和破坏文物的情况；（5）日军在中国制造的一系列重大惨案；（6）中国劳工的损失情况；（7）中国妇女遭受日军性侵犯的情况，包括"慰安妇"的情况；（8）日军在中国使用细菌武器、化学武器及其造成伤害的情况；（9）日本侵略在其他方面给中国造成破坏的情况；等等。

二、课题调研的方式和方法

主要是组织有关人员查阅和搜集档案馆、图书馆和其他文博单位以及民间保存的有关中国抗战人口伤亡和财产损失的档案资料、报刊杂志、历年出版的专题资料集和发表的研究成果。对一些特殊、重大的事件如重大惨案，则走访当事人、知情人和有关研究人员，进行录音录像，整理和保存证人证言，有条件的还进行司法公证，努力使这些调查材料成为在法律上可以采信的证据。有些省份的课题组还到境外的有关机构查阅相关档案资料，作为对大陆保存的档案资料的丰富和补充。这次课题调研的整体布局，实行块块和条条相结合。每个省、自治区、直辖市党史研究室在负责开展地区性的广泛调研的同时，也从实际出发开展一些专题性调研。一些重要的、涉及多个地方的带有全局性的专题，则另组织专家进行调研。

三、对搜集档案资料的要求

1. 明确搜集档案资料的范围。搜集档案资料是本课题调研工作的基础，调研成果的质量也主要决定于档案资料是否翔实，是否尽可能完整和全面。所以，凡相关内容的档案资料，不论是直接反映人口伤亡和财产损失的，还是间接反映的（如关于人口状况、财产状况、生产能力、各类资源情况等资料），都尽量搜集，作为撰写调研报告的客观的历史依据。搜集的要件有：档案、报刊、史志、时人日记、专著专论、实地调查报告、图片、影像资料以及出版、发表的研究成果等。

2. 认真整理原始档案和资料。对于搜集到的档案资料，不论是来自原始的档案，还是来自报刊、史志、日记、图书、专题论文等，都认真整理，每份每件都注明保存的地点、单位，文件卷号、出版或发表处等，然后分类汇总，妥善保存。档案资料使用时一律保持原貌，必要时作注释说明，不允许对原件内容增改、涂抹。对搜集到的档案资料要在分门别类整理的基础上进行必要的考证、鉴别和研究。整理后的档案资料，不仅是有关课题承担者撰写课题调研报告的重要依据，其主要内容也作为附件收入有关的调研成果之中。

四、有关数据统计中的几个问题

1. 根据搜集、掌握资料的情况，抗日战争时期中国的人口伤亡分为直接伤亡和间接伤亡两大类。直接伤亡，一般是指日本侵略中国的战争直接导致的中国方面人员的死、伤、失踪等；间接伤亡，一般是指在日本侵略中国的战争包括特定战争环境中造成的中国方面被俘捕人员、灾民、难民、劳工等的伤亡。抗战期间，被俘捕人员、灾民、难民、劳工等伤亡很大，但由于其流动性大等复杂原因，很难形成具体数据资料，统计起来十分困难。因此，本课题调研中，将已确定属于死、伤或失踪的被俘捕人员、灾民、难民、劳工的数据归入有关地方间接伤亡统计数据；无法确定是否伤亡失踪的，可视情况单列相关数据并加以说明。需要补充说明的是，在战争中失踪者，按通常惯例归为死亡。

2. 抗日战争时期中国的财产损失分为直接损失和间接损失两大类。直接损失，一般是指在日军攻击、轰炸或掠夺中直接造成的社会财产损失。居民财产损失列为直接损失。间接损失，一般包括：(1)政府机关等因抗战需要而增加的费用，如迁移费、防空设备费、疏散费、救济费、抚恤费等；(2)各种营业活动可获利润额的减少及由于成本上升等增加的费用；(3)有关伤亡人员的医药、埋葬等费用；(4)为抗战捐献的物资和钱财；(5)有关人力资源的损失。总之，一切因战争造成的间接财产损失均包括在内。

3. 在财产损失中所列的人力资源类损失，包括了被俘捕人员、劳工等在财产方面的损失。中国各级政府所组织的劳役，例如为战争修筑公路、机场、军事工事等抽调民工，都算作人力资源损失。但中国方面征用民工和日本侵略军强征劳工有所区别。日军强征劳工的伤亡率很高，和中国方面征用民工民夫的情况区别很大，因此要分别统计和说明，不能混淆。

4. 中国军队在重大战役战斗中的人员伤亡，分别情况加以统计处理。此次课题调研以统计平民伤亡为主。有关省（自治区、直辖市）如发现有本地发生过军队人员伤亡的重要资料，可以搜集整理并在调研报告中说明，但不计入本地人口伤亡总数。若是本地籍军人的伤亡，则计入本地人口伤亡总数。

5. 海外华侨拥有中国国籍，因此在计算抗日战争时期中国人口伤亡和财产损失时，华侨人口伤亡和财产损失均计算在内。各有关地方在计算本地人口伤亡和财产损失时，视情况可以将本地籍华侨的伤亡、损失计入统计数据总数，亦可单列数据并加以说明。

6. 工厂、学校、机关团体等由于战争原因搬迁造成的损失，算作间接损失，原则上由工厂、学校、机关团体等原所在地方统计。如果原所在地方缺少相关资料，新迁移处具备资料条件，也可由后者统计。为避免交叉和重复，遇到这类情况须特别加以说明。

7. 政党、政府机构的财产损失，归入公用事业的社会团体类财产损失一并计算。

8. 被日军、日本占领当局无偿征用、占用的中国耕地，按农作物的产量及其价值计算财产损失。

9. 伪军、伪政府的人员伤亡和财产损失，一般计入中国人口伤亡和财产损失。

10. 由战争原因导致的如黄河花园口决堤一类重大事件所造成的人口伤亡和财产损失，计算在间接人口伤亡和财产损失中。

11. 重大的财产损失，均以相应数额的货币反映价值。反映财产损失的货币一般要注明币种。

12. 通常用于抗日战争时期财产损失统计的货币（主要是法币），币值问题非常复杂。本课题调研中，涉及财产损失统计的货币数据，有条件进行折算的，一般按1937年即全国抗战爆发当年通用货币法币的币值进行折算，并说明折算的方式方法。因条件不具备，保留原始数据未作折算的，则注明有关数据中用以反映财产损失的货币系何种货币、何年币值。

五、关于撰写课题调研报告的要求

本次课题调研，有关课题组和承担专门课题的专家均按要求撰写出调研报告。

1. 各省、自治区、直辖市课题组撰写调研报告，内容大致分为概述、主体、结论三部分。

概述部分主要包括：介绍课题调研工作的基本情况，如：投入多少力量，到过什么地方查阅搜集档案资料，搜集了多少档案资料等。反映本地的自然地理概况，抗战爆发前的经济社会发展和人口状况，以及在抗战时期是重灾区还是大后方，是沦陷区还是根据地等。叙述日本侵略者在本地的主要罪行。还可简略回顾以往相关课题的资料和研究情况。

主体部分主要包括：分析说明本地人口伤亡和财产损失情

况。根据现掌握资料，将本地抗战时期人口伤亡分为直接伤亡和间接伤亡，将本地财产损失分为直接损失和间接损失，并分别说明主要的史料依据和分析结果。

结论部分，汇总本地人口伤亡数据、财产损失数据。据实说明迄今所掌握资料的局限性、本地遭受人口伤亡和财产损失的特点、影响等。

撰写调研报告依据的主要资料以及调研中同步完成的专题研究报告等，作为调研报告的附件，纳入课题调研成果中。

2. 由一批专家承担的全局性专门课题，如抗日战争时期重大惨案、劳工问题、"慰安妇"问题、细菌战、化学战、文化损失、海外华侨人口伤亡和财产损失、中国军队伤亡、重要战役战斗伤亡等，其调研报告的撰写和附件的收录，参照以上要求进行。

六、对调研成果的验收

在各省、自治区、直辖市课题调研工作结束后，完成的包括课题调研报告在内的省级调研成果和市、县等调研成果，要装订成册，通过审阅和验收，逐级上报，送交各省、自治区、直辖市党史研究室和中共中央党史研究室分别保存。

为确保质量，在调研过程中形成的各省、自治区、直辖市A、B两个系列书稿（省级调研成果为A系列书稿，市、县等调研成果为B系列书稿），要分别通过验收。其中，省级调研成果要通过由地方到中央的四级验收，市、县等调研成果则在有关省、自治区、直辖市内验收。

省级调研成果上报验收前，课题组先认真进行自审，以保证内容的完整准确，特别是调研报告和有关专题研究报告、资料、大事记的内容和数据要互相补充、印证，不能互相矛盾。课题组完成自审后，省级调研成果首先报送省级抗战损失课题领导小组验收。省级课题领导小组审查通过后，送省级专家验收组验收。省级专家验收组参加验收的专家一般为3—5人，人选来自党史系统、社会科学院和社科联系统、档案史志部门、高等院校等方面，为较有影响力、权威性的专家。省级专家验收组在本省（自治区、直辖市）课题领导小组的指导下，按照学术规范的严格要求和有关规定审读、验收本省（自治区、直辖市）拟提交中共中央党史研究室的省级调研成果。验收的主要标准和目的是确保调研成果的准确性、可靠性。对于验收中指出的问题、提出的意见和建议，各省（自治区、直辖市）课题组须采取有效措施解决和落实。对一次验收不合格的，修改、完善之后进行第二次以至多次验收，直到合格为止。省级专家验收组验收合格后，填写《A系列书稿验收报告表》。填写的报告表和书稿同时报送中共中央党史研究室课题组。

中共中央党史研究室课题组收到经省级专家验收组验收合格的省级调研成果后，先进行验收。认为合格后，再聘请国内知名专家进行验收，并填写《A系列书稿验收报告表》。验收中所提修改意见，由有关省、自治区、直辖市课题组予以逐条落实，对调研成果做出相应修改或者说明相关情况。

由一批专家承担的全局性专题研究成果，最后形成的书稿也纳入A系列，其验收也参照上述程序和要求，由中共中央党史研究室课题组组织有关专家进行。对于验收中提出的意见，承担课题的专家要逐条落实，对调研成果进行修改完善直至合格为止。

最后，中共中央党史研究室课题组对经过反复修改形成的省级调研成果和全局性专门课题调研成果进行复核。完成各项程序并符合要求的调研成果，包括通过四级验收的A系列书稿和由有关省、自治区、直辖市党史研究室组织验收并合格的B系列书稿，分批次送交中共党史出版社付印出版。

中共中央党史研究室课题组

《四川省抗日战争时期人口伤亡和
财产损失》编委会

主　任　王承先
成　员　李文星　江红英
　　　　郭生春　宁志一

《四川省抗日战争时期人口伤亡和
财产损失》编辑组

主　编　周锐京
成　员　曾凡荣　杨　萍
　　　　王癸鳕　徐　静
　　　　黄婷婷

　　抗日战争中，四川省对正面战场提供了人力物力的巨大支援。图为抗战胜利不久，1945年10月8日《新华日报》发表的社论《感谢四川人民》。

踴躍服兵役，充實反攻力量！
抗建第五週年平武縣紀念大會製

厲行國家總動員，準備反攻！
抗建第五年平武縣紀念大會製

東亞民族聯合起來，消滅日寇！
抗建第五週年平武縣紀念大會製

四川省平武县抗战动员标语

参加国民兵训练

才配去报仇雪耻

抗战建国五周年暨国民兵役
运动庆符县（今县能念大会製）

四川省庆符
县（今宜宾县）
抗战动员标语

標語

1、中國是遠東反侵略的主力！

2、東亞民族聯合起來消滅日寇！

3、把戰爭移到日本本土去！

4、屬行國家總動員準備反攻！

5、擁護糧食政策，充裕軍需民食！

6、踊躍服兵役，充實反攻力量！

7、中國國民黨萬歲！

8、中華民國萬歲！

廣漢縣各界紀念大會備

四川省广汉县（今广汉市）抗战动员标语

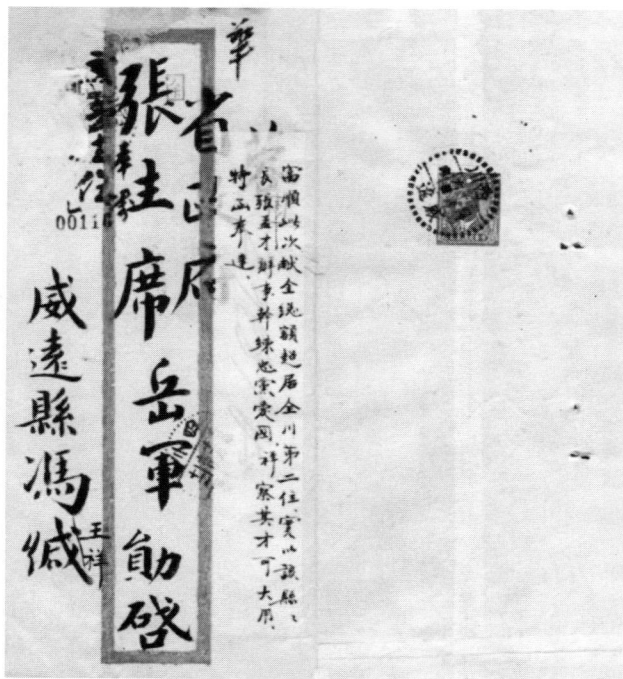

冯玉祥1944年11月在川南抗战献金运动途中为富顺县献金总额居四川全省前列写给四川省主席张群的信（封面）

抗日战争中动员民众服兵役的歌曲

抗战期间在寒冬中阵亡的川军士
兵，身上扎着两件单薄的外衣，脚上仍
穿着草鞋。

抗日战争中翻山越岭来四川避难的民众

抗日战争中骨
瘦如柴的四川小难民

抗战期间在四川，大量抗战机场的修筑，土石方工程全靠民工人力完成。

抗日战争中四川男女老少齐动员修筑抗战机场

小孩子也加入了修筑抗战机场的队伍

四川修筑抗战机场时用的石碾

四川特種工程委員會獎狀 獎平字第 0545 號

兹有 雙流 縣民工總隊

分隊長譚少華工作努力成

績優良合給獎狀以彰有

功此狀

主任委員 張 羣

副主任委員 周至柔

中華民國三十年 四月　　日

四川特种工程委员会颁发给修筑抗战机场有功人员的奖状

抗日战争中成都的防空警报器

抗日战争中成都的防空警钟

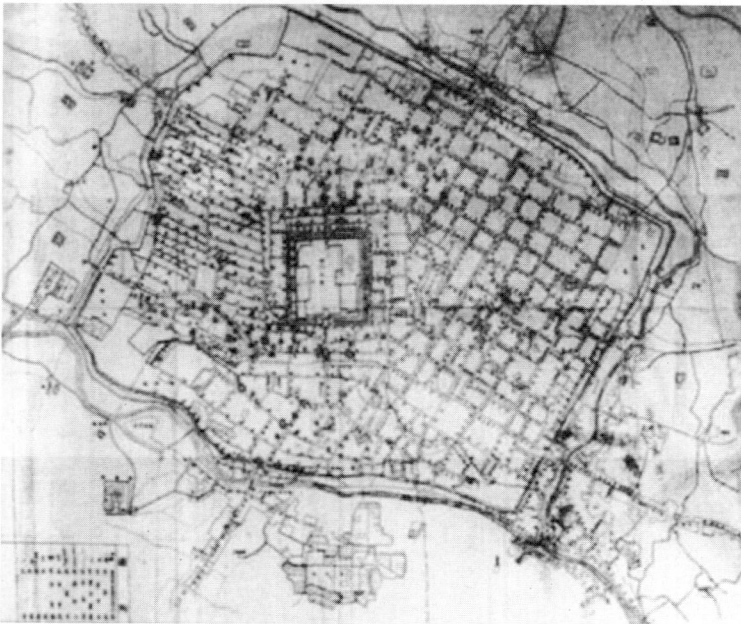

1941年7月27日
日军飞机空袭成都
被炸灾区图

1939年9月11日泸州大轰炸惨案发生地之一——泸州钟鼓楼

1940年8月12日
泸州大轰炸惨案发生
地——泸州凝光门

1939年8月19日乐山城区被日军飞机轰炸情形

1939年8月19日，内迁至乐山的武汉大学被日军飞机轰炸后的废墟（1）。

1939年8月19日，内迁至乐山的武汉大学被日军飞机轰炸后的废墟（2）。

1939年"8·19"大轰炸后，日本媒体对此事的报道。

1939年8月19日日军飞机对乐山大轰炸后日本媒体的相关报道《嘉定初空袭》

抗日战争中被日军飞机轰炸过的武胜县清平乡人木桥遗址

1941年5月19日，日军飞机轰炸宜宾城区小北街居民房屋。

1941年5月19日，日军飞机轰炸宜宾城区老米市街、南门内街居民房屋。

1941年5月20日日军飞机轰炸宜宾菜坝机场

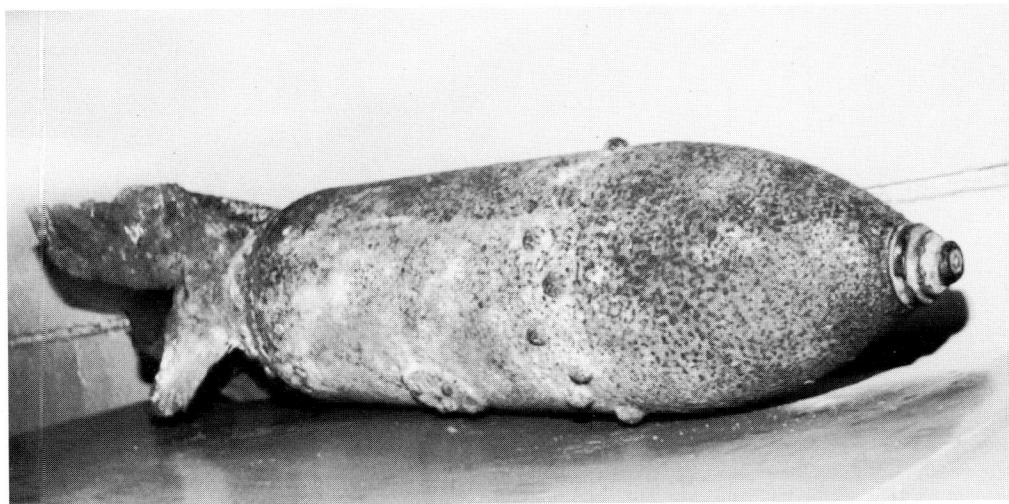

未爆炸的日军飞机当年投掷的炸弹

目　　录

一、四川省抗日战争时期人口伤亡和财产损失调研报告

四川省委党史研究室

（一）调研工作概述

1. 本次调研的组织与基本情况

抗日战争时期中国人口伤亡和财产损失课题（简称抗战损失课题）是由中央党史研究室牵头在全国范围内开展的一项重大课题，作为其重要组成部分的本课题具体由四川省委党史研究室负责，全省 17 个市州党史部门共同参与（名单见附表），历时十载终告完成。整个调研过程大体上可分为四个阶段。

课题启动阶段（2005.6—2007.6）：中央党史研究室下达抗战损失课题调研任务后，四川省委党史研究室于 2005 年 6 月在成都召开全省党史研究室主任会，进行动员布置，确定由省委党史研究室一位同志主要从事此项工作，各市州完成各自调研任务。然而由于人员和经费的严重不足，四川课题进展缓慢，到 2007 年上半年仅仅完成大事记等基本工作。

征集资料阶段（2007.6—2008.6）：2007 年 6 月，在中央党史研究室的督促下，省委党史研究室对省级"抗损"课题组进行了加强和充实，成立了由周锐京任组长的 6 人课题组。课题组成立后，在室务会领导下，千方百计争取各方支持，及时落实了专项课题经费，并举行带有培训性质的全省"抗损"课题工作会议，进一步明确任务，优化调研方法步骤，确定课题调研主要采用查阅和搜集档案文献资料进行。为此，课题组分赴省内外查阅了大量资料。

研究编撰阶段（2008.6—2008.10）：2008 年初，全省调研工作进入研究编撰阶段。完成资料的查阅分析和比对后，我们基本弄清了抗日战争时期日本军国主义侵略给四川人民造成的人员伤亡和财产损失情况。在审阅各市州调研报告并做好省级大事记编写和各统计报表填写的基础上，开始起草省级调研报告。

修改验收阶段（2008.10—2010.10）：调研报告完成后，经课题组成员充分

讨论后，提交由四川省社会科学院毛泽东思想研究所所长杨先农研究员、《四川省档案》执行主编刘君研究馆员、四川大学历史文化学院副教授谯珊博士组成的专家组进行评审。专家组在充分肯定调研报告的同时，还提出了中肯的意见和建议。如建议加大研究抗战前后四川的自然、社会、经济状况的研究，增加对抗战后四川情况的介绍，增加与过去同类报告和成果进行对比，通过比较显示创新和建树；尽量查找年份缺失的数据资料，避免硬伤的出现。根据专家组的审读意见，课题组对初稿进行了认真的修订，最终形成上报本。中央党史研究室一部副主任李蓉、科研管理部副主任姚金果等领导和专家对上报的调研报告进行了严格的审查，提出了许多建设性意见。浙江省委党史研究室邓金松同志也无私地帮助我们完成了部分数据的折算工作，并提出了一些非常好的建议。综合上述同志的意见和建议，我们反复修改，多易其稿，最终形成了《四川省抗日战争时期人口伤亡和财产损失调研报告》。

2014 年，根据中央党史研究室的意见，课题组对四川调研报告再次进行了修改，对相关资料重新进行了梳理和核查，对所涉数据进行了一一核实，对相关内容进行了适当的调整和补充，如将"难民"部分从"人口间接伤亡"中抽离出来，放在了"单独上报项目"之中；全书增加了日机轰炸受害者"口述"方面的内容；另外，为提高阅读效果，将繁杂的折算过程从正文中移至页下注中。

2. 调研方法与相关资料

多年来，关于四川抗战时期问题研究，学术界同仁做了许多基础性的工作并取得一定成果，出版了一系列著作和资料图书，如《四川抗战史》（张彦主编，四川人民出版社 2014 年版）、《抗战时期的四川——档案史料汇编》[四川省档案局（馆）编，重庆出版社 2014 年版]、《抗日战争时期四川省各类情况统计》（四川省档案馆编，西南交通大学出版社 2005 年版）、《川魂——四川抗战档案史料选编》（四川省档案馆编，西南交通大学出版社 2005 年版）、《铁证》（成都市国际教育学会、成都大轰炸史实研究专委会编著，中国和平出版社 2013 年版）、《成都大轰炸》（成都市人民防空办公室、成都市国际教育学会编著，中国和平出版社 2009 年版）、《抗战时期的四川》（段渝主编，四川出版集团巴蜀书社 2005 年版）等等。虽然林林总总，但多系档案资料汇编或一般问题的研究。就抗战时全省人口伤亡与财产损失问题而言，明显缺乏深入系统的研究，而且即便有也主要集中在川军出川和日机大轰炸方面，对全省财产损失情况的研究则很少，全面系统的研究更是几乎为空白。因此，开展抗战时期四川人口伤亡与财产损失课题研究具有重要的学术价值和深远的历史与现实意义。

本次调研的方式和方法主要是查阅和搜集有关四川抗战时期人口伤亡和财产损失方面的档案资料、文献资料和研究成果，在对原始档案和相关材料进行分析比对的基础上，尽量吸收已有研究成果，从而最终形成本课题最主要成果——省课题调研报告及本书稿。

省级课题组先后到四川省档案馆、四川省图书馆、四川大学图书馆、四川社会科学院图书馆、成都市档案馆、成都市图书馆、四川省和成都市人防办公室等单位查阅了大量原始档案和文献资料。基本完成省内档案资料的普查后，课题组成员还前往江苏、上海、浙江及台湾等地查阅了大量抗战时期有关四川的档案和文献资料，复印、复制、拷贝、摘抄和拍照了相关资料，并进行系统的整理、归类、研究。据统计，本课题组在省内外共查阅纸质原始档案 60 大卷、15800 余页，查阅缩微胶片 27 卷约 11500 页，查阅书籍和报刊资料 120 多种约 3600 余万字，共复印档案资料 2900 余页，文献资料 700 余页，摘抄 300 余页，收集翻拍历史图片 200 余张。

3. 几点说明

（1）本调研报告依据我们迄今所能掌握的档案和文献资料撰写而成，其统计数字与结论均由现有材料得出，难免挂一漏万，因此很难以"全面"或"权威"概括。但我们尽量在已有材料的基础上保持客观公允，如果今后有新的材料出现而需修正某些数据或结论，并不影响本报告力求还原历史事实的初衷。

（2）如果同一内容统计时有多种数据，我们尽量选用相对客观比较实事求是的数据，但若几种说法均有各自的道理，则一般选用较小的数据。

（3）抗战前后直至 20 世纪 90 年代，四川行政区划变动较大，行政区域的变化涉及今四川、重庆和西藏等省、市、自治区。此次调研，以四川省目前的行政管辖区域为覆盖范围。由于抗战时期档案及文献中关于四川的统计数据，许多都包含了今天重庆市所辖行政区部分的内容，我们在使用时，数据能够拆分的，尽量予以拆分，而实在无法拆分的，则只能在使用时予以说明。

（4）本调研报告"附表"反映的是 2010 年 9 月第一次将省级抗损报告上报中央党史研究室时四川省省市（州）两级抗战损失课题调研组织情况内容，时至今日，许多市（州）党史机构领导和课题工作人员都已更换，但本报告涉及市（州）的内容几乎都是当时市（州）课题组所提供的，因此，为了尊重其劳动和历史，此表人员名单除省级课题领导小组外一律未予更改。

（二）全国抗战前及战争中四川自然条件和社会经济状况

1. 自然条件与行政区划情况

四川位于中国西南部，是西南、西北和中部地区的重要结合部，是承接华南华中、连接西南西北、沟通中亚南亚东南亚的重要交汇点和交通走廊，位于东经97°21′—108°31′和北纬26°03′—34°19′之间，全省东西长1075公里，南北宽921公里。以龙门山—大凉山一线为界，四川大致可分为东部四川盆地及盆缘山地区、西部川西高山高原地区和川西南山地区。四川辖区面积48.61万平方公里，占全国国土总面积的5.1%，居全国第5位，与重庆、陕西、甘肃、青海、云南、贵州和西藏自治区接壤。

四川历史悠久，至今已有4500余年文明史，号称"天府之国"。四川全省总人口8750万，居全国第3位。四川是一个多民族省份，有中国第二大藏区、最大的彝族聚居区和唯一的羌族聚居区。

抗战时期四川行政区划的情况：1935年1月，国民政府在全川划置18个行政督察区、川边特别行政区改西康行政督察区。每区设专员公署，作为省政府派出机构。为害川人多年的军阀防区制解体，川政归于统一。全省（未含后成为直辖市的重庆部分）辖1市（成都市）、138县及2个设治局。1939年，由富顺和荣县划出部分乡镇建自贡市①。

表一　民国24年（1935年）四川行政区划表

市、督察区名称	辖　县　名					
成都市						
第1行政督察区 （专员公署驻温江县）	温江县 新津县	成都县 崇庆县	华阳县 新都县	双流县 崇宁县	新繁县 灌　县	郫　县 彭　县
第2行政督察区 （专员公署驻资中县）	资中县 威远县	资阳县 井研县	内江县	荣　县	仁寿县	简阳县
第4行政督察区 （专员公署驻眉山县）	眉山县 洪雅县	彭山县 邛崃县	夹江县 大邑县	青神县 名山县	蒲江县	丹棱县

---

① 根据四川省地方志编纂委员会编《四川省志·民政志》（四川人民出版社1996年版）第34—36页统计。

市、督察区名称	辖县名
第5行政督察区 （专员公署驻乐山县）	乐山县　峨眉县　犍为县　马边县　屏山县　峨边县 雷波县
第6行政督察区 （专员公署驻宜宾县）	宜宾县　南溪县　庆符县　江安县　兴文县　珙　县 高　县　筠连县　长宁县
第7行政督察区 （专员公署驻泸县）	泸　县　隆昌县　富顺县　合江县　纳溪县　古宋县 叙永县　古蔺县
第10行政督察区 （专员公署驻大竹县）	大竹县　渠　县　广安县　邻水县
第11行政督察区 （专员公署驻南充县）	南充县　岳池县　蓬安县　营山县　南部县　武胜县 西充县　仪陇县
第12行政督察区 （专员公署驻遂宁县）	遂宁县　安岳县　中江县　三台县　射洪县　盐亭县 蓬溪县　乐至县
第13行政督察区 （专员公署驻绵阳县）	绵阳县　罗江县　德阳县　广汉县　绵竹县　什邡县 安　县　梓潼县　金堂县
第14行政督察区 （专员公署驻剑阁县）	剑阁县　昭化县　广元县　苍溪县　阆中县　平武县 江油县　彰明县　北川县
第15行政督察区 （专员公署驻达县）	巴中县　宣汉县　开江县　通江县　南江县　万源县 达　县
第16行政督察区 （专员公署驻茂县）	茂　县　汶川县　理番县　懋功县　绥靖屯　崇化屯 松潘县
第17行政督察区 （专员公署驻雅安县）	雅安县　芦山县　宝兴县　天全县　荥经县　汉源县 金汤设治局
第18行政督察区 （专员公署驻西昌县）	西昌县　冕宁县　会理县　越嶲县　盐源县　盐边县 昭觉县　宁南县　宁东设治局
西康行政督察区 （专员公署驻康定县）	康定县　泸定县　炉霍县　甘孜县　瞻化县　白玉县 德格县　邓柯县　石渠县　丹巴县　道孚县　九龙县 雅江县　理化县　义敦县　定乡县　巴安县　得荣县

本表资料来源：四川省地方志编纂委员会：《四川省志·民政志》，四川人民出版社1996年版，第34页。

1939 年 1 月 1 日，国民政府宣布"川康分治"，建置西康省，以康定县为省会。行政区域包括原西康行政督察区和四川省的第 17、第 18 行政督察区及金沙江以西的昌都、同普、察隅等 13 个县。

2. 社会经济概况

近代以来，迄至 20 世纪末，四川一直是中国人口最多的省份，全省人口总数占全国总人口数的十分之一左右。根据四川省民政厅 1945 年 12 月 5 日公布的统计数据，1937 年，四川人口总数为 48861434 人① （此数据包含今重庆所辖地区人口数）。而据有关统计和研究，1937 年重庆人口总数为 9055106 人②，减去这部分数字，则为全面抗战爆发时今四川所辖地区人口数，即 1937 年四川人口总数为 39806328 人；民国政府省民政厅统计，1945 年，四川总人口数为 43688805 人（此数据包含今重庆所辖人口数），减去同年重庆人口数的 8929345 人③，则为抗战胜利时今四川所辖地区总人口数，即 34759460 人。

全国抗日战争前，四川为封建军阀割据，连年混战、横征暴敛，加之地处西南一隅，交通闭塞，致使四川经济落后，民不聊生。农业生产发展缓慢，工业水平低下，近代工业企业很少。1937 年，四川符合全国工厂法规定标准的，即拥有动力和 30 名工人以上的工厂，仅有 115 家，占全国 3935 家工厂的 2.93%；仅有工业资本 214.5 万元，占全国的 0.58%，居第 17 位。全国大中型企业资本平均额为 9.5 万元，四川平均只有 2 万元，约为全国平均数的 1/5；全省仅有工人 1.3 万人，占全国的 2.58%④。

占四川全省经济主导地位的农业也因军阀混战和鸦片种植的泛滥而遭到严重破坏，一时难于复苏。抗战前夕，四川农民的构成为：佃农占 50.5%，半自耕农为 21.5%，自耕农仅为 28%。广大农民债台高筑，据调查，当时四川每户自耕农一般每年平均负债 234 元，佃农每户负债更达 379 元。据省建设厅报告称，战前四川的熟荒地已达 140 余万亩。即使在耕种之田土，亦产量极低，粮食平均亩产不到 300 斤，而棉花布匹等基本生产资料甚至还需进口⑤。

① 四川省地方志编纂委员会：《四川省志·地理志》，成都地图出版社 1996 年版，第 126 页。
② 重庆市委党史研究室编：《重庆市抗日战争时期人口伤亡和财产损失》，中共党史出版社 2014 年版，第 3 页。
③ 重庆市委党史研究室编：《重庆市抗日战争时期人口伤亡和财产损失》，中共党史出版社 2014 年版，第 3 页。
④ 王斌：《四川现代史》，西南师范大学出版社 1988 年版，第 268 页。
⑤ 王斌：《四川现代史》，西南师范大学出版社 1988 年版，第 274 页。

抗日战争全面爆发特别是随着国民政府政治、经济、军事、文化等机构的西移内迁，四川成为中国抗战大后方的重要战略基地。国民政府组织了大规模的工矿企业内迁。到 1940 年底，沿海沿江内迁四川的工矿企业共有 254 家，占 448 家内迁企业总数的 56.7%[①]。其后，迁往湖南、广西两省的百余家企业随着国民党军队的湘桂大溃退，绝大部分又迁入了四川[②]。内迁工业带动了原有工业的发展，使全省工业出现了初步繁荣的局面，形成了门类相对齐全的当时全国最重要的工业区。1943 年，整个后方有工厂 5266 家，而四川一省即有 2382 家，占工厂总数的 45.23%、资本总额的 52.96% 以及工人人数的 43.27%[③]。

表二　四川战时工业在全后方之地位

类　别	厂数			资本数		
	全后方	四川	四川对全后方之百分比	全后方	四川	四川对全后方之百分比
总计	3758	1654	44.1	1939026035	1130012285	207
水电工业	123	24	19.51	143414236	82747292	57.69
冶炼工业	155	66	42.58	302319526	183296000	60.62
金属品工业	160	68	42.50	23304200	17638900	75.69
机器工业	682	332	48.68	337597611	141532436	41.92
电器工业	98	63	64.29	93044850	33220600	37.50
木材建筑工业	49	22	44.90	5668362	3144100	55.47
土石品工业	122	47	38.52	64400276	29267800	45.45
化学工业	826	370	44.79	559220372	409557243	63.24
饮食品工业	360	163	45.28	83435600	57371850	68.77
纺织工业	788	263	33.38	290508705	148010974	50.95
服饰品工业	147	54	36.73	2044040	6262426	56.70
文化工业	224	158	70.54	21422441	14496644	67.67
杂项工业	24	19	79.17	3645816	3472000	95.23

本表资料来源：四川省档案局（馆）编：《抗战时期的四川——档案史料汇编》，重庆出版社 2014 年版，第 1373 页。

[①] 周春：《中国抗日战争时期物价史》，四川大学出版社 1998 年版，第 65 页。

[②] 段渝：《抗战时期的四川》，四川出版集团巴蜀书社 2005 年版，第 114 页。

[③] 周春：《中国抗日战争时期物价史》，四川大学出版社 1998 年版，第 69、70 页。

全国抗战时期，国民政府十分重视战时四川的经济建设，制定和实施了一系列发展四川战时经济的政策策略。为保证战时广大军民所需，国民党临时全国代表大会通过的《抗战建国纲领》提出：要"以全力发展农业经济，奖励合作，调剂粮食，并开垦荒地，疏通水利"为中心工作，对发展西南特别是四川农业非常重视。政府采取了兴修水利、开垦荒地、改良品种、推广先进技术、发放农贷等措施，为扩大农业再生产创造了一些条件，促进了生产的发展。经济部农本局协助四川省政府成立了农田水利贷款委员会，1938年到1943年累计贷款37534万元用于四川水利工程建设①。据统计，1938年四川产棉90万担，约为上年产量的1倍。1939年全川粮食又获丰收。1944年春秋两季之收获，可供全省人民两年之食用。不过，尽管四川农业有所发展，粮食产量增多，但国难当头，为了支持抗战，四川人民节衣缩食，贡献了相当一部分粮食用于全国抗战大局。

全国抗战初期，四川省级财政负担着支撑地方政府开支、协同中央开发四川经济、支援抗战等重担。主要财政收入以田赋、营业税及债款为大宗。

全国抗战时期，四川的交通有了较大发展，"蜀道难"的状况有了明显的改善。1935年开始修筑的川陕、川湘、川黔、川滇公路，到全国抗战头一两年已全部筑成通车。全国抗战中后期又修筑了川滇中路（由成都经新津、乐山市、宜宾及云南昭通到昆明）、川滇西路（由乐山市经西昌市、会理县到云南的祥云）、川康公路（由成都经雅安、泸定县到康定）和汉渝公路（由重庆经邻水县、万源市到陕西汉中，陕西境内未修筑）。至1945年10月，四川已建成公路长度达6664公里，其中干线4207公里，支线2457公里②。抗战时期，川江及其主要支流的轮船和木船航运也有较大发展。到1945年6月底止，四川境内大小江河可通轮船者达1112公里，可通木船者达6493公里③。航空运输方面，国民政府迁都重庆后，以重庆为中心建立了航空交通网，先后开辟了重庆至昆明、兰州、哈密、汉中、香港、莫斯科、河内的各条航线。此外，还开辟了"驼峰"航线，即从印度汀江机场飞越喜马拉雅山到昆明，再到四川的宜宾、泸州。这些航线，特别是"驼峰"航线的开通，对支持全国的抗战起了重大作用。

---

① 周春：《中国抗日战争时期物价史》，四川大学出版社1998年版，第44页。
② 四川省公路管理局：《四川省已成公路长度》（1945年10月），见四川省档案馆编：《抗日战争时期四川省各类情况统计》，西南交通大学出版社2005年版，第131页。
③ 水上警察局：《四川省内河航线里程》（1945年6月），见四川省档案馆编：《抗日战争时期四川省各类情况统计》，西南交通大学出版社2005年版，第131页。

(三)日军飞机轰炸四川的主要罪行

1. 作为全国抗战最重要的后方基地,四川成为日军飞机轰炸的重点地区

全国抗战开始后,沿海地区变为战场,全国的政治、经济、军事、文化教育、艺术重心逐渐转移到四川。沿海工厂大批内迁,进一步壮大了四川经济实力,使四川工业体系形成,成为全国抗战的最重要后方基地。抗战时期,四川也是全国文化中心,汇集了许多全国知名作家、学者、科学家。据统计,抗战期间,由外地先后迁入四川的高等学校共计48所,占战前国民党统治区全部108所高校的44%。上海沦陷后,国民政府和国民党中央于1937年12月6日迁往四川重庆办公。1938年10月25日武汉失守,国民政府、国民党中央各行政机关,全部迁往重庆。天府之国的四川,作为战时中国的大本营,不仅是国民政府的所在地,也是中国战时政治、经济、军事、文化、外交中心,更是中国抗战主要兵源、粮源供给地,是战时中国各项军需、民用物资生产的重要基地。日本帝国主义认为,欲征服中国,必须征服四川,为摧毁中华民族的抗战意志,对国民政府的抗日中心和支援前线的重要后方基地四川实行所谓"战略轰炸"是必不可少的。因此,在日军"第345号大陆令"和根据此项指令制定的"陆海军中央航空协定"中,日军最高当局下令"破坏要地内包括重要的政治、经济、产业等中枢机关,并且至要的是直接空袭市民,给敌国民造成极大恐怖,挫败其意志"[①]。在这一战略思想指导下,日军将轰炸大后方的重心放在四川,四川也成为抗战期间遭受日军飞机轰炸最为猛烈、损失最大的地区之一。

1938年1月30日,日军飞机首次对四川进行侦察活动。日航空兵团司令江桥英次郎命令第一飞行团攻击以成都、重庆为中心的四川后方基地。自1938年11月8日轰炸成都开始,至1944年12月18日日军飞机在成都等地投弹为止,对四川实施狂轰滥炸。在这6年多时间里,除1942年没有轰炸外,其余5年,日军飞机对四川的轰炸不断。为了在短期内征服中国,1939年至1941年日军飞机连续三年对四川的狂炸达到了登峰造极的程度,大肆摧毁政治、经济、军事重镇及生产基地。

轰炸四川的日军飞机主要驻扎在山西运城,以及湖北的武昌、汉口、孝感

---

① [日]前田哲男著,李泓、嚣莺译:《重庆大轰炸》,成都科技大学出版社1990年版,第38页。

等地机场。日军配备有陆军97式重型轰炸机，以及少量轻型轰炸机、驱逐机和远距离侦察机等，并且首次在中国战场投入最新研制的零式战斗机，用于空袭四川各重要城市。

日军飞机轰炸的四川目标主要集中在各交通要道、军事基地、空军机场，同时各类学校、医院、平民居住区，甚至外国领使馆、教堂等非军事区也是其轰炸目标。在轰炸中，省会成都遭受的损失最为惨烈。

2. 日军飞机轰炸四川的两个阶段

（1）全面轰炸阶段（1939年—1941年11月）

为打击四川这个国民政府的抗日中心和支援前线的重要后方基地，摧毁中国的政治经济与文化中心，击垮国民抗战信心，促投降，日军开始对四川实行狂轰滥炸。这个阶段日军飞机轰炸的主要特点是以破坏军事设施以及杀伤平民为主要目的。日军不仅把目标指向空军基地、军事设施、首脑机关、重要工厂，而且将主要城市的主要街道、商业繁华区、文化区、人口稠密聚居区也作为重点轰炸对象。在轰炸成都、宜宾时，以近郊机场为重点，同时，还以四川各地的资源城市如泸县、自贡、广安、隆昌等地的军事设施、物资仓库、重要工厂为轰炸目标。

为加大轰炸强度，日军飞机每次首先投爆炸弹，然后复投燃烧弹，妄图通过爆炸摧毁目标后，再让目标地继续燃烧，变成一片焦土废墟。

为达到轰炸目的，日军飞机还采取多样轰炸战术。以1940年轰炸四川为例，日军飞机就采取了集团轰炸、连续轰炸、低空扫射、回航轰炸、掩护轰炸、照明轰炸、变化队形和高度等战术。据现有档案资料不完全统计，在大规模轰炸阶段的1939年到1941年底，日军轰炸四川共出动飞机7144架次，投弹25788枚，炸死22300余人，炸伤25600余人（此数字包含今重庆市所辖地区伤亡数字）①。

（2）重点轰炸阶段（1942年—1944年）

由于中国抗战决心很大，日军对四川的全面空袭轰炸难以击垮中国国民抗战信心，遂将重点转向太平洋和中国沿海东南部，将大量军机调往太平洋战争区域，对四川的轰炸袭扰次数明显下降，轰炸目标只限于各地大小机场，以阻止中美飞机去轰炸日本本土。这一时期，随着珍珠港事件后美国对日宣战，美国空军援华作战，中国空军的实力明显加强，日军飞机对四川的轰炸受到钳制。

① 四川省档案馆：《川魂——四川抗战档案史料选编》，西南交通大学出版社2005年版，第9页。

到 1944 年夏天，在四川空域，敌我双方出动的军机数量发生根本改变：中方飞机 667 架，而日军飞机只有 220 架，双方飞机为 3∶1①。据档案资料统计，日军飞机在 1942 年无大的轰炸，仅派有少量侦察机侵扰川东地区。1944 年 12 月 18 日晚，数架日军飞机侵入成都等地投弹，此后，日军飞机对四川的轰炸基本结束。

3. 日军飞机轰炸四川的特点

（1）轰炸时间长、频率高

根据不完整的档案资料记载，全国抗日战争期间，日本侵略者对四川的轰炸至少出动飞机 218 次、458 批、9170 架次，投掷各种炸弹 3.5 万余枚②，对四川进行了至少 300 天的战略轰炸和扫射。据民国四川省政府统计处汇核统计，1938 年至 1944 年的 7 年间，除 1942 年外，其余 6 年都遭到日军飞机的大轰炸。最严重时，不到 6 小时即有一次轰炸，强烈程度达一次 190 架敌机来袭，投弹数百枚③，给四川人民生命和财产造成了重大损失。

（2）轰炸地域广

全国抗日战争时期四川省共有 54 个市、县（区）遭到日机轰炸④，超过当时全省市县总数的三分之一（不含今重庆所辖地区，下同）；遭到轰炸且有伤亡的共有 37 个市、县，占当时全省市县总数的 26.4%，计有成都市、自贡市、泸县、乐山、成都县、温江、华阳、新津、崇庆、新都、双流、内江、简阳、峨眉、宜宾、隆昌、富顺、合江、纳溪、大竹、渠县、广安、南充、南部、武胜、遂宁、三台、蓬溪、盐亭、绵阳、金堂、梓潼、苍溪、广元、阆中、达县、松潘⑤。

4. 日军飞机轰炸所致损失惨重

日军飞机的轰炸造成了四川人口的重大伤亡，财产也受到了严重损失。四川成为抗日战争时期日军飞机轰炸最为猛烈、损失最为惨重的内陆省份。

1939 年 8 月 19 日，36 架日军飞机轰炸历史文化名城乐山。在乐山城区约 1 平方公里的闹市投掷炸弹数十枚、燃烧弹 100 多枚，造成巨大灾难。有 27 条街

---

① 四川省档案馆：《川魂——四川抗战档案史料选编》，西南交通大学出版社 2005 年版，第 9—10 页。

② 根据四川省地方志编纂委员会编《四川省志·军事志》（四川人民出版社 1999 年版）第 643 页统计。

③ 吴嘉陵：《日本帝国主义空军轰炸四川的罪行》，见成都市政协文史委员会编：《成都文史资料选辑》总第 13 辑，1986 年内部出版，第 32 页。

④ 四川省地方志编纂委员会：《四川省志·军事志》，四川人民出版社 1999 年版，第 644 页。

⑤ 四川省地方志编纂委员会：《四川省志·军事志》，四川人民出版社 1999 年版，第 644 页。

巷被炸毁，占全城面积四分之三。乐山最繁华的商业区和住宅区，顷刻间被火

抗日战争时期日军飞机空袭四川路线及遭空袭地区示意图

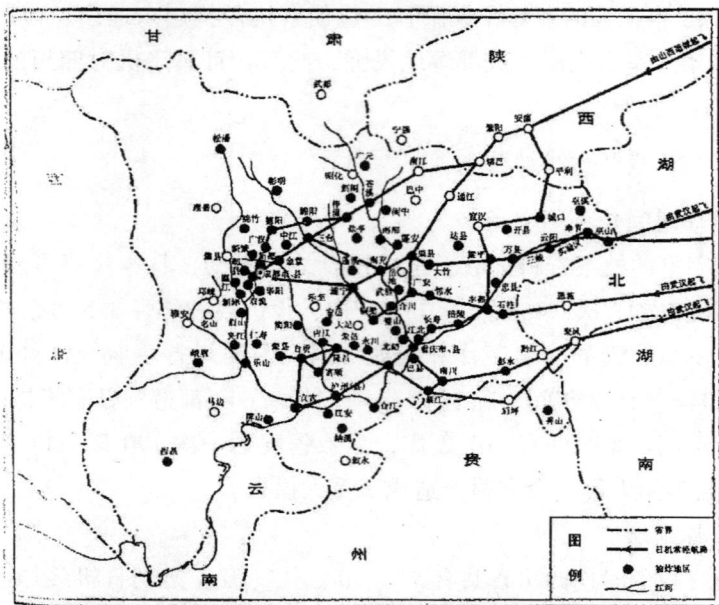

海笼罩，成为一片废墟。罕当街居民牟华章之母，大火逼来逃生无路时，只好躲进水缸，头上用铁锅遮盖，结果反被烈火引起的沸水煮死！较场坝开油麻铺的荀子言，全家5人（两个大人，3个小孩）仅一人幸存，财产损失殆尽。开染房的邓志清全家7口被炸死6人，邓妻虽然幸免于难，但手臂炸断，后因所受刺激过大且生活无着患精神病。在较场坝开酒铺的吴季隆一家7口（5个大人，2个小孩）全被炸死，财产化为灰烬①。据不完全统计，人财两空、成了绝户的就有49家。县政府召集人手掏挖死尸，无人认领的，便用滑竿抬出德胜门和西湖塘边挖大坑埋葬。由于死尸太多，好几天都没处理埋完②。

1939年9月11日上午，日军飞机2批共36架袭击泸县，在市区、西门、忠山东北城郊等地投弹185枚，泸县城顿时成为一片火海，大街小巷火光冲天，哭喊呼救之声此起彼伏。此次轰炸，共炸伤446人，炸死303人，损毁房屋1679间。其中，专署、泸县县府、警局、法院等建筑均在轰炸中损坏③。"居民

---

① 胡同如、张盛隆：《难忘的"八·一九"——记1939年日机轰炸乐山》，见四川省政协文史委编：《四川文史资料选辑》第32辑，四川人民出版社1984年版，第108—110页。

② 郑光路：《川人大抗战》，四川出版集团四川人民出版社2005年版，第363、364页。

③ 泸州市委党史研究室编：《泸州市抗战时期大事记》（2008年），第1页。该资料藏于泸州市委党史研究室。

2100 户、4879 人无家可归，沦为难民……东门口长江边上陈尸数百，肢体残缺，血肉模糊，惨境不忍睹，见者啼泪皆下。"①

1941 年 8 月 22 日，内江遭受日军飞机轰炸。曾在县城小东门坎下小南海开铁匠铺的居民苏荣祥回忆当时所见惨状："过河一看，遍河坝都是尸首。有的脑壳炸开，成了一个空壳壳；有的有上半身无下半身，或者有下半身无上半身；有的脚杆、手杆、肠肠肚肚挂在房棚上。大人、小孩、男的、女的，横摆竖倒，血肉模糊，实在不忍心看。"②

1939 年 6 月 11 日、10 月 1 日、11 月 4 日，日军飞机三次轰炸成都。其中 6 月 11 日的轰炸所造成的损失最为惨重。当天傍晚时分，三批 27 架日军飞机夜袭成都市，在繁华商业区盐市口一带投掷炸弹 111 枚，同时日军飞机还低飞俯冲，用机关枪向人群疯狂扫射。据目击亲历者回忆，当时，盐市口地区弹坑累累，大火蔓延，横九龙、顺九龙、西顺城、西东大街、锦江桥、粪草湖、交通路、南暑袜街均为重灾区。当晚在隔成都 60 余里的新繁县城，都能望见成都上空烟雾弥漫，火光冲天③。军警及防护团员赶赴现场抢救，直至午夜火才完全被扑灭。此次轰炸共致 226 人死亡、432 人受伤；损房屋约 4709 幢④。中国银行、福川银号、上海商业储蓄银行等金融机关被炸，7 所学校被损，灾民不低于 5000 人。军警和防护团员黄保宗、张笃生等 34 人在抢救中光荣牺牲⑤。11 月 4 日，敌机 27 架袭入成都，投炸弹 100 余枚，炸死市民 16 人，炸伤 18 人，毁房屋 60 余间⑥。

1940 年 5 月至 10 月间，日军飞机连续轰炸以成都为中心的四川省大后方基地。对成都的轰炸，主要集中在 5、7、10 三个月，其中尤以 10 月份轰炸最为强烈。10 月 4 日上午 9 时许，36 架日军重型轰炸机侵入成都上空，由北较场（时为中央军校）一直炸到新东门城墙（时为高射炮阵地）以南的菜地，投弹近百枚。致使多处房屋起火，血肉横飞，尸横遍地，肠肚挂树，脑浆四溅。城

---

① 赵永康：《泸州在抗日战争中的贡献与牺牲》，见四川省档案馆编：《四川抗战档案研究》，西南交通大学出版社 2005 年版，第 208 页。

② 杨修武、甘德明：《内江与八年抗战》，见四川省档案馆编：《四川抗战档案研究》，西南交通大学出版社 2005 年版，第 185、186 页。

③ 杨锡民、邓琭如：《回忆抗日时期成都遭受敌机轰炸的惨状》，见四川省政协文史委编：《四川文史资料选辑》第 32 辑，四川人民出版社 1984 年版，第 118 页。

④ 四川省档案局（馆）编：《抗战时期的四川——档案史料汇编》，重庆出版社 2014 年版，第 1179 页。

⑤ 成都市委党史研究室编：《成都市抗战时期人口伤亡和财产损失调研报告》（2008 年），第 9—19 页。该报告藏于成都市委党史研究室。

⑥ 吴嘉陵：《日本帝国主义空军轰炸四川的罪行》，见成都市政协文史委编：《成都文史资料选辑》总第 12 辑，1986 年内部出版，第 30 页。

边的西蜀小学被炸毁，躲避在城墙屋角的学生因燃烧缺氧，全部窒息而死。此次轰炸损毁房屋 416 间，炸死 105 人，伤 225 余人①。同月 12 日午后 1 时，日军飞机 29 架再次轰炸成都市区，在西城区投弹近百枚，平安桥街天主堂、马道街法国圣修医院均被炸毁。27 日，日军飞机分两批先后侵入成都，第一批 21 架，第二批 15 架，在少城公园（今人民公园）及其附近皇城一带，投炸弹 100 余枚，炸毁民房 400 余间，死亡数十人。市立民众教育馆、甫澄纪念医院及王铭章上将铜像基石被炸毁，将军衙门行辕中弹数枚，炸毁房屋三分之二。日军的残忍暴露无遗，当年日军飞机轰炸的受害者曾回忆："沿城边一带，有许多弹坑，被敌机扫射受伤的人中有的断肢残脚，倒卧血泊中，辗转呻吟，一片惨状，使人心酸！"少城公园假山前挖有一道防空洞，市民一闻警报，即逃至该处躲避，"敌机发现人群，即向防空壕扫射，以致死亡枕藉，有名幺心一的全家避入壕中，被敌机扫射，五六人无一得免于死"②。

1941 年内，日军飞机 8 次轰炸成都。7 月 27 日，敌机对成都的轰炸达到抗战以来的最高点。当日，敌机分别从运城机场和汉口机场起飞 108 架。分 4 批，每批 27 架，对成都进行连续轰炸。在市区及市郊投弹 446 枚，造成人员伤亡 1603 人，损毁街道 118 条、房屋 3303 间③。城西南部盐市口、祠堂街、少城公园以及平安桥街、青龙街等处被破坏十分严重，皇城内的清真寺被炸毁。在市郊，老西门三洞桥、新南门锦江河两岸、新东门猛追湾一带，房屋倒塌，尸横遍地，伤者的呻吟声惨不忍闻。这次日军飞机空袭成都，轰炸范围大，造成损失极其惨重。当时《新新新闻》曾记述了轰炸后的惨状：沿途桥头、沟边、林盘、荒地、田坝都散乱着残缺不全的尸体，有头、手、脚和破碎皮肉被炸飞挂在树枝上、墙壁上，有的孕妇被炸破肚皮，淌流出血淋淋的胎儿和血浆泥土混在一起成黑糊糊一团。有的妇女在敞胸哺乳，幼儿还衔着奶头，母子浑身血污死去。有的农舍被炸弹揭开屋顶，全家老小躺在血泊中……城内皇城林盘还在冒烟，苦瓜架上涂满了带血的脑浆，粪坑边铺着血迹斑斑的人肠，树枝上挂着片片的血衣。在少城公园光明电影院坝子里，摆放着四肢不全的尸体 100 多具。在新东门外猛追湾、乱坟坝一带，也到处是炸死炸伤的平民……④据亲历者邓

① 四川省档案馆馆藏档案，全宗号 180，案卷号 1581。

② 杨锡民、邓璞如：《回忆抗日时期成都遭受敌机轰炸的惨状》，见四川省政协文史委编：《四川文史资料选辑》第 32 辑，四川人民出版社 1984 年版，第 118、119 页。

③ 参见成都市委党史研究室编：《成都市抗战时期人口伤亡和财产损失调研报告》（2008 年），第 9—19 页。该报告藏于成都市委党史研究室。

④ 郑光路：《川人大抗战》，四川出版集团四川人民出版社 2005 年版，第 359 页。

璞如回忆："我即绕道羊市街到达平安桥，那里有天主教堂办的医院，在收容受伤的人，沿途担架不断，伤者呻吟之声，惨不忍闻。我们看到一位妇女自小腹到下身的半截，都被弹片削走了，一片鲜红模糊的血肉，真是惨不忍睹！"①

（四）人口伤亡情况

1. 直接人口伤亡

抗日战争时期，因日军地面部队未能侵入深处中国内陆的四川省，故四川省直接人口伤亡主要来自日军飞机入川轰炸。

据1945年四川省政府统计处《日机轰炸四川造成的伤亡及财产损失情况》统计："（四川）遭受敌机轰炸的负伤人数共有二万六千余人，死亡人数共有二万二千五百余人"②。在伤亡的这48500余人中，包含了1997年成为直辖市的重庆市人口伤亡数字。而重庆市委党史研究室完成的《重庆市抗日战争时期人口伤亡和财产损失调研报告》显示，抗战期间，重庆全市直接人口伤亡共计32829人，其中死亡16376人，受伤16453人③。减去重庆的数字后就是现在四川省所辖地区人口伤亡数字，即四川直接人口伤亡为15671人，其中死亡6124人，受伤9547人。

四川各地遭受敌机轰炸最多、损失最为惨重的时候，集中在1939年、1940年、1941年。从省内各市县在日军飞机轰炸的人口伤亡分布情况分析，当时全省140个市县（不含今重庆所辖地区）中，共有54个市县遭受日军飞机轰炸，在这54个市县中，有36个市县有人口伤亡④。在日军飞机轰炸中，死亡人数在1000人以上的，有成都市；500—1000人的有泸县、乐山；400—500人的有自贡、南充；300—400人的有合江；250—300人的有阆中；200—250人的有广元；150—200人的有隆昌、达县、三台、松潘；100—150人的有渠县、大竹；80—100人的有宜宾；60—80人的有内江、广安、遂宁；40—60人的有富顺、

---

① 杨锡民、邓璞如：《回忆抗日时期成都遭受敌机轰炸的惨状》，见四川省政协文史委编：《四川文史资料选辑》第32辑，四川人民出版社1984年版，第120页。

② 四川省档案馆：《川魂——四川抗战档案史料选编》，西南交通大学出版社2005年版，第180页。

③ 重庆市委党史研究室编：《重庆市抗日战争时期人口伤亡和财产损失》，中共党史出版社2014年版，第7页。

④ 根据"抗日战争时期日机空袭四川损害统计表"相关资料统计，见四川省地方志编纂委员会：《四川省志·军事志》，四川人民出版社1999年版，第640页。

双流；20—40 人的有成都县；10—20 人的有华阳、苍溪、崇庆；5—10 人的有温江、简阳；1—4 人的有新津、新都、仁寿、南部、金堂、盐亭、绵阳①。

在日军飞机轰炸中，负伤人数在 1500 人以上的有成都市；500—1000 人的有乐山、自贡、泸县；400—500 人的有南充、松潘；300—400 人的有阆中；250—300 人的有达县、三台、广元；200—250 人的有大竹；150—200 人的有宜宾、隆昌；100—150 人的有内江、广安；80—100 人的有富顺、渠县、遂宁；60—80 人的有崇庆；40—60 人的有新津；20—40 人的有成都县；10—20 人的有苍溪、盐亭、双流；5—10 人的有南部、绵阳、金堂、简阳；1—4 人的有峨眉、纳溪、蓬溪、温江、新都、梓潼、华阳②。

2. 间接人口伤亡

抗战期间四川间接人口伤亡，主要是指在战争期间被征调的民工非因日军飞机轰炸而导致的伤亡。

四川是抗战大后方的中心，军事设施和战备工程的修建数量和规模都很大，因此征用了大批劳役，民工伤亡便构成了抗战期间四川间接人口伤亡的主要部分。

抗战中，民工是在极差的环境和条件下工作的。他们住在拥挤不堪的民房和工棚内，里面臭虫、跳蚤、虱子成堆，老鼠成行；他们以掺杂有稗子甚至沙子的红花糙米为主食，以泡菜为主菜，每天工作 12 个小时以上。在恶劣的生活和工作环境下，许多民工因伤病或劳累过度而死去。据《四川省各县府呈复抗战时期（民工）伤亡数目调查表》和《四川省统计提要》（1945 年）统计，各县民工征用及伤亡数如下：叙永县征 12020 人，伤 64 人，亡 126 人；犍为县总人口 538272 人，征用 3600 人，伤 67 人，亡 95 人；万源县总人口 151950 人，征用民工 4874 人，伤 25 人，亡 17 人；温江县总人口 166915 人，征用 53902 人（占总人口的近三分之一），伤 212 人，亡 134 人；长宁县总人口 232354 人，征用 2931 人，伤 95 人，亡 154 人；隆昌县总人口 327989 人，征用 10000 人，伤 3 人，亡 162 人③。

1946 年 11 月，国民政府行政院赔偿调查委员会曾对抗战期间各省"民力

---

① 四川省档案馆：《川魂——四川抗战档案史料选编》，西南交通大学出版社 2005 年版，第 181 页。
② 吴嘉陵：《日本帝国主义空军轰炸四川的罪行》，见《四川省纪念抗日战争胜利四十周年学术讨论会论文暨史料选》，四川省社会科学院出版社 1985 年版，第 248 页。
③ 刘一民：《论抗战时期四川农民对兵源和后勤的贡献》，见四川省档案馆编：《四川抗战档案研究》，西南交通大学出版社 2005 年版，第 110、111 页。

损失"一项进行统计调查，四川民工被征用及伤亡情况如下：

表三　抗战期间四川民工被征用及伤亡情况

县市	征用数人次	项别	伤	亡	伤亡共计
金　堂	23520	1944 年修筑广汉机场	20	8	28
新　繁 （总征用 4696 人）	4000	1938 年补修凤凰山机场		1	6
	696	1944 年修筑新津机场	1	4	
蓬　安	91357		35	12	47
广　元	23000	因集中军粮坠崖身故	7	3	10
安　岳	2000	1940 年修成都中兴机场		3	3
渠　县	3000		5	22	27
宜　宾 （总征用 4260 人）	3600	修筑乐西公路川境段		55	55
	660	抢修菜坝机场			
资　中	720	修筑乐西公路	2	4	6
资　阳 （总征用 1596 人）	72	修筑乐西公路		13	13
	1524	修筑简阳周家坝机场			
德　阳	113685		53	16	69
彭　县 （总征用 161336 人）	40082	修凤凰山、太平寺、新津、双流机场	2160	49	2268
	121254	修公路	52	7	
彰　明	42585		58	11	69
隆　昌	10000	征用民工系 1945 年 3 月	3	162	165
泸　县 （总征用 184500 人）	1500	1939 年建筑白市驿机场	不详	35	92
	3000	1942 年建筑合江机场	不详	4	
	180000	1944 年建筑蓝田坝机场时 29 个乡镇死亡民工 53 人，其余乡镇所死民工尚未具报	不详	53	
蒲　江	4530		17	19	36
洪　雅	6000	1944 年抢修邛崃机场	185	75	260
三　台	35234				
大　竹	19290		2	393	395
江　安	23600	江兴公路修筑及水利工程征用	5		5

县市	征用数人次	项别	伤	亡	伤亡共计
富 顺	16000		93	117	210
仁 寿	29300	修筑彭山机场		74	74
开 江 （总征用9900人）	5600	1943年9月修筑普安机场	10	1	266
	4300	1945年6月扩修机场		255	
射 洪	93150		420	23	443
长 宁	2931		95	154	249
温 江	53902		212	134	346
西 充	6000			1	1
万 源 （总征用5342人）	2017	1944年度征用	19	3	52
	3325	1945年度征用	23	7	
纳 溪	1050	抢修川滇公路泸叙段	72		72
古 蔺	9890	1944年补修川滇公路赤水河至营山镇段	295	189	484
简 阳	36300		459	113	572
大 邑	91200		2	50	52
犍 为	3600		67	93	160
遂 宁	285357		191	54	245
罗 江	11575		148	86	234
南 充	33794	1938.2—1945.8征用及伤亡数	245	23	268
叙 永	12020		64	126	190
合 计	1456220		5020	2452	7472

本表根据四川省档案馆馆藏档案《抗战期间征用民工暨日人强征民力伤亡数目调查表》[（1946年），全宗号54，案卷号7919]编制。

从上表分析，我们可知：抗战期间，四川民工的伤亡率是相当高的。四川36县共征用民工1456192人，其中受伤5020名，死亡2452名，伤亡总数为7472名，伤亡人数占总征用人数的5.13‰。个别地方的伤亡率更是惊人，如古蔺征用9890人，伤亡484人，伤亡率将近5%；长宁县共征用2931人，而伤亡人数为249人，伤亡率为8.5%。而资阳县奉命抽调了72个民工参加乐（山）西（昌）公路修筑，有13人死亡，死亡率竟然高达18%。温江民工伤亡人数

346 人，占全县总人口（166915 人）的 0.2%，意味着每 500 名温江人中就有 1 人伤亡，除去老弱病残妇幼等因素，这个伤亡比例是相当高的。值得注意的是，前列表的伤亡数字并不完整，未报、漏报、甚至少报不在少数，如果完整，伤亡数字应该更大。如泸县 1944 年建筑蓝田坝机场时死亡民工 53 人只是 29 个乡镇所报，其余乡镇所亡民工人数尚未具报；三台县抽调了 3 万多民工参加各种工程，竟然无一伤亡，让人生疑。

造成民工伤亡的原因主要有以下几点：

（1）生活条件差，染病伤亡所占比例较高。如修泸州蓝田坝机场时，因霍乱流行，有 23 名隆昌县民工死亡。宜宾县民工在修筑乐西公路川境段时，55 人因病死亡；1945 年夏，255 名开江县民工因酷暑患病身亡。

（2）工伤：如修机场被碾压而伤亡，1938 年，新繁县民工奉命补修成都凤凰山机场，10 月 15 日一架驱逐机失灵碾死民工陈二兴；1943 年 9 月，开江县民工在修筑普安机场时，碾压跑道的石碾失控，压死 1 人、重伤 2 人，轻伤 8 人；1944 年修新津机场时，4 位新繁县民工因伤致死，一人残废。广元 3 位运送军粮的民工因集中军粮坠崖身故[1]。1944 年修筑广汉机场，金堂县龙王乡一民工在停机坪附属工程挑运土方横穿跑道时，恰逢运输机由跑道滑来，被螺旋桨打中头部当场毙命[2]。

（3）劳累致死：为了赶工期和进度，民工不得不每天工作 12 个小时以上，因劳累过度而死亡的民工为数不少，但由于缺乏相关统计资料，确切数字无法计算。

（4）日军飞机轰炸射杀而伤亡[3]：民工是在战争环境下参与各项建设的，而这些军事和民用工程往往是日机轰炸的重点目标，因此，许多民工在日机的狂轰滥炸中受伤甚至牺牲。如 1940 年 10 月 26 日中午，崇庆县王场机场遭日机空袭，13 架敌机用机枪向机场民工扫射，致使民工死伤 40 余人[4]。1941 年 5 月

---

[1] 国民政府行政院赔偿调查委员会：《抗战期间征用民工暨日人强征民力伤亡数目调查表》（1946 年 11 月），四川省档案馆馆藏档案，全宗号 54，案卷号 7919。

[2] 邹睿哲：《忆金堂民工参加修建广汉机场的实况》，见成都市政协文史委编：《成都文史资料选辑》总第 11 辑，1985 年内部出版，第 187 页。

[3] 此部分伤亡人数已计入本调研报告"直接人口伤亡"，这里仅分析民工伤亡的原因。

[4] 《崇庆县防空支会为日机袭击王场机场致邓锡侯电》（1940 年 10 月 26 日），见四川省档案馆编：《川魂——四川抗战档案史料选编》，西南交通大学出版社 2005 年版，第 102 页。

20 日，27 架日机空袭宜宾菜坝机场，当场炸死民工一人[1]。同年 7 月 27 日，日机以 3 架为一编队，分 3 批袭击崇庆县王场机场，当场致两名民工一伤一亡[2]。

四川民工以重大的牺牲和生命的代价，为抗战最后的胜利作出了特殊的贡献。

综上，根据目前我们所掌握的不完全材料统计，抗战期间，四川间接伤亡人数为 7472 人，其中，受伤 5020 名，死亡 2452 名。

3. 单列上报项目

根据中央党史研究室的要求和此次调研的实际情况，将四川征兵人数、出川抗日的川军[3]伤亡情况及难民人数作为单列项目上报。

（1）征兵

抗战期间，川军出川源源不断，大批壮丁和志愿兵也不断奔赴前线，使抗日各战场、各战区几乎都有川军将士参战。四川省应征抗战之壮丁数，各种统计来源不一，因此统计数亦不一致。以下列举比较有代表性的三种说法：

A、根据当时军政部长何应钦在《八年抗日之经过》（台北金文图书有限公司 1982 年版）一书所附《抗战期间各省历年实征壮丁人数统计表》发表的数字，抗战八年，全国征兵配额 16641802 人，实征额为 14050521 人。而四川省的壮丁配额为 3193807 人，实征额 2578810 人。

B、1945 年，民国政府兵役部及军政部兵役署配拨电令统计的"抗战期间各省壮丁配额"显示，四川省 1937 年 8 月至 1944 年底壮丁配额数为 2917485 人，1945 年为 276323 人，共计 3193807 人[4]。

C、1945 年根据各师管区征拨壮丁文电报表统计完成的"抗战期间各省历年实征壮丁人数统计表"[5]，抗战八年四川历年实征壮丁数分别为：1937 年，103837 人；1938 年，17145 人[6]；1939 年，296341 人；1940 年，266373 人；1941 年，344610 人；1942 年，366625 人；1943 年，352681 人；1944 年，

---

① 《宜宾县政府为敌机轰炸菜坝机场致省兼理主席张群电》，见四川省档案馆编：《川魂——四川抗战档案史料选编》，西南交通大学出版社 2005 年版，第 108 页。

② 《崇庆县政府为民工王海成死于敌机扫射致省防空司令部呈》（1941 年 8 月 8 日），见四川省档案馆编：《川魂——四川抗战档案史料选编》，西南交通大学出版社 2005 年版，第 122 页。

③ 川军为当时一种习惯称呼，指由原四川实力派统辖之武装力量改编的国民政府军队。

④ 《抗战期间各省历年实征壮丁人数统计表》（1945 年），见四川省档案馆编：《川魂——四川抗战档案史料选编》，西南交通大学出版社 2005 年版，第 598—599 页。

⑤ 原件无成文作者。

⑥ 此处疑有笔误，应为 174145——本书编者。

391112 人；1945 年，283086 人；合计 2578810 人。加上西康省 30938 人，那么抗战期间，四川壮丁实征数为 2609748 人，居全国壮丁额第一位①。如果再加上 40 万出川部队、特种部队和军事机关学校直接补兵及 5 万余名知识青年从军人数，则四川出兵总额约 340 万②。

综合以上几种统计，我们认为第三种比较切合实际。因为第一种虽为当年军政部长何应钦所说，但他指的只是普通的通过兵役部及军政部兵役署渠道征的兵，未包含其他渠道所征兵员，因此统计数明显偏少；第二种统计的是配额数，实际完成数往往与之出入较大；第三种则是 1945 年统计的抗战期间各省历年实际征兵人数，依据的是各师管区征拨壮丁文电报表，而且是实际征兵数，另外，它将出川部队、特种部队和军事机关学校从四川直接补充的新兵及知识青年从军人数均计入在内，因此，四川出兵总额约 340 万这个数字应该是较为接近实际、是比较可靠的。

以上数字包含今重庆所辖地区的数字，根据重庆市委党史研究室的研究成果，"抗战期间重庆征兵发兵役 96 万余人"③。除去这一部分即为抗战时期今四川省所辖地区征兵数，即 244 余万人。

八年抗战期间，全国征兵总数 1400 多万，四川就占近五分之一。这意味着在全国抗日军人中，每 5 人中就有 1 名四川兵。按川籍军人在全省总人口中所占比例分析，入伍的 244 余万人相当于 1937 年全省总人数的 6.13%（意味着抗战 8 年，每 16 名四川人中就有一人入伍），或相当于 1945 年全省总人数的 7.02%（意味着抗战期间，每 14 名四川人中就有一人参军）。难怪当时有"无川不成军"之说！

（2）川军伤亡情况④

1937 年 7 月 8 日，全面抗战爆发的消息传到巴蜀大地。四川省主席刘湘即电呈蒋介石，同时通电全国，吁请全国总动员，一致抗日。并表示："四川可出兵 30 万，供给壮丁 500 万，供给粮食若干万石！"且于 8 月 25 日发布《告川康军民书》，号召四川军民为抗战作巨大牺牲。川军各将领纷纷请缨抗战，1937 年 8 月 18 日，刘湘、邓锡侯、孙震、李家钰等高级军事将领召开川军出川协商

① 《抗战期间各省历年实征壮丁人数统计表》（1945 年），见四川省档案馆：《川魂——四川抗战档案史料选编》，西南交通大学出版社 2005 年版，第 599 页

② 四川省地方志编纂委员会：《四川省志·军事志》，四川人民出版社 1999 年版，第 645 页

③ 重庆市委党史研究室编：《重庆市抗日战争时期人口伤亡和财产损失》，中共党史出版社 2014 年版，第 10 页

④ 因无法拆分，这一部分数据包括重庆地区数据。

会议，大家决心誓死报国，保卫国家神圣领土。从 9 月 7 日起，川军分别从川北和川东开赴抗日前线。到 1938 年 6 月后，出川抗战的川军，经过整编，共扩建为 6 个集团军，另外还有 2 个军和 1 个独立旅，共计 40 余万人。川军驰骋在抗日第一线，转战于晋东南、鲁南、皖南、河南、江苏、浙江、江西、湖北、湖南、福建、广西、贵州等省，先后参加了淞沪杭战役、广德泗安战役、台儿庄战役、长沙会战、豫中战役等大小战役 20 多次。川军将士以简陋之武器和装备抗击精锐日军，为民族求解放，国家争生存，付出了血的代价，作出了巨大贡献。

在抗日战争中，四川儿女表现出视死如归、杀身成仁的崇高民族气节，临战之勇，奋斗之烈，较国内任何部分军队亦无愧色。川军出川后，最先进行的是川军第 43 军第 26 师和川军第 20 军在淞沪战场的血战。第 43 军第 26 师官兵英勇顽强鏖战七昼夜，多次击退日军进攻，被誉为参加淞沪抗战的 70 多个师中成绩最好的 5 个师之一。该师付出的代价也极为惨重，全师 4000 多人，这场仗打完后仅剩下 600 多人。

台儿庄战役中，川军第 22 集团军第 122 师师长王铭章奉命率兵驻守滕县，日军主力板垣师团猛攻滕县不下，以重炮飞机猛轰，炸毁城墙，王铭章亲自指挥巷战，不幸遭机枪扫射壮烈牺牲。王铭章师长殉国后，所部官兵逐屋抵抗，毙日军 4000 余人，全师 5000 余人几乎全部伤亡。川军的巨大牺牲换得了台儿庄战役的胜利，第五战区司令长官李宗仁在回忆录中感慨："若无滕县之固守，焉有台儿庄之大捷！""滕县一战，川军以寡敌众，不惜重大牺牲，阻敌南下，达成战斗任务，写出了川军抗战史上最光荣之一页！"①

在抗战期间，川军阵亡 263991 人、负伤 356267 人，失踪 26025 人，共计64.6 万余人，约占国民党军队伤亡人数的 20%。为国捐躯，居全国之冠②。

表四　抗战时期四川全省各县忠烈将士人数统计

地区	成都	绵阳	巴中	蓬溪	昭化	灌县	金堂	广元	新津	郫县
人数	1283	570	1035	607	111	202	461	292	228	123
地区	简阳	犍为	峨嵋	资阳	彭山	峨边	井研	广安	三台	蓬安
人数	1202	605	156	631	279	45	182	1442	959	191

---

① 熊顺义：《无限怀念抗日殉国老师长王铭章将军》，见成都市政协文史委编：《成都文史资料选辑》总第 10 辑，1985 年内部出版，第 167 页。

② 四川省地方志编纂委员会：《四川省志·军事志》，四川人民出版社 1999 年版，第 650 页。

地区	崇庆	射洪	隆昌	洪雅	西充	乐山	广汉	苍溪	马边	宜宾
人数	338	476	612	74	643	470	259	265	20	1167
地区	叙永	眉山	富顺	中江	阆中	泸县	大竹	乐至	盐亭	华阳
人数	206	528	1113	712	406	1037	954	511	220	510
地区	彭县	仁寿	通江	汶川	什邡	新都	自贡	南江	万源	江油
人数	336	1104	217	5	170	150	58	226	126	200
地区	大邑	德阳	岳池	南部	剑阁	南溪	合江	安县	邻水	古蔺
人数	356	183	1121	837	230	214	494	185	702	202
地区	内江	安岳	名山	罗江	邛崃	珙县	达县	纳溪	仪陇	开江
人数	810	1265	123	102	378	101	1012	83	560	250
地区	遂宁	庆符	资中	江安	威远	靖化	沐川	绵竹	平武	夹江
人数	1241	86	844	286	386	20	5	261	118	144
地区	茂县	梓潼	长宁	崇宁	青川	新繁	北川	筠连	屏山	营山
人数	27	245	193	73	1	66	33	53	146	346
地区	宣汉	双流	青神	懋功	南充	古宋	高县	雷波	渠县	彰明
人数	486	140	209	5	1528	102	143	24	1144	54
地区	荣县	蒲江	丹棱	武胜						
人数	613	243	278	458						
总计	42926									

本表资料来源：1.《中华民国忠烈将士名录》，1947年12月国民政府联合勤务总司令部抚恤处纂订，现存于台北中国国民党党史委资料库；2.四川省地方志编纂委员会：《四川省志·民政志》，四川人民出版社1996年版，第157、158页。

从上表可知，在整个抗日战争时期，四川有名有姓的烈士就有42926名，他们分别来自全省104个县市，占当时全省市县总数的75.36%，即便是非常偏僻的少数民族地区如汶川、茂县、懋功、靖化、马边等县也涌现了许多抗日忠烈将士。而因为种种原因，还有大量川籍英烈牺牲在战场却连姓名也未能留下，这不能不说是一种极大的遗憾。

（3）难民

抗战时期四川的难民主要由两部分构成，一是在日军侵华战争环境下逃离到四川的难民，二是因日军轰炸造成的四川难民。前者主要是省外的，后者则是本地的。由于种种原因，我们至今无法准确统计出当时全省的难民总数。

1939 年夏，中原战事告急，来川难民急剧增加。6 月 2 日，中央赈济委员会在成都设立难民运输总站，并于沿公路各县来川难民已达几十万人的地方设立分站，以救济战区来川难胞。随着黄泛区难民源源不断进入川北，四川省难民赈济委员会在川陕公路沿线设置黄河灾民配运站，每天准备稀饭，随到随吃。难民赈济委员会将少壮者送到昭化、广元、剑阁、苍溪等 10 个县集体垦殖，对老弱病残等，则在广元设一收容所收养。当月，黄河受灾难民 1.5 万人由陕西来四川。四川赈济机关迅速在川陕公路沿途设置黄河灾民配运站，将来川难民安置在通江、南江、巴中 3 县。1939 年 11 月 18 日，省赈济委员会公布数据：该会从本年 4 月改组以来，救济难胞总数达 4 万余人①。

　　其后，由于难民太多，已难以招架，于是在四川省府中成立垦务委员会，在四川划定两大垦区，第一垦区：雷波、马边、屏山、峨边、犍为、凉山；第二垦区：松潘、理番、懋功、清化、汶川。计划垦地 24 万亩，可收纳难民数万人。据 1944 年 1 月 30 日农林部发表的统计资料，四川省公营民营垦务机关团体共 53 个，占全国三分之一强，垦民共 24834 人②。

　　民国四川省政府社会处统计室造送材料显示，1942 年至 1945 年间，四川省历年救济院收容人数为 59335 人；而民国四川省政府社会处还曾对 1941 年冬至 1945 年春期间办理冬令救济情况进行过统计，资料显示，1942 年冬至 1943 年春对 7220 名难民进行过救济，1943 年冬至 1944 年春则对 58468 名难民进行过救济③，即从 1941 年冬至 1945 年春共对 65688 名难民进行过冬令救济。上述两份资料统计口径不同，自然会有差异，重复统计也在所难免，因此我们保守地只取一项最低数据，即 1942 年至 1945 年间四川难民人数为 59335 人。

　　综上，根据最保守的统计，整个抗战时期，四川难民人数为 124169 人④。由于资料欠缺，难民中的伤亡人数不详。

---

① 四川省档案馆：《川魂——四川抗战档案史料选编》，西南交通大学出版社 2005 年版，第 392 页。

② 四川省档案馆：《川魂——四川抗战档案史料选编》，西南交通大学出版社 2005 年版，第 392、393 页。

③ 四川省档案馆：《抗日战争时期四川省各类情况统计》，西南交通大学出版社 2005 年版，第 180 页。

④ 此数据为以下三项之和：1939 年 11 月 18 日四川省赈济委员会公布救济难胞总数为 4 万余人，1944 年 1 月 30 日国民政府农林部统计四川省公营民营垦民共 24834 人，四川省政府社会处统计室统计 1942 年至 1945 年间四川省历年救济院收容人数为 59335 人。

（五）财产损失情况

1. 社会公共财产直接损失

社会财产直接损失主要指因日机轰炸而造成的社会财产损失，然而由于种种原因，这部分的损失是比较难于统计的。档案文献资料显示，在日机轰炸中，四川的工业、农业、交通、邮电、商业、财政、金融、文化、教育、公共事业等都受到了严重损害，但缺乏系统完整的统计。即便在1945年四川省政府统计处统计的材料上，也未对整个抗战期间全省各项公有财产直接和间接损失进行统计，因此，没有这方面的系统资料。但从一些零星材料上，我们可以大致了解当年在日机轰炸中，四川社会公共财产直接遭受的严重损失。

据当年国民政府主计处统计局编制的《抗战中人口与财产损失统计》，截至1941年12月，四川省各类主体（不包括住户）财产直接损失分列如下[1]：

表五　四川省各类主体（不包括住户）财产损失统计（1941年12月）

（单位：元）[2]

项目	农业	工业	公用事业	商业	邮政	人民团体
损失额	71023	2677456	101259	58061226	818766	9381

本表资料来源：中国第二历史档案馆馆藏档案，全宗号6，案卷号246。

上表各项共计61739111元，为1941年12月年前省各类主体（不包括住户）在日机轰炸中所遭受的损失，折算成1937年的价值则为4771183元[3]。

国民政府主计处统计局还对截至1941年12月，省、县两级政府及所属直接财产损失的项目进行了分列：

---

[1] 本调研报告除明确标示币种者外，其余凡涉及货币表现形式的统计数据均指法币，当时亦称为国币。下同。

[2] 本表在引用原表数据时，采用四舍五入法略去了小数点后面的数字。下同。

[3] 本调研报告全部折算数据，均以《抗战期间全国零售物价总指数表》（载民国三十七年国民政府主计部统计局印《中华民国统计年鉴》，浙江省档案馆藏，民国图书财贸295）为依据。该指数以1937年1月至6月为基期，为各地指数之简单几何平均。无论何年何月何种财产损失，都根据当时的物价指数与1937年7月物价指数的倍数，折算成相当于1937年7月的价值，然后再填入统计表。如果只知道财产损失的年份而不知道损失的月份，那么都以当年9月的物价指数为准，折算成相当于1937年7月的价值。如果某项财产损失时间是一个时间段，则取该时间段的中间值作为损失时间进行折算。下同。

表六　省、县两级政府及所属直接财产损失　　　（单位：元）

	建筑物	器具	现款	图书	其他	共计
省政府及所属	100500	6559		278	574	107911
县政府及所属	296600	35804	500		12450	345354

本表资料来源：中国第二历史档案馆馆藏档案，全宗号6，案卷号246。

上表两项共计 453265 元，为截至 1941 年 12 月省、县两级政府及所属直接财产损失，折算成 1937 年的价值为 35028 元。

因四川社会财产损失基本为日军飞机轰炸所致，而 1942 年日军飞机轰炸四川大为减少，所以此后四川社会财产直接损失明显减少，且缺乏相关档案数据。

1946 年 5 月，国民政府教育部统计处对抗战期间全国各级学校暨教育机关的财产损失进行了一个比较系统的统计。其中四川教育界的损失为 20043115 元（含西康省 39190820 元）[1]。折算成 1937 年的价值为 53550 元。

仅从以上并不完整的统计材料，我们可得出抗战期间四川全省社会财产直接损失为 4859761 元（已折算为 1937 年的价值）。

2. 社会公共财产间接损失

全国抗战 8 年中，四川人民除因日机的轰炸造成巨大的直接财产损失外，还遭受了因战争而产生的各种间接损失。包括为防日机轰炸添置的防空设施、防空疏散、为抗战需要修建军用机场和战备公路而产生的费用及各种劳役负担，当然因战争而增加的各种田赋、税额及募捐、国债储蓄损失，以及对抗战军属所支付的安家费、优待谷（金）等也应计入社会财产间接损失。

（1）防空疏散迁移损失

卢沟桥事变后，四川开始设立防空机构。抗战时期的四川防空组织机构主要有三个，即防空协会、防空司令部和防护团。为了减少日机空袭时人员伤亡，成都防空指挥部（省防空司令部的前身）于 1938 年 2 月决定筹集 40 万元作为建立防空壕的经费，筹集办法为房捐 25 万、商会 15 万[2]。

1938 年底，武汉、广州相继失陷以后，重庆、成都等后方城市就暴露于日军面前。鉴于日机日益严重的轰炸，四川省市两级防空指挥部决定疏散成都市区人口，以减少城区目标和人员伤亡。

---

① 教育部统计处编：《抗战以来教育机关学校财产损失统计表及有关文书》（1946 年 5 月），中国第二历史档案馆馆藏档案，全宗号 5（2），案卷号 584。

② 成都市政协文史委编：《成都文史资料选辑》总第 12 辑，1986 年内部出版，第 64 页。

1938 年 11 月 8 日，四川省防空司令部下令加紧疏散人口，由财政厅拨款20 万元作为防空建设经费。11 月 10 日省防空司令部发布了《成都市人口疏散办法》规定：（1）以成都市为中心，距城 30 华里为半径，凡此范围内之各乡镇划为避难区域，本市市民均可自由选择迁往。（2）疏散区市民由省会警察局办理登记并按旬呈报省防空司令部备查，市民移住疏散区由当地保甲办理相应登记手续。

1939 年 1 月，四川省防空司令部颁布了《在省各机关、团体、学校疏散办法》规定：机关、学校、工厂限三月底以前疏散，不必要留住城内之市民，限4 月 15 日前自动疏散出城。3 月 18 日，省防空司令部发布了《成都市疏散实施方案》计划将省会警察局东、南、西、北、外东五区之 350110 人口疏散于成都城区以外的成都、双流、温江、华阳、金堂、简阳、郫县、新繁、新都 9 县的郊区。同年 4 月 24 日，省防空司令部发布《四川省重要城市人口强迫疏散办法》严格界定不必疏散者、暂时居留者、通过城市者和强迫疏散者的证件区别，强化疏散手段；疏散居民一经定居疏散区，按保甲章程管理。5 月，省防空司令部又发布了《成都市强迫疏散人口实施纲要》规定：所有机关除职责必须留驻并经呈请核准外一律于 5 月底以前疏散；5 月 15 日之前所有公私立学校自行择地疏散，并强迫停课，勒令学生离校；平民疏散由省会警察局挨户调查，填具平民疏散表册，发给疏散证，限 5 月底以前一律迁入疏散区，违则强迫疏散。

同年 5 月 7 日，中央银行拨款 30 万元，交四川省政府作为补助贫民疏散经费，在此基础上，省政府决定加拨 10 万元，连同中央拨的 30 万元共计 40 万元交四川省疏散重要城市人口临时委员会用于贫民疏散所用。

5 月 9 日，市府拆除各道城门，规定沿城墙房屋限期拆除。5 月 10 日市民开始昼夜疏散，一周间达 15 万人。5 月 18 日绥署、省府令市区各商店限期一律疏散出城，在乡村自行建筑市场营业。截至 1939 年 6 月 11 日，成都全城已有20 万人疏散出城区，虽然未达到 35 万人的疏散计划，却也是成都历史上空前绝后的一次人口大疏散。

为了及时救治空袭受伤人员，防空司令部先后在成都市区设立了 22 处治疗所和 5 家重伤医院，其后还将全市公私立医院编入防护团，以便统一安排救护任务。1939 年 6 月 7 日，由 54 家军政、工商、文教、卫生、慈善单位联合筹组了四川省会空袭救济联合办事处。办事处内设置了总务、稽核、调查、救护、医疗、抚济 6 个组，建立了 6 所伤民收容所、4 所临时治疗所、5 所棺殓所、2所难民收容所。办事处先后拨款 1 万元购置各种急救药品和器械，拨发抚恤费用 62022 元①。

1939 年至 1941 年，日机除轰炸成都等地外，还对四川沿江公路各重要资源城市和不设防次要城市进行狂轰滥炸，造成这些地区人员和物资损失惨重。1939 年 5 月，行政院电示四川省政府，要求将全省各资源城市确定为甲乙丙三等，限期强迫疏散。为缓解疏散过程中的交通拥塞，1938—1941 年间，在成都修建辐射路 8 道，修筑疏散便桥 15 座，开设城墙缺口 22 道，开辟城门 8 道②。

据不完全统计，至 1940 年 12 月，除成、渝外，四川省沿江、沿公路的 23 个县市人口疏散情况为：城内居民原有人口 85.94 万人，已疏散 41.2 万人；原有机关 544 所，已疏散 523 所；原有学校 276 所，已疏散 174 所；原有银行钱庄 119 个，已疏散 64 个；原有工厂商号、工商业企业 37533 家，已疏散 17176 家。成都市原有人口 50 万人，已疏散者达三分之二，市内 140 所机关中，除少数军警机关必须留市区外，其余均已疏散到疏散区办公；原住市内的 64 所学校已全部疏散；市区各银行、工厂也疏散到了市郊③。1941 年 9 月，四川省疏散重要城市人口临时委员会宣布，目前日机所至，城市不分大小，以前颁行各重要城市的疏散办法，自可通用于一般市县。可见，抗战期间遍及四川各城市的人口疏散是有计划、有组织进行的，其花费是相当巨大的，可惜囿于资料，无法准确统计出当年耗资。

根据上述不完整的档案统计数字，1938 年共有 60 万元防空经费（折算成 1937 年价值为 461538.46 元）。1939 年中央和省拨款 40 万元作为贫民疏散经费（折算成 1937 年价值为 187793.43 元）。同年，四川省会空袭救济联合办事处共拨款 72022 元（折算成 1937 年价值为 33813 元），用于购置各种急救药品和器械并拨发抚恤费用。

1946 年 5 月，国民政府教育部统计处对抗战期间全国各级学校暨教育机关的财产损失进行了统计④。其中四川公私立各级学校及教育机关因躲避日机轰炸而产生的迁移费达 17157193 元（折合成 1937 年价值为 3265 元），防空设备费为 3779301 元（折合成 1937 年价值为 719 元），疏散费为 14469474 元（折合

---

① 成都市政协文史委编：《成都文史资料选辑》总第 12 辑，1986 年内部出版，第 64 页。

② 张洁梅：《日机大轰炸下的四川城市人口疏散》，见四川省档案馆编：《四川抗战档案研究》，西南交通大学出版社 2005 年版，第 169 页。

③ 张洁梅：《日机大轰炸下的四川城市人口疏散》，见四川省档案馆编：《四川抗战档案研究》，西南交通大学出版社 2005 年版，第 170 页。

④ 教育部统计处编：《抗战以来教育机关学校财产损失统计表及有关文书》（1946 年 5 月），中国第二历史档案馆馆藏档案，全宗号 5（2），案卷号 584。

成 1937 年价值为 2754 元）。以上各项折合成 1937 年价值共计为 6738 元。

以上各项相加，就是目前根据所掌握的材料所得到的抗战期间四川因防空疏散而产生的费用损失，即折合为 1937 年的价值为 689883 元。

（2）难民救济

抗日战争时期，难民大量涌入四川，四川因此被形象地称作"战时中国最大的避难所"。但由于缺乏全省确切的统计数据，因而，四川难民总人数及损失统计是残缺不全甚至挂一漏万的。

为了收容和安置难民，四川省政府于 1937 年 10 月成立了四川救济难民分会，次年 4 月，四川省政府拨救济入川难民经费 100 万元，列入省预算开支①。1938 年 8 月，为迎来难民潮的到来，省救济难民分会颁布《四川省难民登记暂行办法》，规定衰老残废及无力自救妇女，送往就近收容所；哺乳婴儿，送入救济战区婴儿寄托所；贫苦儿童，送往保育教养院（所）；少壮难民送往各县分配工作；难民持有财物，足资维持生活者，无须救济，只须帮助寻觅房舍，代雇舟车，发给难民证②。

同年 8 月，政府在成都、绵阳及广元等地分别设置救济战区难民婴孺寄托所，收养哺乳者及 5 岁以下儿童。预定收养 5000 人，每月经费 2 万元。至 11 月 18 日，战区儿童成都分会已设成都、乐山、郫县 3 个保育院，收养战区难童 1000 名。后因战区扩大，难童增多，不得不决定再增设新津、双流两个分院，预计收养难童 1000 名③。

自贡市在川主寺、亮公祠设难民收容所，收容难民 555 家、2441 人④。

四川各地所接纳的难民及所需费用是相当可观的，如达州万源一地即接受邻近的大竹、邻水、渠县、广安四县难民达 43500 人。⑤ 阆中县仅救济费即达 51500 元⑥。

在安置难民到垦区的同时，中委赈济委员会还在成都等地开办了一批赈济工厂，让难民中有工作能力者选择入厂。

① 四川省档案馆：《川魂——四川抗战档案史料选编》，西南交通大学出版社 2005 年版，第 391 页。
② 四川省地方志编纂委员会：《四川省志·民政志》，四川人民出版社 1996 年版，第 303 页。
③ 四川省档案馆：《川魂——四川抗战档案史料选编》，西南交通大学出版社 2005 年版，第 391、392 页。
④ 四川省档案馆：《川魂——四川抗战档案史料选编》，西南交通大学出版社 2005 年版，第 131 页。
⑤ 达州市委党史研究室编：《抗战时期达州市人口伤亡和财产损失调研报告》（2008 年），第 6 页。该报告藏于达州市委党史研究室。
⑥ 寇永国：《日机空袭阆中追记》，载四川省档案馆编：《四川抗战档案研究》，西南交通大学出版社 2005 年版，第 175 页。

据不完全统计，仅 1941 年 1 月至 1942 年 3 月，四川省赈济会拨发各县市的救济费即达 28000 元。列表如下：

表七　四川省赈济会拨发各县市的救济费

县别	炸灾月日	炸灾救济费（元）
泸县	8 月 2 日	3000
隆昌	8 月 2 日	2000
三台	7 月 10 日	1000
广安	8 月 2 日	1000
自贡市	7 月 5 日	1000
自贡市	8 月 12 日	2000
渠县	8 月 21 日	3000
达县	8 月 21 日	3000
合江	8 月 16 日	5000
南充	9 月 3 日	5000
崇庆	10 月 26 日	2000

本表资料来源：四川省档案馆馆藏档案，全宗号民 41，案卷号 1953。

需要指出的是，上表统计并不完整和准确。如 1941 年 7 月 28、29 日自贡市遭受敌机轰炸后，8 月，自贡市政府在致电省防空司令部中称："中央振[赈]济委员会来电，拨款三万元；兼理主席张群来电，拨款四万元。"① 仅此两项相加即达 7 万元，远远超过表列的 3000 元（自贡市两次）。

1942 年，成都、广元、昭化、剑阁等 25 个县市设立难民收容所，每人每天给生活费 6 元②。后因物价飞涨，难民生活极度窘迫。

根据当年国民政府社会处统计室造送材料，四川省历年救济院所数及收容人数列表如下：

表八　四川省历年救济院所数及收容人数

年份	所数	收容人数
1942	218	17520
1943	119	9207
1944	229	17749
1945	224	14859

本表资料来源：四川省档案馆编：《抗日战争时期四川省各类情况统计》，西南交通大学出版社 2005 年版，第 180 页。

---

① 四川省档案馆：《川魂——四川抗战档案史料选编》，西南交通大学出版社 2005 年版，第 131 页。
② 四川省地方志编纂委员会：《四川省志·民政志》，四川人民出版社 1996 年版，第 303 页。

从表中可以看出，仅从 1942—1945 年的 4 年间，四川就有 200 多所收容所共收容了 59335 人；进一步分析，我们会发现，各年份收容人数有较大差别，1942 年收容人数较多，应该是之前日机大规模轰炸四川各地所致；而 1943 年收容人数明显减少，则与上一年日军空袭较少有关；1944 年、1945 年收容人数再次激增，当与抗战后期四川物价飞涨、人民生活日益困难有关。4 年间，共有近 60000 人被收容，即使以最初的 1942 年每人每天生活费 6 元计算，假如每位被收容者被收容时间平均为 1 周，那么仅此一项，便需支付相当的开支：

表九　1942—1945 年四川省收容人数及开支

年份	收容人数	每人每天生活费（元）	每天生活费总计（元）	1 周开支（元）
1942	17520	6	105120	735840（折合 1937 年 7 月价值为 14626 元）
1943	9207	6×3.97（1943 年 9 月相比 1942 年 9 月之通胀系数）= 23.82	219310.74	1535175.18（折合 1937 年 7 月价值为 7679 元）
1944	17749	6×11.84（1944 年 9 月相比于 1942 年 9 月之通胀系数）= 71.04	1260888.96	8826222.72（折合 1937 年 7 月价值为 14818 元）
1945	14859	6×39.8（1945 年 9 月相比于 1942 年 9 月之通胀系数）= 238.8	3548329.2	24838304.4（折合 1937 年 7 月价值为 12401 元）

本表根据四川省地方志编纂委员会编《四川省志·民政志》（四川人民出版社 1996 年版）第 303 页有关数据及本调研报告表八编制。

从上表可得出 1942—1945 年间，四川省收容开支折合成 1937 年价为 14626 + 7679 + 14818 + 12401 = 49524 元。

据当年国民政府主计处统计，截至 1943 年 6 月，四川省赈济的费用为 546584.92 元。其中，急赈费为 28928.74 元，工赈费为 34000 元，难民运配费为 448524.4 元，难童教养费为 5000 元，失业公务员救济 1300 元，难民医疗费为 12298 元，其他费用为 16533.7 元[①]。

[①] 国民政府主计处统计局编制："抗战中人口与财产所受损失统计"（1943 年），中国第二历史档案馆藏档案，全宗号 6，案卷号 246。

综上，根据目前我们所掌握的材料，抗战期间四川难民救济费为：（1）省政府拨救济费 1000000 元（1938 年 4 月）；（2）收容费 49524 元（已折合成 1937 年价）；（3）省赈济会救济费、赈济费 546584.92 元（1943 年 6 月）。折算成 1937 年价值则为：（1）840336 元；（2）49524 元；（3）3991 元。共计 893851 元。

（3）优待谷、抚恤金及建忠烈祠

A、优待谷

四川所征新兵，除按国家统一规定领取很少的征兵费外，再无任何补助。所征者均为家中主要劳力，他们被征后，其家庭在生产、生活方面，将不可避免地遇到许多困难。为使出征军人安心抗战，抗战期间，四川省政府按照国民政府所制《优待出征抗敌军人家属条例》，决定以各县市历年所存之积谷，作为优待军属经费的主要来源。规定在新兵入营时发给安家费，在服役期间，每年春节、端午和中秋三节另外发给家属优待谷（金）[1]。同时规定，免除应征军属应缴的积谷，为无劳力之军属代耕田地，对军人子女读书予以救济，对军人婚姻予以保护。

其后，四川把对军属的安家费、优待金（谷）及抚恤金这一政策受益面扩大至修筑机场或其他因战争伤亡人员及家属，所需开支更为庞大。

迄今为止，尚未发现四川全省安家费、优待金（谷）完整的统计数据，收集的材料相当零散，但从各地所报不完全材料来看，这是一笔相当庞大的开支。

四川省民政厅《民国 29 年度民政统计》载：民国 27 年 10 月至 29 年 4 月，各行政督察区所属县拨用优待出征军人积谷 1563822 石[2]。平均每年为 1042548 石；另据四川省粮政局民国 32 年统计表载："全川积谷拨作优待共 745706 石，征属约有 150 万。"[3]

从以上统计可知，每年四川拨付的优待谷大体为 745706 石至 1042548 石之间，按保守估计（平均每年所拨优待谷数按最低数字的 745706 石计），那么抗战时期 8 年间，整个四川的优待谷拨付则为：8×745706 石 = 5965648 石。

按 1937 年平均每石粮食价 10.56 元[4]计算，则 8 年间四川共拨付优待谷至

---

① 成都市政协文史委编：《成都文史资料选辑》总第 11 辑，1985 年内部出版，第 88 页。

② 四川省地方志编纂委员会：《四川省志·民政志》，四川人民出版社 1996 年版，第 130 页。

③ 四川省地方志编纂委员会：《四川省志·民政志》，四川人民出版社 1996 年版，第 131 页。

④ 四川省建设厅统计全省 18 个重要粮食市场的平均价格。见四川省档案馆：《川魂——四川抗战档案史料选编》，西南交通大学出版社 2005 年版，第 425 页。

少价值 10.56 元×5965648 石 = 62997243 元。

B、抚恤金

对抗日伤亡者，国民政府均予以抚恤。1938 年 12 月，省政府、省赈会颁布《空袭急救办法》，规定发放空难死伤者抚恤金。死亡者每名 30 元，重伤者每人 20 元，轻伤者每人 10 元[1]。

据《四川民政统计》载：1938—1941 年，抗日川籍官兵伤亡受恤总人数共29693 人（官佐 2136 人、士兵 27557 人）。其中 1939 年抗日阵亡官兵 1128 人，核发恤金 240980 元（折合成 1937 年价值为 113136 元）；受伤官兵 4 人，核发年抚金 720 元（折合成 1937 年价值为 338 元）[2]。抗日战争胜利后，为弥补物价上涨带来的困难，国民政府对死亡官兵遗族发了三次特别恤金。

根据目前所掌握的零星材料，抗战时期四川发放了抚恤金 113474 元（已折合成 1937 年价值）。

C、建忠烈祠费用

为崇祀殉难烈士，1940 年 12 月 7 日，国民政府内政部以"渝礼字第 1394号"咨文，要求各地普遍设立忠烈祠。截至 1941 年 4 月，四川省共有灌县、马边、彭县、雷波、洪雅、松潘、江油、新津、丹棱、绵竹、新繁、青神、蒲江、宜宾、南溪、庆符、珙县、隆昌、渠县、南部、仪陇、蓬溪、乐至、金堂、昭化、彰明、北川共 27 个县设立了忠烈祠[3]。至 1942 年，四川已有射洪等 53 个县设立了忠烈祠[4]。以上仅为 1942 年前的情况，其后应该有更多的县设立忠烈祠。然而遗憾的是，因为缺乏相关资料，无法统计整个抗战期间四川修建忠烈祠的数目及费用，故无法对此项费用作统计或估算。目前我们所掌握的，只有1942 年四川省民政厅民政部关于忠烈祠保管费应列入预算的一些规定：市及一、二等县每月准列 200 元，三、四等县每月准列 160 元，五、六等县和设治局、管理局每月准列 120 元[5]。按此标准，我们可对 53 个已设立忠烈祠的县所需管理费作一统计：取中间值，即以第二种标准（每县每月准列 160 元）计算，

① 四川省地方志编纂委员会：《四川省志·民政志》，四川人民出版社 1996 年版，第 303 页。

② 四川省地方志编纂委员会：《四川省志·民政志》，四川人民出版社 1996 年版，第 127 页。

③ 《内政部长周钟岳督饬四川省各县市从速筹设忠烈祠》，四川省档案馆馆藏档案，全宗号 54，案卷号 7920，第 95 页。

④ 四川省政府民政厅：《关于各县市忠烈祠保管费标准》（1942 年），四川省档案馆馆藏档案，全宗号 54，案卷号 7920，第 95 页。

⑤ 四川省政府民政厅：《关于各县市忠烈祠保管费标准》（1942 年），四川省档案馆馆藏档案，全宗号 54，案卷号 7920，第 95 页。

整个 53 县忠烈祠的管理费为每月 53 × 160 元 = 8480 元，1 年为 8480 元 × 12 = 101760 元，1942—1945 年间其管理费则为 101760 元 × 4 年 = 407040 元。因此，按 1942 年的标准，四川 53 个县所设立的忠烈祠 4 年管理费为 407040 元，折算成 1937 年价值为 10108 元。

综上，根据现有材料，抗战期间，四川支付的对军属的优待金（谷）及抚恤金、忠烈祠管理费折算为 1937 年价值可列为：62997243 元（优待谷价）+ 113474 元（抚恤费）+ 10108 元（全省 53 个县所设立的忠烈祠管理费），上述各项合计为 63120825 元。

（4）征用民工费用

战争期间，作为大后方中心的四川，承担了大量战时工程的建设，付出了巨大的辛劳和血汗。

抗战中，全川新建、扩建空军基地 33 处。1941 年 12 月太平洋战争爆发后，为配合国际反法西斯战争的需要，国民政府决定在成都周围新建和扩建 4 个轰炸机场和 5 个驱逐机机场。其中在新津、邛崃各扩修 1 个轰炸机机场，在彭山、广汉各新建 1 个轰炸机机场；在成都、双流、温江、德阳等县新建和扩建 5 个驱逐机机场①。修建机场的工程非常艰巨而紧迫。修建机场工程始于 1943 年 12 月，完成于 1944 年 5 月。四川省政府从成都、华阳、仁寿、简阳、彭山、邛崃、大邑、新津、双流、广汉、什邡等 29 个县，共计动员约 50 万人次参加修建②。民工们凭借双手和简单工具，流血流汗，艰苦施工，用半年的时间，肩挑背扛，圆满完成了各个机场的修建任务。机场完工后，国民政府军事委员会委员长蒋介石曾专门致电四川省临时参议会，对四川民工的工作表示充分肯定和慰问："去冬以还，发动五十余万之同胞，修筑多数机场，祁寒赶工，风雨无间"；"卒使此项空前伟大之军事建设工程，仅以简单之人力，均于最短期间，一一如限完成"③。

抗战爆发后，为了保障抗战运输通畅，改善四川的交通状况，国民政府决定尽快抢修川黔、川湘、川滇、川陕四大出川公路。所需劳工由沿途所在省县就地征用。四川动员 250 万民工参与其中，民工们用錾子、锄头、扁担等简陋

---

① 刘一民：《论抗战时期四川农民对兵源和后勤的贡献》，见四川省档案馆编：《四川抗战档案研究》，西南交通大学出版社 2005 年版，第 110 页。

② 张惠昌、於笙陔：《抗战期间成都地区特种工程与美国空军的援助》，见成都市政协文史委编：《成都文史资料选辑》总第 11 辑，1985 年内部出版，第 132 页。

③ 四川省档案馆：《川魂——四川抗战档案史料选编》，西南交通大学出版社 2005 年版，第 414 页。

工具开山辟岭，挖土运石，昼夜赶修，付出了大量艰苦的劳动，终于在 1940 年开通了这四条公路干线。

仅从以上两大工程看，在川境征用的劳工，前后总数就在 300 万人（次）以上。

除了修机场、公路外，四川民工还参加了许多非军事工程的修建以及军事运输、军粮调拨等等。1943 年，四川省政府征调全川"乙级壮丁"500 余万人从事"国民工役"，其中五分之四从事地方水利、筑路、造林及垦荒工作。从事与国防有关的紧急工程抢修的"甲级壮丁"尚未包括在内。据《全川三十二年度民政总报告》不完全统计，仅 1943 年一年，全川自卫工事 75400 工数，筑路 1584465 工数，水利 1305874 工数，造林 66011 工数，垦荒 13792 工数，其他 53260 工数，总计用工 3098802 工数①。

以上三项（修建机场，抢修川黔、川湘、川滇、川陕四大出川公路，从事"国民工役"）所征用民工超过 800 万人（次），剔除重复统计或虚报因素，以最保守的估计来算，8 年抗战期间，四川被征用的民工至少在 500 万人以上这是毫无疑义的②。以每个民工每天供给 1.4 升粮食计算（当时修建机场被征调的民工，每人每天供给 1.4 升粮食③，约合 2.8125 市斤），征用 500 万民工每天至少需 7000000 升，以每个民工平均被征半年（参照修建机场被征用时间）计算，共需供应粮食 1260000000 升。

当时 1 升米价格据可参照相关资料得出。《四川省志·民政志》记载："民国 26 年，四川省政府拨 420 万元作为工赈专款，整理川滇隆泸段和川鄂公路简渠段。每天每个民工发给工资 0.20 元（当时仅可买一升米）"④。也就是说，在 1937 年时，1 升米值 0.20 元，那么依 1937 年物价计算的整个抗战期间征用民工的费用便可得出：0.20 元 × 1260000000 升 = 2.52 亿元。

（5）募捐

从 1937 年冬天起，全川人民就掀起了劳军捐献运动。据国民党中央宣传部统计，到 1944 年 5 月，四川有 14 县市的献金总额为 1.3968 亿元。5 月 16 日以后到 11 月底，内江市、自贡市、富顺等地掀起第二次献金运动，捐款总额达 5

---

① 刘一民：《论抗战时期四川农民对兵源和后勤的贡献》，见四川省档案馆编：《四川抗战档案研究》，西南交通大学出版社 2005 年版，第 110 页。

② 段渝：《抗战时期的四川》，四川出版集团巴蜀书社 2005 年版，第 66 页。

③ 张惠昌、於笙陜：《抗战期间成都地区特种工程与美国空军的援助》，见成都市政协文史委编：《成都文史资料选辑》总第 11 辑，1985 年内部出版，第 132 页。

④ 四川省地方志编纂委员会：《四川省志·民政志》，四川人民出版社 1996 年版，第 287 页。

亿元①。这些巨款，多数用来购买前方急需的飞机、坦克、武器，部分用来慰劳前方将士，有力地支持了抗战。以捐购飞机为例：1938年4月，重庆儿童发起捐购"中国儿童号"飞机运动；1941年2月，航空建设协会四川分会发起捐款献机100架运动；1942年3月，成都青年捐购滑翔机1架；1942年10月，四川民众捐购"忠义号"战斗机20架；1943年初，航空建设协会发起一元献机运动，计划购机30架；1943年4月，四川国民兵团开展第二次献机运动，捐购驱逐机10架。其他还有"记者号"、"报人号"等等献机运动共献飞机13架②。

除献机外，四川人民还发起了劝募寒衣运动。川军出川抗战是在1937年初冬匆匆开赴前线的，许多将士还穿着单薄的衣衫，脚上是一双草鞋，在北方严寒中浴血奋战。鉴于此，四川人民发起了为抗战将士劝募寒衣的活动。1938年11月16日，战地服务团成都办事处运送皮、棉背心25000件赴前方慰劳抗敌将士。12月1日，平型关大捷消息传到南充后，南充蚕丝改良场职工，凑钱缝制丝绵背心1000件赠送八路军。其后，为了更好地开展工作，四川省政府成立了专门的省征募寒衣运动委员会，主持全省的寒衣征募活动。1939年9月25日，该会决定全川征募寒衣数目配额为：特等县2000件，一等县1500件，二等县1000件，三等县600件。虽然征募寒衣运动从此为官方所主持，但民间征募寒衣的活动并未因此而停止。③。

1943年到1944年，日军攻占中国大片领土，前方将士浴血奋战，却因物资供应困难，缺吃少穿，后方人民又掀起了声势浩大的献金运动。1944年春，国民政府军委会副委员长冯玉祥将军到川中各地为抗战募捐鼓劲，进一步推动了献金运动。盐都自贡市各阶层抗战热情空前高涨，不管是富商大贾，还是平民百姓，纷纷为抗战出力。自贡的盐工们早在1942年的献金运动中就献金1100万元之巨，冯玉祥再到自贡动员献金时，盐商余述怀一人就献金1000万元，自贡首富王德谦献金1500万元。还有献金600万元而不愿留名者。据献金分会统计，短短一个月，仅有10个乡镇、22万人口的自贡市献金为1.2亿元，金戒指800只，金镯10只，布鞋1万双，愿按月献金及按年捐献黄谷直至抗战胜利者计318.7万元，黄谷2214市石，平均每个市民捐款500元，不仅创下全国城市

① 陈翔：《抗战后期四川节约献金救国运动评述》，见四川省档案馆编：《四川抗战档案研究》，西南交通大学出版社2005年版，第144页。
② 四川省档案馆：《川魂——四川抗战档案史料选编》，西南交通大学出版社2005年版，第399、400页。
③ 四川省档案馆：《川魂——四川抗战档案史料选编》，西南交通大学出版社2005年版，第399页。

捐款数额之最，还创下包括个人捐款数额、人均捐款数额等其他 21 项全国之最。自贡捐款情况让蒋介石连连称赞："自贡是个小城，国防经济上却站在第一等位置上"，并对自贡市民的爱国壮举通电嘉奖，同时召见突破全国个人捐献最高纪录的大盐商余述怀。

抗战全面爆发后，随着国土的不断沦陷，中央政府的财政收入越来越少，连前方将士的军粮供给都面临严重困难。为此，国民政府于 1940 年秋发起了捐献军粮运动。据 1942 年 5 月 25 日统计："川省上年度开展之捐献军粮运动，近已结束。共献黄谷 54428 石，白米 1163 石，杂粮 1509 石，缴纳代金 254.4775 万元。"①

综上所述，抗战期间，四川捐款数为 5 亿元（1944 年 11 月底数），黄谷 54428 石、白米 1163 石、缴纳代金 254.4775 万元（1942 年 5 月数）。各项募捐款及粮食折合成 1937 年价值分别为 1024910 元、344856 元②、12281 元、63193 元，合计为 1445240 元。

（6）医药费、埋葬费

据 1945 年省政府统计处汇核统计，在日机轰炸中受伤的四川民众"在各年负伤时所需的医药费用计共需二千四百二十万元。若依三十四年成都市物价指数折算，此项医药费，应该是三十八亿七千三百六十万元。至于死亡的人在各年死亡时所需的埋葬费，计共需五千零四十四万元。若照三十四年成都市物价指数折算，应该是一百零七亿三千二百零一万元。"③ 这两种损失按 1945 年成都市物价指数折算，总共是 1460561 万元。

综上，医药费、埋葬费共 1460561 万元（1945 年数），折合 1937 年价值为 7658022 元。

（7）占地拆迁补助费用

对于此项，没有全省统计资料，但从零星的一些档案资料来看，四川地处大后方中心，因军事需要而产生的占地拆迁补助费用还是很高的。如 1940 年扩建新津机场，征用民田 3920 亩；1943 年再次扩建，占地 9035 亩，所占民田以 5 石米一亩计价赔偿④。赔偿金共为 684024 元（1937 年价）⑤。

---

① 四川省档案馆：《川魂——四川抗战档案史料选编》，西南交通大学出版社 2005 年版，第 401 页。

② 黄谷价按白米价的 70% 计。

③ 四川省档案馆：《川魂——四川抗战档案史料选编》，西南交通大学出版社 2005 年版，第 181 页。

④ 成都市政协文史委编：《成都文史资料选辑》总第 11 辑，1985 年内部出版，第 160 页。

⑤ 折算过程：（3920＋9035）×5 石×10.56 元（1937 年平均每石粮食价）。

1944年修建广汉机场时，征地3480亩，赔偿青苗2258亩，迁移居民1000余户，征地拆迁开支金额为53182763元①（折算成1937年价为109024元）。因修机场迁建广汉女子简易师范学校用款500万元，修机场毁伤城区路面修补用款10万元②（折算成1937年价为10455元）。两项共计119479元。

1943年9月开江县修建军用机场共征地21.5万平方米，共用征地费用3166989.25元③（折算成1937年价为22555元）。

1940年修筑射洪至蓬溪、蓬溪至遂宁段，按修遂宁机场周边建设征地补偿标准计算，共支付230550元（折算成1937年价为45835元）；1944年遂宁机场附近修建营房征地81.47亩，购地费为1226123.5元（折算成1937年价为2513元）；同年4月8日到23日修筑机场滑行道，征地费为3149676.78元（折算成1937年价为6457元）④。3项共计54805元（已折算成1937年价）。

综上，据现有资料我们可知，四川因军事需要而产生的占地拆迁补助费用列式如下：684024元（两次扩建新津机场赔偿金，已折算为1937年价）＋119479元（1944年修广汉机场时迁建等费用）＋22555元（1943年9月开江机场征地费）＋54805元（遂宁等3次征地费）＝880863元。

（8）田赋征实、征购与征借

抗日战争爆发后，四川人民的负担便随着战争进程的深入而不断增加。1937年七七事变后不久，四川省政府即公布当年田赋加收国难费三成，三征共加收九成。次年后，黄河、长江及珠江中下游产粮区都为日军所占领，整个中国的钱粮支撑，主要靠四川这个大后方来负担。1938年7月4日，省政府通令：自本年度起，田赋一年两征，仍加征九成国难费，分上下两季增收。这一举措，大大加重了人民的负担。1940年2月4日，四川地方士绅长老方旭、尹昌龄等19人联名致电国防最高委员会、行政院、财政部，呼陈四川人民的负担与痛苦："仅田赋一项，一年三征九成，川民已感绝大痛苦；而各县随粮附加，比较正供，有多至300%乃至500%者。"⑤

1941年3月，国民政府实行"田赋征实"，即按田赋正额和附加额折征实

---

① 广汉县档案馆藏民国档案，全宗29，卷号572。

① 广汉县档案馆藏民国档案，全宗29，卷号572。

② 广汉县档案馆藏民国档案，全宗29，卷号572。

③ 达州市委党史研究室编：《抗战时期达州市人口伤亡和财产损失调研报告》（2008年），第8页。该报告藏于达州市委党史研究室。

④ 遂宁市委党史研究室编：《抗战时期遂宁市人口伤亡和财产损失调研报告》（2008年），第9页。该报告藏于遂宁市委党史研究室。

⑤ 四川省档案馆：《川魂——四川抗战档案史料选编》，西南交通大学出版社2005年版，第416页。

物，一律缴纳粮食。征购就是随同田赋征实再同时征购粮食，其中征购部分发给"粮食库券"，而且给价很低。1944 年，国民政府把征购一律改为征借，废除粮食库券，只在缴纳的田赋单上注明，代替凭证。关于抗战期间四川田赋三征情况，有多种统计数据及说法，现列几种较有代表性的观点：

A、时任国民政府粮食部长的徐堪在其所撰《抗战时期粮政纪要》中记述了四川的出粮情况："四川省出粮最多，计自 30 年度起至 34 年止，5 年之间共征获稻谷 82285990 市石，占全国征起稻谷总量百分之三十八点五七，即就全国征起谷麦总量比较，亦占百分之三十一点六三。"[1]

B、1941 年至 1945 年，四川田赋共征收谷物 8408 万石，占全国征收谷物总量的 1/3 以上，除田赋外，1940 年国家购川粮 400 万石，各界捐粮 234 万石，1942 年以川盐易湘粮 500 万石作为军粮，以上三项共计 1134 万石[2]。

C、《四川田赋半月刊》创刊号第 6 页则比较简明扼要地反映了 1941—1945 年 9 月下旬期间四川田赋征实的基本情况：

表十　1941—1945 年四川田赋征实表

（单位：万石　品种：稻谷）

年份	中央配额	省府配额	实收数	实收数超出中央配额
1941	1200	1443	1382	182
1942	1600	1773	1658	58
1943	1600	1773	1605	5
1944	2000	2152	1941	−59
1945	2000	2134	1822	−178
合计	8400	9275	8408	8

本表资料来源：成都市政协文史委编：《成都文史资料选辑》总第 11 辑，1985 年内部出版，第 115 页。

D、而 1945 年四川省民政厅汇编的《抗战时期四川省各类情况统计》中有一张表格，也记载了抗战时期四川省粮食征借情况：

① 章伯锋、庄建平：《抗日战争》之第五卷《国民政府与大后方经济》，四川大学出版社 1997 年版，第 675 页。
② 四川省地方志编纂委员会：《四川省志·军事志》，四川人民出版社 1999 年版，第 251 页。

项别	三十年	三十一年	三十二年	三十三年	三十四年
预算数共计	14431334	17733679	17763044	21523616	21345639
应征额	7215667	10093744	10064613	9822080	9780207
应借额			7698431	11701536	11565432
应购额	7215667	7639935			
共计	13821635	16579777	16024113	19412173	
已征额	6910818	9388329	9158229	9203538	
已借额			6865884	10208635	
已购额	6910817	7191448			
完成预算数	95.77%	93.49%	90.21%	90.19%	

　　本表根据四川省档案馆编《抗日战争时期四川省各类情况统计》（西南交通大学出版社 2005 年版）第 112 页有关数据编制。

　　1945 年由于本粮食年度尚未完结，统计中没有实收数。参照前四年实收数不低于九成的情况，1945 年的实收数最低应不低于 19210000 市石。

　　这样，1941—1945 年，四川省粮食征实征购征借数为 85010000 市石。需要特别指出的是，上述四川田赋预算数均为省里自定的配额线，而此配额线要比中央下达的配额线高 10% 左右，因此，五年间四川田赋征实较省的配额线有所欠缺，对中央的配额线则是完成了的。

　　以上 1941—1945 年间四川征粮的 4 种说法中，最少为 82285990 市石，最高为 85010000 市石。但不管哪种统计、何处记载，抗战时期四川省出粮在 82285990 市石以上（时任粮食部长的徐堪所说数据）、占全国征借购粮百分之三十以上是不争的事实。

　　需要指出的是，以上数字均不包括当时西康省的征实征购征借数字。有关资料记载，西康省 1941 年征实 30 万市石，1942 年征实征购 70 万市石，1943 年征实征借 65 万市石，1944 年征实征借 72 万市石，1945 年征实征借 72 万市石[①]。1941—1945 年，西康省共计征实征购征借 309 万市石。

　　以最保守的统计数据（抗战时期四川省出粮总数 82285990 市石），按 1937

---

① 张为炯：《西康建省及刘文辉的统治》，见四川省政协文史资料委员会编：《四川文史资料选辑》第 16 辑，1965 年内部出版，第 46 页。

年平均每石粮食价 10.56 元①计算，则 1941 年至 1945 年间，四川田赋折合成 1937 年价值合计为 10.56×82285990＝868940054 元。

特别应当强调的是，四川是在本省食粮尚有欠缺的情形下竭尽全力向国家提供粮食的。四川虽为粮食大省，但除向国家供粮及满足本省 4000 多万人民基本需求外，每年还需供应西康、云南和贵州人民所需食米 30% 以上。这种情况下，四川犹赖由湖南、湖北每年输入部分粮食，以资调剂。但由于此前中央在川已搜刮了稻谷 400 多万石，地方余粮早尽；而宜昌陷落后，从湘、鄂两省进粮之来源又被断绝，四川粮食供应实际上已严重恐慌短缺。因此，在此种严峻形势下，四川每年能向国家提供近 2000 万石的粮食是相当不易的。

（9）国债储蓄

全民抗战期间，军费开支巨大，财政年年吃紧，国民政府以法令布告强制向四川国民借款。其主要手段就是发行名目繁多的公债：一是善后公债。1935 年川政统一，发行 7000 万元，1939 年将善后公债拨转给优待会，移作优待军人家属支出（折合 1937 年价值为 32863850 元）；二是救国公债，1937 年发行，四川认购额为 1900 万元；三是建设公债：1939 年 4 月发行，总额为 6 亿元（折合 1937 年价值为 281690141 元）；1940 年 6 月又发行建设公债 1 亿元（折合 1937 年价值为 19880715 元）；战时公债，1941 年四川省公布，应募战时公债 7500 万元，迄至 6 月底止，已收 7110 万元（折合 1937 年价值为 5486862 元）；1942 年 3 月，发行胜利同盟公债（又称美金公债），四川摊派 1500 万元（折合 1937 年价值为 372486 元）；6 月 27 日，国民政府发行胜利国币公债 10 亿元，四川省摊派 3.5 亿元（折合 1937 年价值为 8691333 元）；1944 年 1 月 31 日，行政院核定四川省本年度同盟胜利公债为 7 亿元（折合 1937 年价值为 1434985 元）；3 月 1 日，四联（中央、中国、交通、农民四家银行）总处决定本年度推行乡镇公益储蓄，全国总额为 229 亿元，四川配额为 40 亿元（折合 1937 年价值为 8199914 元）；1945 年 5 月，确定本年度四川省胜利同盟公债配额为 10 亿元（折合 1937 年价值为 524321 元）②。日本投降签字的第二天，当时的四川省主席张群在向全川和全国发表《胜利日感言》中曾说：在抗战期间，"各种公债之摊募，各种储蓄之劝派，以及各种税捐，……或则创始于全川，或则在川继续扩大推行，综计川人直接间接负担数字，亦无一不超过全国其他各省。"③

---

① 四川省档案馆：《川魂——四川抗战档案史料选编》，西南交通大学出版社 2005 年版，第 425 页。
② 四川省档案馆：《川魂——四川抗战档案史料选编》，西南交通大学出版社 2005 年版，第 425—428 页。
③ 张群：《胜利日感言》，见《民国川事纪要》第四册，台北四川文献月刊社 1972 年版，第 272—273 页。

综上，抗战期间，四川国债储蓄折合成 1937 年价值为 378166407 元。

3. 个人财产损失

1942 年初，国民政府主计处统计局编制《抗战中人口与财产损失统计》，截至 1941 年 12 月，四川省各类主体财产直接损失中，"住户"损失为 22473453.12 元[①]。"住户"我们可理解为有别于"单位"和"社会团体"的自然人。因而，此项损失应列为个人财产损失。在此项损失中，房屋损失金额为 18207899 元；器具损失金额为 1807908 元；现款损失金额为 334935.01 元；服着物损失金额为 984186.72 元；古物书籍损失金额为 49077 元；其他损失金额为 1089447 元[②]。在所有个人直接财产损失中，房屋损失所占比例最大，占个人财产直接损失总额的 81%。

战后初期，民国四川省政府统计处根据各市县上报材料汇核统计"人民财产损失"部分，统计显示，在抗战期间，四川全省被炸毁的房屋共 233200 余间，衣物 346000 余件，牲畜 2100 余头，粮食 34700 市石，田园 80 余亩，树木 18200 余株，人力车共 60 余辆，板车 80 余辆，包车 60 余辆，木船 3500 余艘，汽船 13 艘，杂物 975900 余件，现金共有 7729.8 万余元。以上 13 项财产依据各年损失时价值计算，计共损失 12.5665 亿元。若以 1945 年成都市物价指数折算，应当为 1354.5912 亿元[③]。应当指出，以上各项损失，仅限于各市县上报材料统计结果，尚未包括部分未报县市的损失及因战争而无法统计的各种损失，因此，全川个人财产实际损失应远远超过上述数字。

综上，四川个人财产损失按 1945 年价值为 1354.5912 亿元，折合成 1937 年价值则为 71024009 元。

（六）结论

根据以上我们所掌握的材料，抗战期间，四川人口伤亡与财产损失可列表如下：

---

① 国民政府主计处统计局：《抗战中人口与财产损失统计》（1942），中国第二历史档案馆馆藏档案，全宗号 6，案卷号 246。

② 国民政府主计处统计局：《抗战中人口与财产损失统计》（1942），中国第二历史档案馆馆藏档案，全宗号 6，案卷号 246。

③ 四川省档案馆：《川魂——四川抗战档案史料选编》，西南交通大学出版社 2005 年版，第 182 页。

1. 人口伤亡情况

表十二　抗战期间四川平民伤亡情况表

直接伤亡（遭日机炸伤亡）		间接伤亡（民工伤亡）	
死亡	受伤	死亡	受伤
6124 人	9547 人	5020 人	2452 人
15671 人		7472 人	
共计 23143 人			

本表根据本调研报告第四部分"人口伤亡情况"所列各项数据统计。

表十三　抗战期间川军伤亡、失踪情况表

阵亡	负伤	失踪
263991 人	356267 人	26025 人
共计 646283 人		

本表根据本调研报告第四部分"单独上报项目"所列各项数据统计。

表十二与表十三结果相加为抗日战争时期四川省人口伤亡总数，即全省共有 669426 人在抗战中伤亡、失踪。

2. 财产损失情况

表十四　抗战期间四川财产损失总表

（折合成 1937 年价值：元）

个人财产损失			71024009			
社会财产损失	直接损失		4859761	1573795145	1578654906	1649678915
	间接损失	防空疏散	689883			
		难民救济	893851			
		优待谷、抚恤金及建忠烈祠	63120825			
		征用民工费用	252000000			
		募捐	1445240			
		医药费、埋葬费	7658022			
		占地拆迁补助费用	880863			
		田赋征实、征购与征借	868940054			
		国债储蓄	378166407			

本表根据本调研报告第五部分"财产损失情况"所列各项数据统计。

需要强调指出的是，以上四川省抗日战争时期人口伤亡和财产损失统计数据，是根据截至目前所掌握的资料和进行的相关研究而得出的；由于年代久远、搜集资料困难等客观原因，我们得出的这些数据还只是初步和尚不完整的数据，应该算是阶段性的成果，而不是研究的最终结果；今后，我们将继续推进本课题调研工作，以期在掌握更多资料和取得研究新成果的基础上对有关数据再做出修订和补充。

综上所述，全国抗战时期的四川是大后方的中心省份，具有举足轻重的地位，日本军国主义发动的侵华战争给四川人民带来了深重的灾难，四川的社会经济发展受到了明显制约和影响：

1. 四川是遭受日军飞机轰炸最为猛烈、伤亡最为惨重的内陆省份之一，也是出征军人最多且在前线伤亡人数最多的省份。由此，直接造成四川人口锐减，男女性别比例严重失调。

日本帝国主义的侵略和轰炸造成四川人口大量伤亡。全省遭到日机轰炸且有伤亡的共有 36 个市、县。在持续 6 年的日机轰炸中，四川民众共伤亡 15671 人，其中被炸死 6124 人，被炸伤 9547 人。

抗战期间，四川共有 244 万青年应征入伍，壮丁人数高居全国第一。川军激战战场，伤亡比例最高。据统计，在抗战期间，川军伤亡人数约为全国的 1/5，即阵亡 263991 人、负伤 356276 人，失踪 26025 人，共计 64.6 万余人，约占国民党军队伤亡人数的 20%[1]。为国捐躯，居全国之冠。如此多的青壮年伤亡，不可避免地会严重影响和制约四川各项事业的发展。

抗战前后四川总人口数，按当时的四川省民政厅 1945 年 12 月 5 日公布的数字，1937 年为 48861434 人，而到 1945 年则减少至 43688805 人[2]，共减少 5172629 人。此原始数据包含重庆地区数字，若扣除这一部分数据，则抗战期间四川共减少人口 5046868 人，即由抗战前夕的 39806328 人减至抗战胜利时的 34759460 人，减少了 12.68%。据统计，抗战胜利后，四川各地人口普遍较战前减少。如 1937 年成都市人口为 463154 人，1938 年日机开始进行空袭轰炸，特别是 1939 年、1940 年、1941 年日机对成都多次疯狂轰炸后，成都市人口呈逐年下降趋势，1938 年为 458476 人，1939 年锐减到 309104 人，到 1942 年成都市人口也仅为 404046 人[3]。抗战后内江总

---

① 四川省地方志编纂委员会：《四川省志·军事志》，四川人民出版社 1999 年版，第 650 页。此数据包含今重庆市行政管辖范围数据。

② 四川省地方志编纂委员会：《四川省志·地理志》，成都地图出版社 1996 年版，第 126 页。

③ 成都市委党史研究室编：《成都市抗战时期人口伤亡和财产损失调研报告》(2008 年)，第 38 页。该报告藏于成都市委党史研究室。

人口由战前的 201.5621 万人减至 191.6245 人，其中男性减少最多，达 9.427 万人，女性减少 3170 人。隆昌县在抗战前总人口为 37.5 万人，以后逐年下降，到抗战结束时仅剩 32 万人。资中县人口则由战前的 73.47 万人减至 67.56 万人，减少 8.02%①。广安抗战初期人口为 1990317 人，抗战结束后，人口锐减为 1863921 人，减少 126396 人，减幅达 6.34%②。

按正常人口增长规律，本应增加的人口总数非但没有增加，反而还大幅减少，为什么抗战时期四川人口会出现如此反常的情形呢？根本原因就在于日本军国主义发动的侵华战争。具体分析，原因有五：一是直接死亡，包括在前线阵亡的 263991 人和失踪 26025 人，还有在日机轰炸中被炸死的 6124 人。以上三项共计 296140 人，占当时四川总人口的 0.0856%。二是间接死亡，仅据不完全统计，抗战时期四川仅 36 个县的民工死亡人数即达 5020 人，相信整个民工死亡及间接死亡人数会大大超过此数。三是抗战爆发后，大量四川青年被征入伍，参军总人数占总人口的 6.13%，到抗战胜利时的 1945 年，入伍人数占全省总人数的 7.02%，入伍人数如此之高，当直接影响了四川的人口出生率。四是日本向中国发动全面侵略战争后，大量军人出川抗战，共有 356267 人在战场负伤③，在一定程度上降低了四川人口出生率。五是战争时期，适婚适育年龄婚育率比和平时期减少很多，因医疗条件差和因饥饿、疾病等原因死亡的人数也不在少数。

值得注意的是，战后与战前相比，四川不仅户口数与人口总数大量减少，而且男女性别比例也出现明显失衡。

表十五　四川省七年（1938—1945 年）性别比例之演变（四川省民政厅 1945 年）

年　别	性别比例
二十七年	114.31：100
二十八年	110.99：100
二十九年	110.24：100
三十年	108.75：100
三十一年	106.10：100

① 内江市委党史研究室编：《抗战时期内江市人口伤亡和财产损失调研报告》（2008 年），第 8 页，该报告藏于内江市委党史研究室；隆昌县志编纂委员会编：《隆昌县志》，巴蜀书社 1995 年版，第 52 页；隆昌县政协文史委：《隆昌文史资料选辑》第 16 辑，内部出版，第 134 页；威远县计划生育委员会编纂：《威远人口生育志》，内部出版，第 40、41 页。

② 广安市委党史研究室编：《抗战时期广安市人口伤亡和财产损失调研报告》（2008 年），第 2 页。该报告藏于广安市委党史研究室。

③ 四川省地方志编纂委员会：《四川省志·军事志》，四川人民出版社 1999 年版，第 650 页。

年　别	性别比例
三十二年	106.26：100
三十三年	106.79：100

注：重庆市于 1938 年改为国民政府行政院院辖市，本表未将其户口数列入。

本表资料来源：四川省档案局（馆）编：《抗战时期的四川——档案史料汇编》，重庆出版社 2014 年版，第 76 页。

从上表可知，全面抗战爆发后的第二年，四川男女之比为 1.14：1，随着战争进程的深入，大量青壮年男性被抽调入伍或作劳役，伤亡率大大高于女性，因此男性人数增长缓慢甚至呈负增长之势，而女性人数则表现为相对正常的增长状态，到 1944 年，女性人数上升为男性总数的 93.6386%，男女之比降至 1.07：1。归根结底，日军的侵略及轰炸是造成四川人口减少与男女比例失调的最直接与最重要的原因。

2. 因为日军的侵略和轰炸，在抗战中，四川财产损失严重，特别是间接财产损失更是巨大，人民承受了巨大的负担和牺牲，四川社会经济发展和人民生活受到了严重影响。

据本次调研统计，抗战期间，四川全省财产损失折合成 1937 年价为 1649678915 元（见表十四）。而同一年，四川省预算及县市地方预算分别为 45300000 元①及 30362139 元②，共计 75662139 元。也就是说，在抗战期间四川财产损失相当于 1937 年全省预算的 21.8 倍，或者说，抗战期间四川损失了将近 21 年的财政预算收入，由此，四川社会经济发展不可避免地受到了严重影响和制约。

抗日战争爆发后，四川人民的负担便随着战争进程的深入而不断增加。1937 年，四川各地普遍遭受严重天灾，省政府决定实施田赋缓征，临时军费减征至田赋 2 倍附加。但七七卢沟桥事变后不久，四川省政府即以抗日战争全面爆发、急需筹措军费为由，公布当年田赋加收国难费三成，三征共加收九成。次年 7 月 4 日，省政府通令：自本年度起，田赋一年两征，仍加征九成国难费，分上下两季增收。这一举措，大大加重了人民的负担："仅田赋一项，一年三征九成，川民已感绝大痛苦；而各县随粮附加，比较正供，有多至 300% 乃至

---

① 四川省档案馆：《抗日战争时期四川省各类情况统计》，西南交通大学出版社 2005 年版，第 106 页。

② 四川省档案馆：《抗日战争时期四川省各类情况统计》，西南交通大学出版社 2005 年版，第 107 页。

500%者。"① 1940年9月，土地陈报办事处对四川省32个县、西康省3个县调查统计：四川应税土地查增58.1%，年征田赋调增25.10%；西康省应税土地查增7.42倍，年征田赋调增1.70倍。1941年1月19日，四川省政府通令：当年田赋分上下两季征收，地方附加，得超过正税一征的6倍②。

抗日战争时期尽管四川粮食生产（1936年至1940年四川粮食平均年产量约为1.18亿石）还不足以满足本省4000多万人用粮的需求，但是为了保障抗日军粮的供应，四川人民节衣缩食，交纳沉重的田赋。1941年四川省田赋管理处长甘绩镛行经南、潼道上，在一处茅草房前歇脚休憩，问一个老农民今年收成和生活情形，老农回答："天年欠丰，日以苕藤菜叶及杂粮充食。"甘绩镛又问给国家纳粮情况，老农说：我应缴的粮食都缴了，左邻右舍都是这样的！甘绩镛问：你们自己都填不饱肚子，还有啥余粮缴公呢？老农慨然说：军队去前方打仗，没粮食就吃不饱，就是有条命也不能拼啊！只要能打胜仗，赶走日本鬼子，能过太平日子，我们老百姓暂时吃苕藤树叶，也有想头，比起日本人来抢我们好多了！还有一个农妇，儿子出川抗战，她该上粮，但孤身一人无余粮交公，又没有可变卖的东西，就把陪伴自己的一只心爱的猫儿卖了，再买几升谷子背到征收处交纳。在交粮时，有人听说此事后，问她为什么要这样做？她说："儿子在前方打日本，他爱国，我也要爱国啊！"③

1938年1月17日，四川省政府颁发了《四川省节食运动实施细则》，明确要求："各专员及各县市长，应以身作则，并督饬所各属各级公务员、保甲人员及学校学生等（家属在内），实行一日两餐"④。全省各地普遍响应，如旺苍就开展了"日食二餐，掺食杂粮"的节约爱国积粮运动。为保障军粮供给，省政府正式行文要求全省人民"一日两餐"，这闻所未闻几乎让人难以置信的举措，就发生在享誉中外的"天府之国"！不仅反映了日本军国主义发动的侵华战争给四川带来的巨大灾难，也充分体现了四川人民的牺牲和奉献精神。据统计，1941年，全川稻田每市亩平均收获4市石，所担负的征实、征购、县级公粮附加、地方积谷和收粮时规定溢收的15%折耗等项，每市亩一共负担2.38市石，占每亩收获总量的59.5%⑤。以至身为川康粮政局长的康宝志，在1942年6月

---

① 四川省档案馆：《川魂——四川抗战档案史料选编》，西南交通大学出版社2005年版，第416页。

② 四川省档案馆：《川魂——四川抗战档案史料选编》，西南交通大学出版社2005年版，第418页。

③ 成都市政协文史委编：《成都文史资料选辑》，总第11辑，1985年内部出版，第112、113页。

④ 段渝：《抗战时期的四川》，四川出版集团巴蜀书社2005年版，第33页。

⑤ 四川省档案馆：《川魂——四川抗战档案史料选编》，西南交通大学出版社2005年版，第422页。

3 日全国粮政会议上都说："（去年）征购虽已逾额，但农民极为痛苦。"[1]

富庶的东南沿海沦陷后，民国政府迁都重庆，其财政开支在相当大程度上依靠四川的供给。八年抗战，国家总支出为 14640 余亿元，四川即负担约 4400 亿元，占 30%以上[2]，年均 550 亿元。如果比对抗战初期四川财政支出数，那么，这对四川人民来说是一笔极其沉重的负担。据统计，1935 年四川省财政年度收入和支出各为 6790 万元，收入方面，国税为 1320 元，省税 5470 万元[3]。也就是说，正常年份，四川人民的支出仅为战争时期的 0.1235%，日本军国主义发动全面侵华战争后，四川人民的负担激增 100 倍，即便扣除通货膨胀因素，这个增幅还是相当惊人的。在抗战最困难的时期，四川承担了民国政府 50%的财政支出[4]。四川人民因抗战所承受的负担和损失之沉重由此可见。

由于战争影响，货币贬值，物价上涨。自抗战以来，平均每 7 个月物价就上涨 1 倍。成都市趸售国货物价总指数截至 1945 年底较战前涨 2341 倍。其中食物类指数上涨 2002 倍，衣着类指数上涨 2143 倍，燃料类上涨 3854 倍，金属类上涨 5802 倍，建筑材料类上涨 2468 倍，杂项类上涨 1941 倍。在 1940 年至 1942 年，成都物价中的衣类和五金价格上涨较快，尤其是 1940 年后，因小春减产带动粮价，进而带动整个物价的上扬，其涨幅在全国各大城市中均名列第一。到 1945 年底，成都零售物价总指数较战前上涨 2977 倍，其中食物类指数上涨 2237 倍，衣着类指数上涨 3394 倍，燃料类上涨 5793 倍，杂项类上涨 3519 倍。从下表所列成都市大米价格的变动走向，可以大体了解抗战中四川人民生活之艰辛。

表十六　抗战期间成都大米价格

（单位：元/市斤　1937 年至 1941 年 6 月为次等大米价格）

时间	1937	1938	1939	1940	1941.6	1942.6	1943.12	1944.12	1945.12
价格	1.186	1.111	1.2536	5.237	38.48	44.50	199.10	750	1283

本表根据周春主编《中国抗日战争时期物价史》（四川大学出版社 1998 年版）第 48 页及第 52 页有关内容编制。

由上可见，成都市粮食价格总体上呈加速上升的趋势，这种趋势在抗战中后期更是体现得淋漓尽致。抗战初期，成都市的米价仅为 1.186 元，而抗战胜

① 四川省档案馆：《川魂——四川抗战档案史料选编》，西南交通大学出版社 2005 年版，第 421 页。

② 四川省地方志编纂委员会：《四川省志·军事志》，四川人民出版社 1999 年版，第 251 页。

③ 段渝：《抗战时期的四川》，四川出版集团巴蜀书社 2005 年版，第 13 页。

④ 四川省地方志编纂委员会：《四川省志·军事志》，四川人民出版社 1999 年版，第 251 页。

利后竟一跃而至1283元，是前者的1081.78倍。成都市平民家庭生活费指数，截至1945年12月份，较战前上涨1998倍，战前4口之家，在节约生活情况下，每月需用25元者，在1945年底则需51000元①。战后家庭所需开支为战前的2040倍！由于战争负担过重，物价飞涨，四川人民的生活非常困难，几乎到了难以为继的地步，素以富庶著称的成都竟然先后发生了两次大规模的饥民抢米事件，可见战争给四川人民带来的巨大灾难和痛苦。

在如此严酷的战争环境下，四川人民一方面要忍受高通货膨胀下的生活，另一方面还要竭尽全力支援前线。为此，1944年6月16日，国民政府主席蒋介石致电四川省临时参议会，高度评价了四川人民的牺牲和奉献精神："我川省同胞每年粮政兵役所负担之数量，均属甲于各省"，"推而至于增产、运输、募债、献金等一切有关抗战之工作，莫不有优良之表现。军实资以供应，兵源赖以补充。""故我四川同胞，不惟在抗战史上克尽其国民之天职，无愧为贯彻胜利之基础；即在全世界反侵略战争之阵容中，亦具有卓越光荣之贡献！"②

总之，抗日战争时期，四川作为中国抗战最重要的后方基地，虽未受到日军地面部队直接入侵，但却遭受了日机的狂轰滥炸，人民生命与财产均受到严重损失，人民承受了因战争而导致的沉重负担。正如1945年10月8日《新华日报》社论《感谢四川人民》开篇所说："在八年抗战之中，这个历史上最大规模的民族战争之大后方的主要基地，就是四川。自武汉失守以后，四川成了正面战场的政治军事财政经济的中心。随着正面战线内移的军民同胞，大半居于斯、食于斯、吃苦于斯……四川人民对于正面战场，是尽了最大最重要的责任的。直到抗战终止，四川的征兵额达到三百零二万五千多人；四川为完成特种工程，服工役的人民总数在三百万人以上；粮食是抗战中主要的物质条件之一，而四川供给的粮食，征粮购粮借粮总额在八千万石以上，历年来四川贡献于抗战的粮食占全国征粮总额的三分之一，而后征借亦自四川始。此外各种捐税捐献，其最大的一部分也是由四川人民所负担。仅从这些简略的统计，就可以知道四川人民对于正面战场送出了多少血肉，多少血汗，多少血泪！""现在抗战结束了，我们想到四川人民，真不能不由衷地表示感激。"③

（执笔　周锐京）

① 四川省档案馆：《抗日战争时期四川省各类情况统计》，西南交通大学出版社2005年版，第75页。

② 四川省人民政府参事室、四川省文史研究馆：《抗日战争时期四川大事记》，华夏出版社1987年版，第193页。

③ 四川省档案馆：《川魂——四川抗战档案史料选编》，西南交通大学出版社2005年版，第455、456页。

附表
四川省省市（州）两级抗战损失课题调研组织情况表

单 位	领导小组成员	课题组负责人	调研组成员
四川省委党史研究室	卢耸岗（2005.12—2008.12） 吴得民（2008.12—2012.9） 陈荣仲（2012.9—2014.11） 王承先（2014.11——）	周锐京	曾凡荣　杨　萍 王癸鳣　徐　静 黄婷婷
成都市委党史研究室	张鹤鸣 沈　利	邰蓉莉	杨世秀　徐源松 王　丹　江虹颖
绵阳市委党史研究室	董维全 左上华	左上华	谭洪明　向　栗 刘元武　吴　锋 段　雯　李忠友 李荣华　郭　静 李　立　张清儒 袁远军　赵华果 景彩莲　苏义清
遂宁市委党史研究室	雷世界　周时全 唐　勇　周正琴	周正琴	谢党恩　田贵凡 兰　宁　吴佩弘 蒋林松
内江市委党史研究室	丁成明 谢　志	吉腾久	张怀信　吉腾久 梁　平　尹绍万 米安荣　宋大杰 刘斌杰　王全友
广安市委党史研究室	刘凤成　朱朝忠　邵刚富	邵刚富	林　明　肖诗芳
德阳市委党史研究室	张述芬	张　馨 江礼贤	吴　芳
广元市委党史研究室	尹家福	尹家福	杨先茂
资阳市委党史研究室	黄义学	谢洪春 王官志 李乾明 刘德贵 徐丛花 席飞跃	周雪梅　谢　锦 万述崇　秦仁勇 李　华　陈晓书 刘华开　陈俐桦 汪　霞　黄　锦

单　位	领导小组成员	课题组负责人	调研组成员
宜宾市委党史研究室	李禄江	张聂熙 王卫义	陈跃
达州市委党史研究室	蒋吉平	蒋吉平	刘宗菱　郑丽天
巴中市委党史研究室	崔洪礼 刘应兵	崔洪礼	冉福　苟儒
乐山市委党史研究室	吴云扬 万有平	税俊峰	唐成凡　汪文光 黄俊荣　李安全 张冬梅　吴　君 杨学伟　沈　兵 陈建新　邓志才 文德康
眉山市委党史研究室	高万春	张茂丹	
自贡市委党史研究室	陈　华 谭　豹 陈川生 李如海	林　波	李　剑　李晓玲 兰　铀　黄仲良 缪仲君　许　建 杨维文　林　波 罗世伦　陈志书 钟毅慧　高希白
南充市委党史研究室	谢洪才 黄　忠	谢洪才	李淑君　张树秋 姜　华　刘斐
泸州市委党史研究室	蒋德修	蒋德修	马小涛
雅安市委党史研究室	廖成志	李　蓓	江志敏　高永江 罗新华　杨　蓉 代学梅
阿坝州委党史研究室	杨正秀 罗浩岚	杨正秀	李瑞琼

二、专题研究

（一）抗战时期四川民工的征用及伤亡情况

周锐京

抗日战争期间，作为大后方中心的四川，承担了大量战时工程及一些民用或军民两用工程的建设，而这些工程的建设基本上是由四川民工完成的，民工为此付出了巨大的牺牲。本文根据档案及文献资料，对抗战时期的四川民工征用及待遇和伤亡等若干问题进行分析和探讨。

一、民工征用情况

为了抗战的需要，国民政府曾在四川修建了许多军用设施，全川新建、扩建空军基地共33处，这些在抗战中起着重要作用的军事工程设施建设，离开了广大四川民工是根本无法而完成的。

1941年12月太平洋战争爆发，次年元旦，美、英、中、苏等26国签署《联合国家宣言》，决定协同作战，共同抗击法西斯。1943年11月，美、英、中三国领导人在开罗会议确定了轰炸日本本土的战略，决定由美国第20航空队担任轰炸日本的战略任务，并以川西为基地对日本本土进行大规模轰炸，为此，中国需在川西地区修建重型轰炸机机场和驱逐机机场。为配合国际反法西斯战争的需要，国民政府决定在成都周围新建和扩建4个轰炸机机场和5个驱逐机机场。其中在新津、邛崃各扩修1个轰炸机机场，在彭山、广汉各新建1个轰炸机机场；在成都、双流、温江、德阳等县新建和扩建5个驱逐机机场。修建机场的工程非常艰巨而紧迫。1943年12月，奉命修建机场的四川省政府召集温江、绵阳和内江三个专员公署专员和所辖29个县的县长到成都开紧急会议。在会上，省主席张群指出，这一次修筑机场的重大任务仍需依靠大后方的四川民众来承担。因为是国防工程，关系重大，必须保守秘密。所以这批机场，以后统称为"特种工程"。张群特别强调，"为了抗战大局，希望各县贡献出最大的力量。各县必须按计划规定征集民工，一定要按期完成任务。"①"特种工程"完全是四川人民用最原始的劳动工具和血汗修筑起来的。当时，四川省政府从成都、华阳、仁寿、简阳、彭山、邛崃、大邑、新津、双流、温江、广汉、什邡、遂宁等29个县，共计动员约50万人次参加修建，于1944年5月完成②。

抗战爆发后，为了保障抗战运输通畅，改善四川的交通状况，国民政府决定尽快抢修川黔、川湘、川滇、川陕四大出川公路。所需劳工由沿途所在省县就地征用。四川动员250万民工参与其中，民工们用錾子、锄头、扁担等简陋工具开山劈岭，挖土运石，昼夜赶修，付出了大量艰苦的劳动，终于在1940年开通了这四条公路干线。

仅从以上两大工程看，在四川境内征用的劳工，前后总数就在300万人（次）以上。

除了修机场、公路外，四川民工还参加了许多军事工程的修建以及军事运输、军粮调拨等等。据内政部《四川省非常时期征工动员县份及人数一览表》统计，1937—1939年两年间，四川全省交通和军事主体工程共建31项，用民工625890人，工程养护及打杂用工不在此列。1943年，四川省政府征调全川"乙级壮丁"500余万人从事"国民工役"，其中五分之四从事地方水利、筑路、造林及垦荒工作。从事与国防有关的紧急工程抢修的"甲级壮丁"尚未包括在内。据《全川三十二年度民政总报告》不完全统计，仅1943年一年，全川自卫工事75400工数，筑路1584465工数，水利1305874工数，造林66011工数，垦荒13792工数，其他53260工数，总计用工3098802工数③。

以最保守的估计计算，8年抗战期间，四川被征用的民工至少在500万人以上④。

1946年11月，国民政府行政院赔偿调查委员会曾对抗战期间各省"民力损失"一项进行统计调查，四川民工被征用情况如表所示：

① 许蓉生、林成西：《国民党空军抗战实录》，中国档案出版社1994年版，第420—421页。
② 刘一民：《论抗战时期四川农民对兵源和后勤的贡献》，见四川省档案馆编：《四川抗战档案研究》，西南交通大学出版社2005年版，第110页。
③ 刘一民：《论抗战时期四川农民对兵源和后勤的贡献》，见四川省档案馆编：《四川抗战档案研究》，西南交通大学出版社2005年版，第110页。
④ 段渝：《抗战时期的四川》，四川出版集团巴蜀书社2005年版，第66页。

表一　四川各县征用民工统计①

县市	征用数	县市	征用数
金堂	23520	富顺	16000
新繁	4696	仁寿	29300
蓬安	91357	开江	9900
广元	23000	射洪	93150
安岳	2000	长宁	2931
渠县	3000	温江	53902
宜宾	4260	西充	6000
资中	720	万源	5342
资阳	1596	纳溪	1050
德阳	113685	古蔺	9890
彭县	161336	简阳	36300
彰明	42585	大邑	91200
隆昌	10000	犍为	3600
泸县	184500	遂宁	285357
蒲江	4530	罗江	11575
洪雅	6000	南充	33794
三台	35234	叙永	12020
大竹	19290	江安	23600

从上表我们可知：抗战期间，四川征用的民工数量是相当庞大的。仅从以上 36 个县统计，便有 1456192 人被征用；结合其它材料分析，四川征用民工的比例相当高。如万源县总人口 151950 人，征用民工 4874 人，征用率为 3.21%。温江县总人口 166915 人，征用 53902 人②，几乎总人口的三分之一都被征用！

值得一提的是，四川有许多少数民族同胞也积极踊跃地参加了有关抗战设施的建设。1938 年至 1939 年，西昌修建小庙机场，动员当地彝、回、汉等族民工 5000 多人参加。修筑乐西（乐山—西昌）公路理第一期工程时，先后征调民工约 14 万人，其中包括大批被称为"罗罗"（或"倮倮"）的彝族，西祥公路

---

① 本表根据四川省档案馆馆藏档案《抗战期间征用民工暨日人强征民力伤亡数目调查表》〔（1946 年），全宗号 54，案卷号 7919〕编制。

② 刘一民：《论抗战时期四川农民对兵源和后勤的贡献》，见四川省档案馆编：《四川抗战档案研究》，西南交通大学出版社 2005 年版，第 110、111 页。

筑路的彝族民工几乎占筑路民工的一半。1942年理塘甘孜在修建的军用机场，征调了3000名藏民参与修建①，这在地广人稀、劳动力严重匮乏的边远偏僻少数民族地区是相当不容易的，充分表现了在国家、民族生死存亡的紧急关头，中华各族儿女奋起共同抗击帝国主义侵略的民族大义精神。

二、民工从事的工作范围

抗战时期，四川民工被征调参加了许多工程建设，军事方面的如机场、工事堡垒、军事设施、防空设施等；民用项目方面，有地方水利、造林及垦荒等；军民两用的有通讯、邮政、公路修筑、运输等，可谓包罗万象，无所不事。我们从当年一份档案材料上可以大致了解民工所从事的工作：

表二　四川省遂宁县抗战期间征用民工调查表②

项　　别	征用人数
遂宁至渝年用电话杆	1660
遂宁川鄂路成万段电话杆	1623
遂宁至三台防空电话杆	762
遂宁飞机场	541589
抢修飞机场滑行道	58000
遂宁至安岳公路	68614
西眉乡至黄榜寺公路	91740
1940年5月敌机轰炸遂宁机场抢修工程	800
1940年6月敌机轰炸遂宁机场抢修工程	3000
1940年7月敌机轰炸遂宁机场抢修工程	1500
1941年3月敌机轰炸机场抢修工程	1200
1941年5月敌机轰炸机场抢修工程	600
1941年7月敌机轰炸机场抢修工程	1600

有些工作对民工的要求是比较高的。如机场所在各县为协助空防、便利我机起落，组建了机场民工抢修大队。要求所选民工必须符合下列条件：甲、在机场附近，确能于3个小时之内可以集合的居民；乙、身体强壮，年龄在20～40之间的青壮年；丙、有确定户籍，并经保甲长担保，无可疑行迹者。只有同

① 陈世松、贾大泉：《四川通史》卷七，四川出版集团四川人民出版社2010年版，第133页。
② 本表数据来自《四川省遂宁县抗战期间征用民工暨日人强征民力伤亡数目调查表》，四川省档案馆馆藏档案，全宗号54，案卷号7919。

时达到以上 3 个条件者，才有资格进入民工抢修大队①。

三、民工工作和生活条件

抗战期间，被征用的四川民工是在极其恶劣的环境和条件下工作和生活的。美国哥伦比亚公司驻重庆特派员司徒华，曾在华盛顿介绍四川修筑机场的情形："本年一月中旬，蒋主席令某省主席，征募人员，修筑基地，人力之大，为二千年修筑长城以来所仅见。……工程进行时，美飞行员及地面工作人员之营房，亦同时筑成。因建筑材料不足，房屋之结构，均极简单，轰炸日本之美国空军人员，刻正居于最原始之环境中，其营房无地板、天花板，亦无电灯、自来水，亦无娱乐。"②

美飞行员及地面工作人员之营房尚且如此"原始"与"简陋"，四川民工的生活条件更是可想而知了。住的方面，他们住在拥挤不堪的民房和工棚内，常常数十人甚至上百人住在一间大工棚内，棚内卫生条件极差，里面臭虫、跳蚤、虱子成堆，老鼠成行。吃的方面，他们食用的大米多已受潮霉变，且掺杂有稗子甚至沙子、石子、虫子、鼠屎的红花糙米，民工称之为"八宝饭"。这种米往往已凝结成硬块，需用锄头挖开，煮饭的米汤也呈绿色，霉臭之味扑鼻而至。副食费被贪污，菜蔬无油，只能以泡菜为主菜。穿的方面，民工们常常只有一套衣裤，脏、破无法换洗，只得赤身露体的劳动。

工作环境和条件同样艰苦，劳动强度非常大。以修建轰炸机机场为例，1943 年秋，中美两国决定在成都地区修建一批轰炸机机场和驱逐机机场，以便美国飞机能从成都地区起飞去轰炸日本本土。因此修建这批飞机场的特种工程，成为那时四川最紧急的任务。为适应当时世界上最大的飞机 B－29 大型轰炸机起降，修建工程量特别大。B－29 大型轰炸机起降的冲力很大，跑道必须非常坚实，因此工程程序极为细致。基础工程是先要将场地挖出老底，多次滚压，用富有黏性的黄泥调成稠浆，与卵石河沙混合搅拌，多层滚压，计 4 公分；接着要用大卵石直立排列于路基上，分三层堆砌，第一层为大卵石，二三层稍次之，每层均灌以黄土浆，层层滚压，计 5 公分；然后用碎石、泥沙与黄土浆混合拌匀，铺填滚压，计 1 公分；碎石分三层三种，最下层稍大，第二层较小，

---

① 《四川省政府兼理主席张群等为检发修正非常时期各县抢修机场民工大队组织暂行办法致广汉县政府训令》（1944 年 7 月 26 日），见四川省档案局（馆）编：《抗战时期的四川——档案史料汇编》，重庆出版社 2014 年版，第 781—782 页。

② 张惠昌、於笙陔：《抗战期间成都地区特种工程与美国空军的援助》，见成都市政协文史委编：《成都文史资料选辑》总第 11 辑，1985 年内部出版，第 138 页。

表面一层更小，各层碎石的大小粗细，均有一定规格，并须用色青质细的卵石捣碎，杂色粗松的为不合格。

照上述规格计算，一条轰炸机机场跑道所需石方约 9.36 万立方米，加上停机坪、滑翔道，不下 10 万立方米。新津、彭山两机场相距不到 25 公里，两条跑道所需鹅卵石数量极大，于是从新津到眉山，沿岷江两岸近百里的鹅卵石，几乎被掘取殆尽。为保证鹅卵石的取用，甚至不得已与水利局磋商，将每年固定于 4 月 1 日的放水日期延期 10 日[①]。

如此大量石方，其搬运全凭民工用撮箕与扁担一担一担地挑，没有任何现代化的工具。最初取石地与机场工地相距尚近，每人每天可运数担至 10 担（大约合 1 方），以后越来越远，也越来越艰难，每天仅能来回一次，甚至早晨出去，须至次日清晨方可回到机场。当时一位督导员也无法掩饰现实，向工程处报告说："民工运石来往一次，在三公里以上，运至 12 次或 13 次者，计华里百余里……疲惫不堪。"[②] 时间长了，民工双肩常常肉裂血流。如此浩大之工程，竟在未使用任何现代工具的情况下，完全由人工一手一脚之力建成，可见四川民工工作条件之艰辛！

四、民工的待遇

四川民工的生活和工作条件都非常艰辛，薪酬却十分微薄，基本上是谈不上享有什么待遇的。《四川省志·民政志》记载：民国 26 年，四川省政府拨 420 万元作为工赈专款，整理川滇隆泸段和川鄂公路简渠段。每天每个民工发给工资 0.20 元，而这点钱当时仅可买一升米[③]。修机场时，"待遇"略有提高，每个民工每天供给 1.4 升粮食（一说 1.2 升米[④]）。即便是 1.4 升（约合 2.8125 市斤)[⑤]，换算成工钱，也就是每人每天 0.28 元。这点钱仅仅够他们的口粮，根本无法养家糊口。在恶劣的生活和工作环境下，许多民工身患疾病，且得不到及时救治，特别是传染病，对他们的身体健康危害极大。患病轻者继续做工，

① 张惠昌、於笙陔：《抗战期间成都地区特种工程与美国空军的援助》，见成都市政协文史委编：《成都文史资料选辑》总第 11 辑，1985 年内部出版，第 134 页。

② 张永春：《邛崃桑园机场修建纪实》，见成都市政协文史委编：《成都文史资料选辑》总第 11 辑，1985 年内部出版，第 182 页。

③ 四川省地方志编纂委员会：《四川省志·民政志》，四川人民出版社 1996 年版，第 287 页。

④ 强兆馥：《川西四大机场和邛崃机场建筑经过略忆》，见成都市政协文史委编：《成都文史资料选辑》总第 11 辑，1985 年内部出版，第 178 页。

⑤ 张惠昌、於笙陔：《抗战期间成都地区特种工程与美国空军的援助》，见成都市政协文史委编：《成都文史资料选辑》总第 11 辑，1985 年内部出版，第 132 页。

重者让人返回家了事。因此轻病转为重病，重病导致死亡。许多民工不是积劳成疾，就是病死在工地，有的还在返回家的途中就悲惨死去。郫县桂花乡一民工，由于患病死于回家途中，无医疗所的证明，无法领取烧埋费和抚恤金。而就是领到的抚恤金也少得可怜，最高额为法币 2200 元（折合一斗五升米），最低才 700 元（折合六升米）。而官员所领取的薪俸又是多少呢？崇宁县副总队长肖建贤在工地所领的月薪高达 3 万多元（折合 2 石 6 斗米)[1]。这就是说，一条民工的命，仅仅相当于一个官员一个月收入的 2.33%！邛崃机场修建完毕后，剩工粮 4000 余市石，现金 1000 余万元。经县参议会和城乡士绅决定，将其中现金的一半即 500 万元送给邛崃县长、民工管理处副处长强兆馥"以示酬庸"[2]。而历经寒暑、艰辛工作的民工却仍是两手空空。此情此景，就是当事人强兆馥本人后来也感叹："旧社会人称官吏为蟊贼，信不诬矣。"[3]

五、民工伤亡情况

尽管几乎毫无待遇可言，但国难当头，为了保家卫国，四川民工任劳任怨，每天工作都在 12 个小时以上。在长时间超强度的工作环境下，许多民工因伤病或劳累过度而死去。1946 年 11 月的《四川省各县府呈复抗战时期（民工）伤亡数目调查表》比较系统地反映了抗战期间四川民工的伤亡情况：

表三 四川各县民工伤亡调查表[4]

县 市	征用数人次	项 别	伤	亡	伤亡共计
金 堂	23520	1944 年修筑广汉机场	20	8	28
新 繁	4000	1938 年补修凤凰山机场		1	6
（总征用 4696 人）	696	1944 年修筑新津机场	1	4	
蓬 安	91357		35	12	47
广 元	23000	因集中军粮坠崖身故	7	3	10
安 岳	2000	1940 年修成都中兴机场		3	3
渠 县	3000		5	22	27

---

[1] 葵章选、张育新：《郫县、崇宁县民工参加修建新津、黄田坝等机场的情况》，见成都市政协文史委编：《成都文史资料选辑》总第 11 辑，1985 年内部出版，第 168 页。

[2] 强兆馥：《川西四大机场和邛崃机场建筑经过略忆》，见成都市政协文史委编：《成都文史资料选辑》总第 11 辑，1985 年内部出版，第 179 页。

[3] 强兆馥：《川西四大机场和邛崃机场建筑经过略忆》，见成都市政协文史委编：《成都文史资料选辑》总第 11 辑，1985 年内部出版，第 179 页。

[4] 本表根据四川省档案馆馆藏档案《抗战期间征用民工暨日人强征民力伤亡数目调查表》〔（1946 年），全宗号 54，案卷号 7919〕编制。

县　市	征用数人次	项　　别	伤	亡	伤亡共计
宜　宾 （总征用 4260 人）	3600	修筑乐西公路川境段		55	55
	660	抢修菜坝机场			
资　中	720	修筑乐西公路	2	4	6
资　阳 （总征用 1596 人）	72	修筑乐西公路		13	13
	1524	修筑简阳周家坝机场			
德　阳	113685		53	16	69
彭　县 （总征用 161336 人）	40082	修凤凰山、太平寺、 新津、双流机场	2160	49	2268
	121254	修公路	52	7	
彰　明	42585		58	11	69
隆　昌	10000	征用民工系 1945 年 3 月	3	162	165
泸　县 （总征用 184500 人）	1500	1939 年建筑白市驿机场	不详	35	92
	3000	1942 年建筑合江机场	不详	4	
	180000	1944 年建筑蓝田坝机场时 29 个乡镇死亡民工 53 人， 其余乡镇所死民工尚未具报	不详	53	
蒲　江	4530		17	19	36
洪　雅	6000	1944 年抢修邛崃机场	185	75	260
三　台	35234				
大　竹	19290		2	393	395
江　安	23600	江兴公路修筑及水利工程征用	5		5
富　顺	16000		93	117	210
仁　寿	29300	修筑彭山机场		74	74
开　江 （总征用 9900 人）	5600	1943 年 9 月修筑普安机场	10	1	266
	4300	1945 年 6 月扩修机场		255	
射　洪	93150		420	23	443
长　宁	2931		95	154	249
温　江	53902		212	134	346
西　充	6000			1	1
万　源 （总征用 5342 人）	2017	1944 年度征用	19	3	52
	3325	1945 年度征用	23	7	

县　市	征用数人次	项　别	伤	亡	伤亡共计
纳　溪	1050	抢修川滇公路泸叙段	72		72
古　蔺	9890	1944年补修川滇公路赤水河至营山镇段	295	189	484
简　阳	36300		459	113	572
大　邑	91200		2	50	52
犍　为	3600		67	93	160
遂　宁	285357		191	54	245
罗　江	11575		148	86	234
南　充	33794	1938.2—1945.8征用及伤亡数	245	23	268
叙　永	12020		64	126	190
合　计	1456192		5020	2452	7472

从上表分析，我们可知，抗战期间，四川民工的伤亡率是相当高的。如古蔺征用9890人，伤亡484人，伤亡率将近5%；长宁县共征用2931人，而伤亡人数为249人，伤亡率为8.5%。而资阳县奉命抽调了72个民工参加乐（山）西（昌）公路修筑，有13人死亡，死亡率竟然高达18%！上表中，四川36县共征用民工1456192人，其中受伤5020名，受伤率为3.45‰，死亡2452名，死亡率为1.68‰，伤亡总数为7472名，伤亡人数占总征用人数的5.13‰。应当指出，这份表的伤亡数字并不完整，未报、漏报、甚至少报不在少数，如果完整，伤亡数字应该更大。如泸县1944年建筑蓝田坝机场时，死亡民工53人只是29个乡镇所报，其余乡镇所死民工尚未具报；三台县抽调了3万多民工参加各种工程，竟然无一伤亡，让人生疑。

抗战时期四川共征用民工至少500万人（见调研报告中相关统计），如果按上述四川36县民工伤亡人数比例（即受伤率为3.45‰，死亡率为1.68‰，伤亡人数占总征用人数的5.13‰）推算，则四川民工伤亡总数为25650人，其中，受伤民工17250人，死亡人数为8400人。

民工伤亡原因主要有以下几个方面：

1. 生活条件差，染病伤亡占比例较高。如修泸州蓝田坝机场时，因霍乱流行，有23名隆昌县民工死亡。屏山先后征调4000民工抢修滇缅公路乐（山）西（昌）支路，在被征调的一年多时间内，民工患病113人，死亡24人[①]；宜

[①] 屏山县档案馆馆藏档案，全宗号5，目录号5，案卷号238。

宾县民工在修筑乐西公路时，55 人因病死亡；1944 年丹棱县征工 5000 人修建邛崃双杠园机场，半年中因伤病得不到治疗，死亡 50 人，残废 300 人①；1945 年夏，255 名开江县民工因酷暑患病身亡②。

2. 工伤：如修机场被碾压而伤亡，1938 年，新繁县民工奉命补修成都凤凰山机场，10 月 15 日一架驱逐机失灵碾死民工陈二兴；1943 年 9 月，开江县民工在修筑普安机场时，碾压跑道的石礅失控，压死 1 人，重伤 2 人，轻伤 8 人；1944 年修新津机场时，4 位新繁县民工因伤致死，1 人残疾。广元 3 位运送军粮的民工因集中军粮时坠崖身故③。1944 年修筑广汉机场，金堂县龙王乡一民工在停机坪附属工程挑运土方横穿跑道时，恰逢运输机由跑道滑来被螺旋桨打中头部当场毙命④。

3. 劳累致死：但民工每天工作 12 个小时以上，因劳累过度而死亡的民工为数不少，但由于缺乏相关统计资料，确切数字无法计算。

4. 日机轰炸射杀而伤亡：民工是在战争环境下参与各项建设的，而这些军事和民用工程往往是日机轰炸的重点目标，因此，许多民工在日机的狂轰滥炸中受伤甚至牺牲。如 1940 年 10 月 26 日中午，崇庆县王场机场遭日机空袭，13 架敌机用机枪向机场民工扫射，致使民工死伤 40 余人⑤。1941 年 5 月 20 日，27 架日机空袭宜宾菜坝机场，当场炸死民工一人⑥。同年 7 月 27 日，日机以 3 架为一编队，分 3 批袭击崇庆县王场机场。收到空袭警报后，机场民工立即疏散至机场二三里路以外。当敌机绕场时，发现少数民工微动，于是一架敌机俯冲扫射，当场致一大邑县民工腿部轻伤，崇庆县太平乡民工王海成受重伤，当即被送到县卫生院，但终因伤势太重，失血过多，于次日下午去世⑦。

① 丹陵县史志编纂委员会编纂：《丹棱县志》，2000 年版，第 233 页。

② 内江市委党史研究室编：《抗战时期内江市人口伤亡和财产损失调研报告》（2008 年），第 8 页。该报告藏于内江市委党史研究室。

③ 国民政府行政院赔偿调查委员会：《抗战期间征用民工暨日人强征民力伤亡数目调查表》（1946 年），四川省档案馆藏档案，全宗号 54，案卷号 7919。

④ 邹睿哲：《忆金堂民工参加修建广汉机场的实况》，见成都市政协文史委编：《成都文史资料选辑》总第 11 辑，1985 年内部出版，第 187 页。

⑤ 《崇庆县防空支会为日机袭击王场机场致邓锡侯电》（1940 年 10 月 26 日），见四川省档案馆编：《川魂——四川抗战档案史料选编》，西南交通大学出版社 2005 年版，第 102 页。

⑥ 《宜宾县政府为敌机轰炸菜坝机场致省兼理主席张群电》，见四川省档案馆编：《川魂——四川抗战档案史料选编》，西南交通大学出版社 2005 年版，第 108 页。

⑦ 《崇庆县政府为民工王海成死于敌机扫射致省防空司令部呈》（1941 年 8 月 8 日），见四川省档案馆编：《川魂——四川抗战档案史料选编》，西南交通大学出版社 2005 年版，第 122 页。

六、民工的巨大贡献

全国抗战开始后，沿海地区变为战场，全国的政治、经济、军事、文化教育、艺术重心逐渐转移到四川。上海沦陷后，国民政府和国民党中央于1937年12月6日迁往四川重庆办公。1938年10月25日武汉失守，国民政府、国民党中央各行政机关，全部迁往重庆。作为抗战大后方中心的四川，军事设施和战备工程的修建数量和规模都非常大。而为了建设巩固的大后方，国民政府在四川还兴建了许多军民两用工程，征用了大批劳役。因此，四川征调的民工数量巨大。他们以汗水和生命为抗战的胜利作出了特殊的贡献。

四川省1940年至1944年推行地方建设工事成绩统计表

年别	自卫工事				筑路工事				
	要隘（座）	修筑碉堡及哨台（座）	挖掘防空（道）壕（公尺）		整修城墙（公尺）	建修城门	培修县道（公里）	整修乡道（公里）	建修桥梁（座）
总计	6	51	82	860	250	1	3688943	10312207	1
1940	—	5	32	—	—	—	98654	—	—
1941	—	11	—	—	54	—	305500	—	—
1942	6	20	—	860	196	—	1046589	—	—
1943	—	—	—	—	—	—	2238200	10248194	1
1944	—	—	—	—	—	—	—	64013	—

年别	其他工事					
	建筑公仓（座）	协运军米（包）	运输军粮（市石）	搬运军器（担）	搬运汽油（公吨）	修筑体育场（所）
总计	15	17400	17275	300	30	1
1940	—	—	—	—	—	—
1941	—	—	—	—	—	—
1942	—	—	—	—	—	—
1943	12	13500	10260	300	30	—
1944	3	3900	7015	—	—	—

本表资料来源：四川省档案局（馆）编：《抗战时期的四川——档案史料汇编》，重庆出版社2014年版，第770—771页。

四川民工的吃苦耐劳无私奉献赢得了中外人士的一致好评。修筑机场完工后，蒋介石曾致电四川省临时参议会以示感谢和慰问："去冬以还，发动50余万之同胞，修筑多数机场，祁寒赶工，风雨无间"。"卒使此项空前伟大之军事建设工程，仅以简单之人力，均于最短期间，一一如限完成。""故我四川同胞，不惟在抗战史上克尽其国民之天职，无愧为贯彻胜利之基础；即在全世界反侵略战争之阵容中，亦具有卓越光荣之贡献！"① 这无疑是对四川人民尤其是四川民工恰如其分的褒扬。美方负责修建机场的凯纳逊中校也说："当在中国建筑飞行网时，中美全体人员表示最密切的合作精神，中国工人大公无私的精神，为全部计划中之特色。当时调用的中国工人，数目达五十万之多，工作之精神，堪称伟大。……如此巨大的工程，唯在中国始克底于成，美国在同样情形下，决不能如此，余深信以中国为盟邦，战事进行终必成功。"②

1944 年 6 月 16 日，即川西特种工程建成一个月后，一批美军 B－29 轰炸机从川西机场呼啸起飞，直扑日本钢铁工业中心八幡。这是第一次由中国基地直接进袭日本，也是有史以来最长距离之轰炸。因此意义重大。随机美国记者罗伯特指出："中国数十万工人的血汗筑成空军根据地，即系一大贡献。"③

1945 年 10 月 8 日《新华日报》社论《感谢四川人民》高度评价了四川民工所做的贡献："四川为完成特种工程，服工役的人民总数在三百万人以上……仅从这些简略的统计，就可以知道四川人民对于正面战场送出了多少血肉，多少血汗，多少血泪！""现在抗战结束了，我们想到四川人民，真不能不由衷地表示感激。"④

① 四川省人民政府参事室、四川省文史研究馆编：《抗日战争时期四川大事记》，华夏出版社 1987 年版，第 193 页。

② 张惠昌、於笙陔：《抗战期间成都地区特种工程与美国空军的援助》，见成都市政协文史委编：《成都文史资料选辑》总第 11 辑，1985 年内部出版，第 137 页。

③ 张惠昌、於笙陔：《抗战期间成都地区特种工程与美国空军的援助》，见成都市政协文史委编：《成都文史资料选辑》总第 11 辑，1985 年内部出版，第 136 页。

④ 四川省档案馆：《川魂——四川抗战档案史料选编》，西南交通大学出版社 2005 年版，第 455、456 页。

（二）试论抗战时期的四川优待金（谷）政策

周锐京

抗日战争时期，四川成为大后方，大批四川青年应征入伍。为最大限度地减少家庭主要劳动力被抽调后所造成的影响并适当弥补其损失，四川省适时出台了对抗战家属的优待金（谷）政策。过去因各种原因，学术界对这一的问题涉猎较少，其在历史上的功绩和作用更是鲜为人知。为还原历史本来面目，本文试对抗战时期的四川优待金（谷）政策作一简要介绍和分析。

一

抗战爆发后，中国军队初期作战极为不利，人员损失惨重。据统计，1937—1942 年间，日军伤亡 1768969 人，中国军队仅陆军伤亡即达 2668940 人，空军、海军的损失尚未计算在内，不少战区的军队成建制地被歼灭。随着日军侵略的不断深入，中国沿海地区成为战场，全国的政治、经济、军事、文化教育、艺术重心逐渐转移到四川。上海沦陷后，国民政府和国民党中央于 1937 年 12 月 6 日迁往四川重庆办公。1938 年 10 月 25 日武汉失守，国民政府、国民党中央各行政机关，全部迁往重庆，四川成为国民政府的抗日中心和支援前线的重要后方基地。天府之国的四川，作为战时中国的大本营，不仅是国民政府的所在地，也是中国战时政治、经济、军事、文化、外交中心，更是中国抗战主要兵源、粮源供给地，是战时中国各项军需、民用物资生产的重要基地。

为遏制颓势，尽快补充兵源，国民政府大力改进后方各省役政，加大新兵招募的力度。全民族抗战中，四川人民为挽救国家危亡，输送了大量兵员参加抗战。在八年抗战中，大批四川青年应征入伍，川军出川源源不断，大批壮丁和志愿兵也不断奔赴前线，使抗日各战场、各战区几乎都有川军将士参战。

抗战期间，川军出川源源不断，大批壮丁和志愿兵也不断奔赴前线，使抗日各战场、各战区几乎都有川军将士参战。由于统计口径等原因，四川省应征抗战之壮丁数，各单位统计不尽一致。以下列举比较有代表性的三种说法：

A、根据当时军政部长何应钦在《八年抗日之经过》一书所附《抗战期间各省历年实征壮丁人数统计表》发表的数字，抗战八年，全国征兵配额 16641802 人，实征额为 14050521 人。而四川省的壮丁配额为 3193807 人，实征额 2578810 人。

表一 抗日战争时期四川省历年应征壮丁人数统计表

年次	所经战役名称	四川应征壮丁名额（人）
1937	平津战役、淞沪会战	103837
1938	徐州会战、忻口会战、武汉会战（随枣、大洪山、湖口、田家镇通山、咸宁会战）	174143
1939	豫南、南昌战役、第一次长沙会战	296340
1940	宜枣、上高会战	266373
1941	浙东、豫南、晋南战役、第二次长沙会战	344601
1942	浙赣会战、第三次长沙会战、滇缅战役	366625
1943	豫西、鄂西、常德会战、缅北战役	352681
1944	滇西、缅北战役、长衡、桂柳会战	291112
1945	湘西、滇缅战役	283086
历年　总计征兵额（人）		2578810

本表资料来源：何应钦：《八年抗日之经过》，见成都市政协文史委编：《成都文史资料选辑》总第 11 辑，1985 年内部出版，第 104 页。

B、1945 年，民国政府兵役部及军政部兵役署配拨电令统计的"抗战期间各省壮丁配额"显示，四川省 1937 年 8 月至 1944 年底壮丁配额数为 2917485 人，1945 年为 276323 人，共计 3193807 人。

C、根据 1945 年完成的"抗战期间各省历年实征壮丁人数统计表"，抗战八年四川历年实征壮丁数分别为：1937 年，103837 人；1938 年，17145 人[①]；1939 年，296341 人；1940 年，266373 人；1941 年，344610 人；1942 年，366625 人；1943 年，352681 人；1944 年，391112 人；1945 年，283086 人，合计 2578810 人。加上西康省 30938 人，那么抗战期间，四川壮丁实征数为 2609748 人，居全国壮丁额第一位[②]。如果再加上 40 万出川部队、特种部队和军事机关学校直接补兵及 5 万余名知识青年从军人数，则四川出兵总额约 340 万[③]。

---

① 此处疑有笔误，应为 174145 人。

② 《抗战期间各省历年实征壮丁人数统计表》（1945 年），见四川省档案馆：《川魂——四川抗战档案史料选编》，西南交通大学出版社 2005 年版，第 599 页。

③ 四川省地方志编纂委员会：《四川省志·军事志》，四川人民出版社 1999 年第 1 版，第 645 页。

综合以上几种统计，我们认为第三种比较切合实际。因为第一种虽为当年军政部长何应钦所说，但他指的只是普通的通过兵役部及军政部兵役署渠道征的兵，未包含其他渠道所征兵员，因此统计数明显偏少；第二种统计的是配额数，实际完成数往往与之出入较大；第三种则是1945年统计的抗战期间各省历年实际征兵人数，依据的是各师管区征拨壮丁文电报表，而且是实际征兵数，另外，它将出川部队、特种部队和军事机关学校从四川直接补充的新兵及知识青年从军人数均计入在内，因此，四川出兵总额约340万这个数字应该是较为接近实际、是比较可靠的。

以上数字包含今重庆所辖地区的数字，根据重庆市委党史研究室的研究成果，"抗战期间重庆征兵发兵役96万余人"[①]。除去这一部分即为抗战时期今四川省所辖地区征兵数，即244余万人。

八年抗战期间，全国征兵总数1400多万，四川就占近五分之一。这意味着在全国抗日军人中，每5人中就有1名四川兵。按川籍军人在全省总人口中所占比例分析，入伍的244余万人相当于1937年全省总人数的6.13%（意味着抗战8年，每16名四川人中就有一人入伍），或相当于1945年全省总人数的7.02%（意味着抗战期间，每14名四川人中就有一人参军）。难怪当时有"无川不成军"之说！1945年9月3日，四川省主席张群在《胜利日感言》中称："就八年以来，川人对于抗战之重大贡献言之，如征兵，则应征赴敌之壮丁，达三百万人以上。"[②]

无论何种统计，四川省是抗战时期最大的兵源提供地这一点是没有任何疑义的。在国家和民族存亡危急之时，四川青年义无反顾地参军入伍，投入到抗击侵略者的第一线。青壮年入伍后，家庭的主要劳动力没有了，生产生活不可避免地会受到影响。为最大限度地减少这种影响并适当弥补其损失，根据国家相关政策，四川省出台了对抗战家属的优待金（谷）政策。

二

依据行政院1938年2月公布的《优待出征抗敌军人家属办法》（后改称《优待出征抗敌军人家属条例》），四川省出台了一系列优待出征抗敌军人家属的政策。首先，成立了有关机构，经省务会议通过，成立了"四川省优待出征

---

① 重庆市委党史研究室编：《重庆市抗日战争时期人口伤亡和财产损失》，中共党史出版社2014年版，第10页。

② 张群：《胜利日感言》，见《民国川事纪要》第四册，台北四川文献月刊社1972年版，第272页。

军人家属事业管理委员会"，由省主席兼任主任委员，省军管区司令部主管优待业务。各县、市随后也陆续成立"出征抗敌军人家属优待委员会"，一般由县市长兼任主任委员，民政、兵役（或军事）科科长和当地士绅3至4人任副主任委员，下设总务、调查、经济、审核4组，负责对出征抗敌军人家属的调查、慰问和优待金（谷）的筹集、保管、发放工作。其后，各乡镇优待分会也先后成立。

其次，制定颁布了有关优待政策实施细则。根据1939年2月发布的《四川省优待出征抗敌军人家属施行细则》，四川出生的抗敌军人家属享受以下优待：减免各项临时税款；免服劳役；优先享受一切公益设施，包括农村合作贷款、子女减免学费、免费治疗、急赈等；田地代耕，各市县成立代耕大队，凡春耕、夏锄、秋收、冬藏事宜，由代耕队长率队丁轮流自带农具为出征家属代耕，不得接受挂靠或需索。另外，出征抗敌军人家属还享有生活困难救济，如果有以下情形被确认者，优待委员会将予以救济：家庭赤贫不能维系生活者；患病无力治疗者；死亡不能埋葬者；无力抚养子女者；遭意外灾害者；田地无人耕种者。对上述人员按季发给优待金6元（法币，下同）或优待谷2市石[1]。根据四川省政府训令，优抚的方式是以发放优待金和优待谷结合的方式，前一年将募集的积谷变现或者是用募集的金钱购买谷物对出征家属发放优待金。一般新兵入伍后，根据所在部队的证明对其发放安家费。依四川省534次省务会议决议，全省每年分两次发放优待，一次发谷二市石或代金。但这只是一般性的规定，不同地区因经济发展的差异，而致发放的标准有所不同。如川西的郫县、双流、新都三县，一年发3次6市石或一年发4次8市石；苍溪、汶川，一年发50元或100元[2]。

三

优待金（谷）的筹集，除少数捐募外，各县市仍以积谷随粮附征。

据四川省民政厅《民国29年度民政统计》载：民国27年10月至29年4月，各行政督察区所属县拨用优待出征军人家属积谷1563822石[3]，年均为1042548石。各区拨用数如下表（单位：石）：

① 四川省地方志编纂委员会：《四川省志·民政志》，四川人民出版社1996年版，第129页。
② 四川省地方志编纂委员会：《四川省志·民政志》，四川人民出版社1996年版，第131页。
③ 四川省地方志编纂委员会：《四川省志·民政志》，四川人民出版社1996年版，第130页。

地　　区	拨谷数	地　　区	拨谷数
第一行政督查区	103790	第九行政督查区	130218
第二行政督查区	207140	第十行政督查区	101874
第三行政督查区	198830	第十一行政督查区	172813
第四行政督查区	41011	第十二行政督查区	213800
第五行政督查区	35659	第十三行政督查区	64931
第六行政督查区	25214	第十四行政督查区	56414
第七行政督查区	63648	第十五行政督查区	69075
第八行政督查区	38012	第十六行政督查区	1393

本表资料来源：四川省地方志编纂委员会：《四川省志·军事志》，四川人民出版社 1999 年版，第 129 页。

随着抗战时日的延长和规模的扩大，四川出征抗敌军人家属不断增加，各县市优待谷的派募也逐步增多。据省社会处民国 34 年 12 月统计，全省共派募征属优待谷 1936412 石，比两年前增加 1.6 倍。各市县派募数量如下：

表二　四川各市县派募征属优待谷统计①

县市	优待谷（石）	县市	优待谷（石）	县市	优待谷（石）
成都市	27000	犍为县	14000	射洪县	10800
自贡市	12000	峨眉县	8400	盐亭县	7200
温江县	10800	沐川县	5100	绵阳县	24000
成都县	12000	宜宾县	33000	绵竹县	7200
华阳县	21000	南溪县	14400	广汉县	18000
灌县	17400	庆符县	6000	安岳县	12000
新津县	6000	江安县	12000	德阳县	6000
崇庆县	27000	兴文县	1800	什邡县	15000
新都县	9000	珙县	4200	金堂县	19200
郫县	12000	高县	3000	梓潼县	6000
双流县	7200	筠连县	1800	罗江县	9000
彭县	21000	长宁县	9000	剑阁县	8400
新繁县	11000	沐爱县	3000	苍溪县	9000
崇宁县	6000	泸县	48000	广元县	5400

① 本表根据四川省地方志编纂委员会编《四川省志·民政志》（四川人民出版社 1996 年版）第 132、133 页表格编制。

县市	优待谷（石）	县市	优待谷（石）	县市	优待谷（石）
资中县	28700	隆昌县	16200	江油县	9600
资阳县	24000	富顺县	35400	阆中县	13800
内江县	27900	叙永县	13200	昭化县	4800
荣县	24000	合江县	18000	彰明县	6600
仁寿县	37500	纳溪县	4200	北川县	720
简阳县	34500	古蔺县	8400	平武县	3240
威远县	16800	广安县	32400	青川县	3000
井研县	4800	邻水县	13700	旺苍县	3630
眉山县	22800	南充县	33000	达县	3480
蒲江县	6600	岳池县	27000	巴中县	18000
邛崃县	204000①	蓬安县	15600	开江县	7800
大邑县	13200	营山县	15000	宣汉县	18000
彭山县	8400	南部县	15000	万源县	4800
洪雅县	10200	武胜县	16200	通江县	6000
夹江县	8400	西充县	10200	南江县	5700
丹棱县	6000	仪陇县	12000	茂县	2100
名山县	9000	遂宁县	30000	理县	660
乐山县	25700	安岳县	33000	懋功县	1476
屏山县	4740	中江县	30000	松潘县	600
马边县	1140	三台县	30000	汶川县	456
峨边县	1080	蓬溪县	24000	靖化县	276
雷波县	204	乐至县	18000	古宋县	5400

从上表可知，四川优待谷派募数量增长较快，幅度亦较大，四川108个县市优待谷派募数量共为1427002石，即便剔除今重庆所辖区县数字后，仍比5年前包含了重庆所辖区县数量为大，更几乎是两年前的近两倍。

四

值得注意的是，虽然四川筹集的优待谷数总量不断增加，但优待标准却逐年降低。如1944年，赤贫征属每户2人者每年发给4市石，3人6市石，4人8

---

① 疑为20400之笔误。

市石，以 4 人为限；自给者以 1 人为限。而到第二年 4 月，则改为对赤贫者 1 人发 1 市石，每户以 3 人为限，分端午、年终两次分发①。造成此种情形的原因主要有两条：一是随着战争进程的发展，征属大量增加，据四川省粮政局 1943 年统计："全川积谷拨作优待共 745706 石，征属约有 150 万家。"② 在所筹优待金（谷）总量没有同步增加的情况下，平均分发到每户的优待金（谷）自然会有所减少。二是在执行优待（谷）金的政策过程中，徇私舞弊、弄虚作假屡有发生。如 1943 年，四川省政府会同省优待出征抗敌家属事业管理委员会在给各专员公署的训令中，就指出："查各县优待金常有被人把持侵蚀情事，或巧立名目移作别用，或于新谷登场时贱价抛售，经商营利，中饱私囊，甚至拖延终年。各地筹集之征属优待金数额较大，办理役政人员视此巨额为肥肉，仅以少数散发征属，而将多数款项，借办工厂或组织各种营利机构，安插私人，实为变象[相]吞蚀。各地方官吏，对国民政府公布'优待条例'大多奉行不力，以致征属领取优待金甚为困难，无法生活。"③

虽然在执行过程中存在上述种种弊端，但这并不能成为否定抗战时期四川省优待金（谷）政策的理由。四川省能成为全国最大兵源提供地，这一政策功不可没。通过这一政策，不仅缓解了抗战时期中国对兵源的急需，保障了四川兵源的征调，也能使政府能在最短时间内征集到足够数量的士兵，使其能无后顾之忧地投入前线抗敌。从某种意义上说，中国之所以能在非常困难的条件下坚持抗战多年，是与四川优待金（谷）政策的提出和实施分不开的，它在一定程度上保证了抗日战争的最后胜利。因此，我们必须站在整个民族生死存亡的高度，客观评价抗战时期四川实行的优待金（谷）政策。

① 四川省地方志编纂委员会：《四川省志·民政志》，四川人民出版社 1996 年版，第 133 页。
② 四川省地方志编纂委员会：《四川省志·民政志》，四川人民出版社 1996 年版，第 131 页。
③ 四川省地方志编纂委员会：《四川省志·民政志》，四川人民出版社 1996 年版，第 133 页。

三、资　料

（一）档案资料①

1. 简阳县政府为日机在县属两区投弹致王陵基电

（1939年6月16日）

　　成都。省主席王钧鉴：案据第二区区长吕学端、平施镇联保主任黄子琏先后呈报：本月十一日傍晚，有东飞敌机一批在六区属莲花乡投弹一枚，炸死居民曾文俊家属共五人，伤十余人，毁瓦屋三层。同日六时许，飞至本区属平施镇，即施家坝场东投弹一枚，落稻田中，破片毁伤房屋，各等情前来。除饬分填调查表另报外，谨先电闻。

简阳县县长　杨维中叩

　　[转录自四川省档案局（馆）编：《抗战时期的四川——档案史料汇编》（中），重庆出版社 2014 年版，第 1015 页]

---

① 以下档案资料中，涉及财产损失的货币统计数据，凡未标明币种者均为法币（亦称为国币），凡未标明货币单位者均以"元"为单位。特此说明。

2. 陆军第34军各战役阵亡官兵调查表

（1939年9月24日）（6人）

陆军第34军各战役阵亡官兵调查表				
队　号	职　级	姓　名	籍　贯	备　考
第 391 团 5 连	中士班长	杨海荣	四川重庆	
第 391 团 2 连	一等列兵	张效五	四川平武	
新疆第 7 团 7 连	下士班长	刘德恩	四川永川	
新疆第 9 团 3 连	上等列兵	费兴开	四川峨边	
第 399 团 8 连	一等列兵	杨志清	四川合江	
特务第 2 团 7 连	下士班长	白世荣	四川广安	

（四川省档案馆馆藏档案，全宗号民 54，案卷号 7920）

3. 温江县政府为日机空袭本县致四川省政府主席呈

(1939年11月9日)

案查前奉四川省第一区行政督察专员公署训令，转奉钧府二十七年秘一字第一二六零九号训令，颁发敌机空袭损失调查表。以后如遇空袭，饬分别按表填注，专案呈报，等因。查本年十一月四日，敌机空袭本县皇天坝机场，及附近李家碾等地，当经本府派员调查明确，所有损失及救济一切情形，理合填具空袭损失调查表，备文赍呈钧府，俯赐鉴核，指令祗遵！谨呈四川省政府兼理主席蒋。

计呈敌机空袭损失调查表一份。

温江县县长　王国番

附录

日机空袭损失调查表

报送时间：1939 年 11 月 8 日

空袭地点	空袭时间	投弹数	死亡	受伤	房屋受损	救护情形
黄天坝机场及附近李家碾	1939 年 11 月 4 日午前	207 颗，6 颗未爆	5 人	2 人	8 间	当由空军总站派人救护

报送人：温江县县长　王国番

[转录自四川省档案局（馆）编：《抗战时期的四川——档案史料汇编》（中），重庆出版社 2014 年版，第 1015—1016 页]

4. 简阳县政府为报抗战时期本县人口伤亡及
住户财产损失致四川省政府呈

(1940年2月20日)

　　二十八年八月三十日案奉钧府同年秘一蓉字第六九七号训令，为转奉行政院同年七月一日吕字第七四三四号训令略开："查前以抗战迄今前方、后方直接、间接公私损失，亟应详细调查。兹后各地方每遇敌军进攻，或遭敌机轰炸一次，即应将人口伤亡及财产直接损失查报一次，其二十八年六月底以前迭次所受损失，亦应分别追查补报：合将原发附件照印令发，仰即遵照并转饬所属各区保甲长等，一体分别遵照办理。至此项表报，填报机关应填具三份，以二份分别径呈行政院及军委会，以一份呈本府（县府并应分呈该管专署）备案。勿得漏误为要！此令。附发抗战损失查填须知一份，及表式二十九种。"等因，奉此。除遵令节录查填须知第四项规定，各节先行布告周知外，当经抄发原附查填须知及各种表式，转令本县各区署及警佐室遵照饬属查填去讫，兹据各区署及警佐室先后填报来府，并呈复本县幸未遭受敌机轰炸，惟二十八年六月十一日敌机袭蓉时□□□属莲花堰施家坝两处各投一弹，伤亡人民曾文俊等男女九名，并烧毁瓦房一座又二间，炸毁田稻四亩，共计损失约二万三十余元。又同年十月十八日，有国机一架降落养马镇魏家院子，烧毁房屋一座及粮食牲畜等物，共值洋四千八百七十六元，请查核汇转。等情前来，查该陈德仲损失田稻，及魏家院子房屋被灾，虽与敌机投弹轰炸情形不同，然因我空军人员驾机练习，迫降该处致遭焚如，其为抗战损失则一，事关民生疾苦，未便雍于上闻！除分呈察核外，理合填表二份，并检同原调查表，具文呈请钧府俯赐鉴核，指令祗遵！谨呈四川政府。

　　计呈赍四川省简阳县人口伤亡汇报表及住户财产直接损失汇报表各一份，人口伤亡调查表一份，住户财产直接损失报告表。

简阳县县长　张瑞征

附件1

住户财产直接损失报告表

事件：飞机焚毁延烧民房

日期：1939 年 10 月 18 日

地点：简阳县羊马镇费家沟

填报日期：1940 年 2 月 1 日

分类	价值
共计	四千八百七十六元正
房屋	一千七百一十元正
器具	二百四十元正
现款	
服着物	一千三百一十六元正
古物书籍	
其他	一千六百一十元正（粮食猪牛）

报告者：简阳县第四区区长　刘　炯

附件2

简阳县第六区直接损失报告表

事件：日机轰炸

日期：1939 年 6 月 11 日

地点：莲花乡古井沟

填送日期：1940 年 2 月 1 日

分类	价值
共计	二万三千余元
房屋	六千余元
器具	三千余元
现款	五千余元
服着物	四千余元
古物书籍	二千余元
其他	三千七百余元

填报者：第六区区长　赵铭鼎

附件 3

简阳县第六区人口伤亡调查表

事件：日机轰炸

日期：1939 年 6 月 11 日

地点：莲花乡古井沟

填送日期：1940 年 2 月 1 日

姓名	性别	年龄	职业	伤或亡	医药费	葬埋费
曾文俊	男	38	无	亡		500 余元
曾杨氏	女	34	无	亡		300 余元
曾蔡氏	女	50	无	亡		100 余元
曾世青	女	26	无	亡		100 余元
赵小发	女	未成年	无	亡		20 元
曾廖氏	女	45	无	重伤	80 余元	
曾胶氏	女	23	无	轻伤	30 余元	
曾祥祥	男	1	无	亡		10 余元
曾杨氏	女	22	无	轻伤	20 余元	

调查者：第六区区长　赵铭鼎

[转录自四川省档案局（馆）编：《抗战时期的四川——档案史料汇编》（中），重庆出版社 2014 年版，第 1016—1018 页]

5. 成都县政府为"10·5"日机袭蓉震毁县区房屋致四川省政府呈

（1940年10月15日）

　　窃查本府及本县机关学校，早经遵令疏散乡间工作，惟原有房产仍在成都市区。本年十月五日午后一时，敌机袭蓉，投掷炸弹多枚，警报甫解，立经县长兼团长督同本县防护团总干事傅筑贤率领防护团员前往查勘抢救。计县府落弹一枚，西厢房五间，门壁瓦桷，悉被震坏。其余六间，亦微有损毁。救济院落弹一枚，震坏房屋二间，微有损坏者亦二间。县立女子中学西厢房三间受震，微有损坏。县立城区女子小学（本县小学师资训练班因另无住地现暂住校内）落弹一枚，炸毁房屋五间，其余十间受震损坏。财务委员会经营县有西府街房产，炸毁四间，震坏二间，以上五处所幸人无伤亡，兹经饬据该员绘具略图，并填报财产损失报告单前来，经职复查属实。除径呈外，理合检同原件，并查填财产直接损失汇报表一份，具文呈请钧府鉴核备查！谨呈四川省政府。

　　计呈略图一份，财产损失报告单五份，财产直接损失汇报表一〈均略〉。

成都县县长兼防护团团长　　陈诗

秘书　尹树藩代呈

[转录自四川省档案局（馆）编：《抗战时期的四川——档案史料汇编》（中），重庆出版社2014年版，第992页]

6. 崇庆县防空支会为日机袭击王场机场
致四川省防空司令部电

（1940年10月26日）

　　急。四川省防空司令部兼司令部邓、副司令朱钧鉴：本日午前十一时三十五分，本城发出紧急警报。十二时，有不明机七架，由东北方向飞来，经过市空向西北方向飞去。十二时零五分，据县属王场机场民工总队部来电称，由双流方向飞来敌机十三架，用机枪向机场民工扫射，死伤民工四十余人。除立派救护人员携带担架、药品驰往施救外，谨先电陈敬乞察核。

崇庆县防空支会兼会长　李大中寝叩

　　［转录自四川省档案局（馆）编：《抗战时期的四川——档案史料汇编》（中），重庆出版社2014年版，第1020页］

7. 四川省1940年度捐献军粮委员会工作总报告（摘录）*

四川省 29 年度捐献军粮委员会工作总报告书

四川省各县市册报捐实物及代金数目统计表

县市别	稻　谷	白　米	杂　粮	代　金	备　考
自贡市				219380. 00	
温　江				21400. 00	
成　都	1063. 00			15830. 00	
华　阳	8959. 7188			567. 10	
新　都				34212. 50	
灌　县	6000. 00				
新　津	2307. 35			10. 00	
崇　庆	7395. 00				
郫　县	16. 00	197. 30		60780. 00	
彭　县	4731. 465			21470. 00	
新　繁	2012. 00			7000. 00	
崇　宁		817. 75			
资　中				47085. 00	
资　阳	1136. 07				
内　江				13416. 90	
威　远				30558. 50	
荣　县				100000. 00	
仁　寿	1055. 10			2720. 00	
简　阳	349. 80			12441. 00	
井　研				2935. 80	
眉　山	637. 05				
蒲　江	737. 45				

---

* 此件由中国科学院历史研究所第三所南京史料整理处整理。收入本书时，原件中无数据的县及今重庆市所辖地区的内容均已删除。文中字迹模糊或不清楚处以＊号替代。

县市别	稻 谷	白 米	杂 粮	代 金	备 考
邛 崃	177.60			2820.00	
彭 山				2000.00	
洪 雅	43223.10				
夹 江	1177.32				
青 神				6731.50	
丹 棱	245.34				
名 山				650.00	
乐 山	931.88				
屏 山	554.51		115.91	2725.00	
马 边				2800.00	
峨 边				10230.00	
雷 波	50.90			100.00	
犍 为	614.80			41841.30	
峨 眉	812.40				
宜 宾	64.00			28300.00	
南 溪				41409.50	
庆 符				25762.50	
江 安	1000.00				
兴 文	797.50			687.50	
珙 县				20057.00	
高 县				19780.00	
筠 连	1015.25				
长 宁	147.28			3090.50	
泸 县	526.90			122290.28	
隆 昌	1023.50	71.50		16260.00	
富 顺	123.00			8600.00	
合 江	2102.60			9652.00	
纳 溪	22.20			7300.00	
古 宋	1077.00				
古 蔺	325.80			37454.00	
大 竹	1131.084				

县市别	稻 谷	白 米	杂 粮	代 金	备 考
渠 县				14370.02	
邻 水	130			151.784	
南 充	834.60			42130.00	
岳 池	1161.908			5963.00	
蓬 安	1686.04			20597.05	
营 山				4807.50	
南 部	1259.26				
武 胜	520.00			24745.00	
西 充	39.16			10000.00	
仪 陇	327.96			4285.50	
安 岳	44.79			65531.25	
中 江				35311.00	
三 台		6.14		12948.00	
蓬 溪				15930.00	
乐 至	794.05				
射 洪				10686.00	
绵 阳	250.415			108452.58	
绵 竹	1874.298				
广 汉	1001.40			3330.00	
安 县	1413.59		20.00	1826.00	
德 阳	1000.00			19475.00	
什 邡	620.00			78500.00	
金 堂				15612.50	
双 流	185.00			1094.00	
罗 江	158.80			25215.00	
剑 阁	1800.00				
苍 溪	1863.00			2700.00	
广 元	1060.00		1370.00		
江 油	264.00			2105.00	
阆 中	14.00			4429.00	
昭 化	14.00				

县市别	稻 谷	白 米	杂 粮	代 金	备 考
彰 明	833.74		53.57	2430.00	
北 川				190.00	
平 武				3317.00	
达 县	480.00			18040.00	
巴 中				36500.00	
开 江	340.00				
宣 汉	1405.00			1800.00	
万 源	237.10		3.00		
通 江	20.00				
南 江	147.00			1053.00	
茂 县				5000.00	
理 番				13110.00	
松 潘				4032.00	
汶 川				2600.00	
靖 化				1250.00	
合 计	115323.079	1092.69	1562.48	1619865.06	
备 注	因原表格里包括现属重庆市的部分县，这里我们已经做了删除。				

前表所列各县市中，泸县、崇庆、永川、蒲江、渠县、合江、潼南、剑阁、南江等九县仅报捐献数字，未报缴解确数，将来是否能于收集，尚有问题。故实际办理捐献而能于缴准者，仅一百二十县市而已。

（三）催收工作

统计工作，办理完毕后，即从事献粮之催收，各县市捐献之代金，一律限期催收齐全，交由各县市省行政区免费缴解本会核收给据，捐献实物，则交由省购运＊＊驻常理之粮食＊＊员，或县市政府验收，取据呈报：此项工作，极为困难，＊＊电催促，案牍盈尺，力竭声嘶，事倍功半，耗时既久，而费力尤多，经一再展限之结果，已将各项表间及解缴手续，办理完全者：仅八十八县市，催收之难，有如斯者。追溯既往，检讨结果，其困难迟议之原因有则：

甲、各县市办理捐献时，其本爱国热忱，激公好义，踊跃＊＊，出于自动者多，而少数士绅中，捐助不免有出于被动者，认捐既非本意，缴纳则＊＊不前，藉词推缓者有之，诉苦要免者，亦有之，以致经办人员，催收不易。

乙、在捐献时粮价本属平稳，认捐后，粮价腾踊日益高涨，以致捐缴维艰。

丙、乡镇及其他经手人员，间有办理疲玩。甚或捐缴挪移，迟不解缴者。

丁、认捐实物，折合代金报解问题，未得解决，以致无法收缴者。

本会因见于催收之困难，其原因既属复杂，为补 * 救弊，针对事实需要，拟定各项救济办法如次：

甲、凡捐献非出于自动，确实无力缴纳者，得由该 * 专员公署，或县市政府查明酌情减免。

乙、认捐实物，折缴代金问题，视各县粮食收获实际情形，予以合理之解决。

丙、制订视察各县献粮计划大纲，及视察献粮注意事项，拟派员分赴各县，切实督催或守护。

丁、联合各县市催收解缴，并分与省党部，省政府转令依限报解，其逾限不缴者，即不予核奖。

其中派员视察一节，因旅费预算，函送省府后，久未准复，故未办理，积极之视察与督催工作，既未实现。消极方面，只好由本会常务委员黄仲翔先生以私人名义送函各县党部书记长，请其协助政府，加紧催收，提前报解，并完成各项表册及其他一切手续，截至最近止。兹分项表列如后：

四川省各县市缴解献粮实物及代金数目统计表

县市别	稻 谷（石）	白 米（石）	杂 粮（石）	代 金（元）
自贡市				219380.00
第一行政区				
温 江				21400.00
成 都	1005.00			15830.00
华 阳	3445.749			567.10
新 都				34212.50
新 津	2000.34			10.00
郫 县	16.00	197.30		60780.00
彭 县	4731.465			21470.00
新 繁	1601.56			7000.00
崇 庆		817.75		
本区合计	12800.114	1015.05		161269.60
第二行政区				

县市别	稻 谷（石）	白 米（石）	杂 粮（石）	代 金（元）
资 中				47085.00
资 阳	1136.07			
内 江				13416.90
威 远				30558.50
荣 县				100000.00
仁 寿	1055.10			2720.00
简 阳	191.90			9660.00
井 研				2935.80
本区合计	2383.07			206376.20
第三行政区	第三区现为重庆管辖，已删除			
第四行政区				
眉 山	100.00			
邛 崃	177.60			2820.00
彭 山				2000.00
洪 雅				43223.10
夹 江	1177.32			
青 神				6731.50
丹 棱	245.34			
名 山				650.00
本区合计	1700.26			55424.60
第五行政区				
乐 山	19.77			
屏 山	554.51		115.91	2735.00
马 边				2800.00
峨 边				10230.00
雷 波	50.90			100.00
犍 为	372.80			32523.80
峨 眉	768.99			
本区合计	1766.97		115.91	48388.80
第六行政区				
宜 宾	64.00			28300.00

县市别	稻　谷（石）	白　米（石）	杂　粮（石）	代　金（元）
南　溪				39059.50
庆　符				25762.50
江　安	1000.00			
兴　文	797.50			687.50
珙　县				20057.00
高　县				19780.00
筠　连	1015.25			
长　宁	50.00			
本区合计	2926.75			133646.50
第七行政区				
隆　昌	1023.50	71.50		16260.00
富　顺	123.00			8600.00
纳　溪	22.20			7300.00
古　宋	1077.00			
古　蔺				32522.88
本区合计	2245.70	71.50		64682.88
第八行政区	本区包括市县现为重庆辖区，已删除			
第九行政区	本区包括市县现为重庆辖区，已删除			
第十行政区				
大　竹	1131.084			
渠　县			12.31	14170.02
邻　水				92783.00
本区合计	1131.084		12.31	106953.02
第十一行政区				
南　充	680.04			32577.60
岳　池	1161.908			5963.00
蓬　安	1686.04			20597.02
营　山				4807.50
南　部	1188.00			
武　胜	520.00			24745.00
西　充				1488.00

县市别	稻 谷（石）	白 米（石）	杂 粮（石）	代 金（元）
仪 陇	327.96			4285.50
本区合计	5563.948			94463.62
第十二行政区				
安 岳	44.79			65531.25
中 江				35311.00
三 台		6.14		12946.48
蓬 溪				15930.00
乐 至	794.05			
射 洪				10686.00
本区合计	838.84	6.14		140404.73
第十三行政区				
绵 阳	114.15			70118.74
绵 竹	1874.28			
广 汉	1001.40			3330.00
安 县				1826.00
德 阳	520.10			17725.00
什 邡	620.00			32000.00
金 堂				15612.50
梓 潼	185.00			1094.00
罗 江	252.80			25215.00
本区合计	4567.73			166921.24
第十四行政区				
苍 溪	1863.00			2700.00
广 元	1060.00		1370.00	
江 油	264.00			2105.00
阆 中	14.00			4429.00
昭 化	14.00			
彰 明	833.74		53.57	2430.00
北 川				190.00
平 武				3317.00
本区合计	4048.74		1423.57	15171.00

县市别	稻 谷（石）	白 米（石）	杂 粮（石）	代 金（元）
第十五行政区				
达 县	480.00			18040.00
巴 中				10800.00
开 江	340.00			
宜 宾	1405.00			1800.00
万 源	237.10		3.00	
通 江	20.00			
本区合计	2482.10		3.00	30640.00
第十六行政区				
茂 县				5000.00
理 番				13110.00
松 潘				4032.00
汶 川				2600.00
靖 化				1250.00
本区合计				25992.00
全省合计	42455.306	1092.69	1554.79	1469714.19

前表所列已收实物部分，全由前四川省粮食购运处派驻各县市粮食督察员或县府验收后发给总收据，再由县市捐献会呈报本会，并同留存，一面并由本会将据报已收数目，函请购运处查照，以便核对确数，有无错误。本会对此，仅负统计核奖之实，并未实际插手。兹将各机关经收数目，分别列表如后：

四川省各县市巡解本会献粮代金数目一览表

县别	代 金 储 备（元）	备 注
自贡市	219380.00	
温 江	21400.00	
成 都	15830.00	
华 阳	567.10	
新 都	34212.50	
新 津	10.00	
郫 县	60780.00	
彭 县	21470.00	

县　别	代　金　储　备（元）	备　注
新　繁	2383.08	
资　中	47085.00	
内　江	13416.90	
威　远	30558.50	
仁　寿	2720.00	
简　阳	716.60	
邛　崃	2820.00	
彭　山	2000.00	
洪　雅	12535.00	
青　神	6731.50	
名　山	650.00	
屏　山	2735.00	
马　边	2800.00	
雷　波	100.00	
犍　为	32523.80	
宜　宾	28300.00	
南　溪	39059.50	
庆　符	25762.50	
兴　文	12687.50	
隆　昌	12884.20	
富　顺	8600.00	
纳　溪	7300.00	
古　蔺	32522.88	
渠　县	4033.75	
乐　山	42220.00	
邻　水	92783.00	
南　充	25477.60	
营　山	4162.50	
武　胜	12570.00	
西　充	1488.00	
仪　陇	4285.50	

县 别	代 金 储 备（元）	备 注
安　岳	902.89	
中　江	35311.00	
三　台	9820.18	
蓬　溪	15930.00	
射　洪	10686.00	
绵　阳	70118.74	
广　汉	3330.00	
安　县	1826.00	
德　阳	17725.00	
什　邡	32000.00	
金　堂	15012.50	
梓　潼	1094.00	
罗　江	25205.00	
彰　明	2430.00	
北　川	90.00	
平　武	3317.00	
达　县	18040.00	
巴　中	10800.00	
宣　汉	1700.00	
茂　县	5000.00	
理　番	8110.00	
汶　川	2600.00	
靖　化	1250.00	
合　计	1179860.22	

四川省各县解缴前全国粮食管理局献粮代金数目一览表

县 别	代 金（元）	备 注
珙　县	20057	
蓬　安	11110.50	
合　计	31167.5	

四川省各县解缴前四川粮食购运处及储运局献粮代金数目一览表

县 别	代 金（元）	备 注
新　繁	4616.92	
荣　县	100000.00	
井　研	2935.80	
洪　雅	30688.10	
高　县	19780.00	
渠　县	10136.27	
蓬　安	8076.12	
武　胜	2175.00	
安　岳	16159.18	
三　台	3126.30	
苍　溪	2700.00	
江　油	2105.00	
阆　中	4429.00	
宣　汉	100.00	
理　番	5000.00	
松　潘	4032.00	
合　计	216059.69	

四川省各县县政府经收未解献粮代金数目一览表

县市别	代 金（元）	备 注
峨　边	10230.00	
隆　昌	2375.80	
岳　池	5963.00	
蓬　安	1410.40	
安　岳	48469.18	
合　计	68448.38	

（四）核奖工作

依照＊正四川省二十九年度捐献军粮奖励办法规定，凡个人捐献数额，或团体捐献总额成绩优异者。应予分别给奖。关于奖中有由国府或省府建坊，竖碑，颁匾三种，个人奖中有由国府或省府颁给金银奖章及由县府颁给赏金赏银赏奖章，奖状，木质门牌各种，视捐献数额之多寡，以定奖品之大小。各县市已将捐献实物或代金缴解完后，并将捐献人名册及其他规定表册，办理完毕，复经本会依据表册，逐一核对无误，已于分别核奖者，全省共计八十八县市，其中计发给团体奖国府匾额二道，省府纪念碑七座，省府匾额三十三道，及个人奖国府金章三枚，国府银章十一枚省府金章一百四十七枚，省府银章一百九十六枚，县府赏金质奖章一百七十三枚，县府赏银质奖章一千零二十枚。县府奖状七千五百一十四张，县府大奖门牌三千三百四十七个，兹将各县市应得奖品及数目，列表如后：

四川省已核奖各县市颁给团体或个人奖品种类及数目一览表（县奖类）

市别	国府匾额	省府纪念碑	省府匾额	国府金章	国府银章	省府金章	省府银章	县府赏金章	县府赏银章	县府奖状	县府木质门牌
自贡市	1	1		1		1	1		1	1	1
1. 温江						1	3		5	2	
成 都						2	1	6	9	8	
华 阳		1	1					1	12	740	358
新 都							3	2	21	106	49
新 津			1				3	4	32	340	8
郫 县			1			6	9	2	32	9	
新 繁			1			5	8	4	20	45	
合 计		1	4			14	27	19	131	1250	415
2. 资中			1			1	5	7	39	1	
资 阳			1							266	414
内 江										147	180
威 远							1				
荣 县			1					1	50	486	130①
仁 寿			1				2	1	23②	139	1
井 研										19	
合 计		1	3			1	8	9	113③	1058	732④
3. 本部分为重庆管辖，已删除。					1						
4. 邛崃								1	4	91	3
彭 山							1				

---

① 原档案模糊，不能辨识是 130 还是 180。

② 原档案模糊，不能辨识是 28 还是 23。

③ 原档案模糊，不能辨识是 113 还是 118，且原档案计算错误。

④ 原档案如此，此项合计原档案计算错误。

市　别	国府匾额	省府纪念碑	省府匾额	国府金章	国府银章	省府金章	省府银章	县府赏金章	县府赏银章	县府奖状	县府木质门牌
洪　雅		1					1	1	17	325	111
夹　江		1						1	14	304	181
青　神							1	1	1	16	22
丹　棱										130	
名　山										1	
合　计		2					3	4	37	866	317
5. 屏山			1						9	209	33
马　边									3	2	
雷　波										13	37
犍　为			1			4	2	2	11	53	6
峨　边								2	17	118	9
合　计			2			4	2	4	40	395	85
6. 宜宾						1	2		11	8	
庆　符						1	5	1	9	9	
江　安			1	1							
兴　文							2	8	22	31	
珙　县			1				1		9	117	10
筠　连			1			4	2	4	11	69	2
合　计			3	1		6	12	13	62	234	12
7. 隆昌			1			1	3	6	21	112	47
富　顺							1		7	43	11
纳　溪									8	37	
古　宋			1			5		2	4	3	
合　计			2			6	4	8	40	195	58
8. 本部分为重庆管辖，已删除。											
9. 本部分为重庆管辖，已删除。											
10. 大竹			1			4	4	7	3		
渠　县							3	3	1	3	
合　计			1			4	7	10	4	3	0
11. 岳池			1			1	1	3	33	200	12
营　山									1	27	21
武　胜			1			3	3	1	13	69	6
仪　陇									7	214	33

市别	国府匾额	省府纪念碑	省府匾额	国府金章	国府银章	省府金章	省府银章	县府赏金章	县府赏银章	县府奖状	县府木质门牌
合　计			2			4	4	4	52①	510	72
12. 安岳			1			1	5	10	27	130	35
中　江			1							76	180
三　台						1			1	53	128
蓬　溪								1	13	51	13
乐　至									15	261	110
射　洪						1			5	63	7
合　计			2			3	5	11	61	634	473
13. 绵竹			1			6	4	7	14	11	
广　汉			1			3	5	3	25	36	
什　邡			1		1	2	2	1	25	2	
金　堂								1	6	7	5
梓　潼							2		2	32	
罗　江						5	2	2	4	10	
合　计			3		1	16	15	14	76	98	5
14. 苍溪			1				2	2	9	19	
广　元			1						14	251	39
江　油						2	1	1	2	2	
阆　中									4	37	5
彰　明									2	173	313
北　川											2
平　武											
合　计			2			2	3	3	31	482	359
15. 达县						4	3	3	11	8	
巴　中		1	1								
开　江						2	2	1			
宣　汉					2	1		1		3	
万　源									8	48	9
通　江									1		
合　计		1	1		2	7	5	5	20	59	9

① 原档案如此，此项合计原档案错误。

市别	国府匾额	省府纪念碑	省府匾额	国府金章	国府银章	省府金章	省府银章	县府赏金章	县府赏银章	县府奖状	县府木质门牌
16.茂县									5		
理　番									1	90	17
汶　川									2	6	
靖　化										9	14
合　计									8	105	31
总　计	1	5	25	3	3	64	96	104	677	5890	2562

此外各县市捐献会负责人员，办事努力，成绩优异者，复从拟订办法，分别给予赛金银质奖章及奖状三种，全省计共颁给赛金质奖章四枚，赛银质奖章一百二十枚，奖状五百一十三张。

各项奖品，除应由国府颁给者，已呈请＊＊外，省府应给之奖章奖状及县府颁给之奖章奖状，均由本会代为统制，分发各县市政府转颁，至县府颁给之木质门牌，为统一起见，则改由本会制成如门牌形式之纸笺，发由县市政府转颁，张贴，其中金银质奖章，因黄金白银，均由政府筑制，本会曾函电，外汇管理委员会及中央银行代购，嗣准复嘱向中央银行成都分行洽购经一再交涉，尚未购得，以致尚未制就。无论中央及本省应给之奖品，凡在中央未颁到，或本会未制就以前，先发给通知书一纸：

为办理事实，杜绝弊杂起见，并将各县市捐献人姓名，所捐献实物或代金数目，及应得之奖品，刊印成册，分发各县市机关团体及捐献人，以昭大公，其册式如左：

经启者：查捐献军粮运动为总裁所倡导，推行以来，迄今年余，深感各界同胞，咸本有钱出钱，有力出力之旨。踊跃捐献，追美前贤，卜式有＊边之绩，流芳后代，子文为毁家之众，仁＊＊＊，据奋抗敌之师，懿＊懿行，足资万民＊式，本会统制办理，无任＊＊！除根据各县市捐献会册报及缴解数目，依照规定。分别核奖，以昭激励外，兹为办理落实，杜绝弊端起见，特将各县市团体或个人捐献名称及数目分别列成表＊＊＊＊，并＊＊＊发。或交机关社团，粘贴公告，或由地方士绅，辗转传闻。凡我捐献人士，均得一一＊＊，其中如有名称不符，数目错误，或捐献实物，报解代金，经手人员，从中＊＊情事，应即向主管机关、＊名呈诉，依＊＊办，＊＊翔实，是所切盼！

四川省 29 年度（1940 年）捐献军粮委员会工作总报告书

××县捐献军粮团体或个人名称种类数目及奖叙类别表

县市别	团体或个人	稻谷石	白米石	杂粮石	代金元	奖叙类别	备注
合计							

（五）募献工作

本会所收各县市献粮代金二百零四万四千二百二十元零一分，均系存放省银行，先后陆续收到，集有成数时，即分批报送省政府。于三十年九月五日计募献国币六十万元，本年五月十三日复募献四十万元前后两天，共计募献一百万元，其余之一百零四万四千二百三十元零一分，于本年七月七日抗战五周年纪念举行颁奖典礼时即由本会推行与传义。

学章，唐*尧先生为代表向当局总募献，是日并召集第一*已核奖之温江等七县代表到*受奖，其余得之奖品，由党府张*主席亲予颁给，仪式极为隆重。

四、结论

本会自去年一月成立以来，光阴荏苒，于兹已一年又半矣。综计此次献粮，成绩优异者，庆为大足，彭县次之，綦江又次之，以数量言，则以江安士绅黄秩秋捐谷一千石为最多，以时间计，则綦江县长李佰吴发动为最早。*此**方般。军粮粮库，是否充实，于士气之振奋，及抗战之前途，关系极为重大，且献粮运动为总裁所倡导，本会同仁，感责任之甚重，限期之迫促，催收之困难，核奖之繁细，受事以还，兢兢业业，时属*越，尚幸本省党政军各机关，*地方绅士，惠于资助，各县市党政机关，竭力倡导，及爱国志士，热忱**致，有此光荣之成果，*益抗战，厥***，不特为蜀民之光，抑亦国家之*也。

*现本册有*****事******

***省府社会处第一*查*

***在31年7月*日以**

取*载入

***

（中国第二历史档案馆馆藏档案，全宗号 1，案卷号 3010，缩微号 165—2413）

8. 广安县政府造具1940年度两次防护医药费用计算书

名　称	支出金额		单据号数	备　考
救护队购制担架	200	00	1	由红会医院院长白志超经手共制二十乘用布制成
建修防空洞	200	00	2	由红会医院白志超经手
救护队臂章	57	20	3	共制一四三枚每枚工料费四角由县府会计宗环章经手
保安中队担架队制担架	30	00	4	共制五乘每乘六元用绳制成
自卫队担架队制担架	60	00	5	共制十二乘每乘五元用绳制成
消防队制旗帜	10	00	6	由城厢镇公所经手
消防队奖金	50	00	7	九三被炸县城横街起火经消防队独立警察所自卫队保安中队政警县府公差努力扑灭始未成灾
独立分队奖金	50	00	8	
警察所奖金	50	00	9	
自卫队奖金	50	00	10	
保安中队奖金	50	00	11	
政警奖金	35	00	12	
县府公差奖金	10	00	13	
禄市乡张庆云奖金	60	00	14	该乡公所及乡民张庆云拾得敌机机枪一支特给张庆云奖金六〇元乡公所四〇元
禄市乡公所奖金	40	00	15	
唐双合工资	13	00	16	空袭受伤难民医疗所大夫
王鸿鸣工资	6	00	17	医疗所水夫
邓华成工资	6	00	18	医疗所水夫
夏老婆工资	2	00	19	医疗所女工
丁护士薪金	25	00	20	医疗所护士

名　称	支出金额		单据号数	备　考
蒋护士薪金	25	00	21	同前
辛事务员薪金	25	00	22	经管医疗所事物
红十字分会医师津贴费	70	00	23	红会拨医师五人每日赴医疗所看病
红十字分会公差	3	00	24	红会公差黎永锡服务医疗所津贴三元
掩埋工资	20	00	25	九三被炸掩埋死尸
白木尸匣	90	00	26	掩埋炸死之贫民共十八付每付价五元
难民王兴玉	10	00	27	因结束医疗所将轻伤王兴玉等五人遣散视伤情轻重各发如上数
难民卢廷华	5	00	28	同前
难民陈杨氏	25	00	29	同前
难民袁珍秀	20	00	30	同前
难民侯光璧	20	00	31	同前
电　费	7	54	32	拍成都省振会请示空袭财产损失可否发账
电　费	7	15	33	拍重庆振济委员会请示空袭财产损失可否发账
救护队旗布	3	25	34	救护队长禹明钊经手
救护队制旗工资	1	00	35	
空袭伤民难民住院费	444	00	36	为节省经费计将医疗所结束轻伤遣散重伤转红会医院
空袭伤民医疗所火食公费	276	00	37	计医疗所成立二十天用去之数
炸后力资及杂费	6	90	38	九三被炸后用去
消防用具火叉火钩	480	00	39	消防队制火叉火钩各四十把共支如上数
消防队用具竹梯	84	00	40	消防队制竹梯七乘十二元共支如上数
空袭督导团臂章	7	20	41	
合　计	2632	224		

广安县县长邬绳武

（四川省档案馆馆藏档案，全宗号民41，案卷号6152）

9. 四川省赈济会拨发各县市赈灾救济费数目表

（1940年1月份起至1941年3月份止）

四川省赈济会 29 年 1 月份起至 30 年 3 月份止拨发各县市赈灾救济费数目表			
县　别	赈灾月日	赈灾救济费	备　注
泸　县	8 月 2 日	3000	
隆　昌	8 月 2 日	2000	
三　台	7 月 10 日	1000	
合　江	8 月 2 日	1000	
广　安	8 月 2 日	1000	
自贡市	7 月 5 日	1000	
自贡市	8 月 12 日	2000	
渠　县	8 月 21 日	3000	
达　县	8 月 21 日	3000	
合　江	8 月 16 日	5000	
南　充	9 月 3 日	2000	
崇　庆	10 月 26 日	2000	
合　计		26000	
除拨发省属各县市赈灾救济费外，尚有甘肃兰州赈灾由本【会】补助叁千元合并声明			

（摘录自四川省档案馆馆藏档案，全宗号 41，案卷号 1953）

10. 四川省会警察局造报敌机空袭外侨财产损失概数调查表

(1940年3月起至1941年3月止)

四川省会警察局造报（29年3月起至30年3月止）敌机空袭外侨财产损失概数调查表							
国籍	姓 名	住 址	被炸年月	死伤人数	毁损房屋	价值概数	备注
美籍	明德新	三圣街 87 号	29 年 7 月 24 日	无	6 间	1 万余元	
法籍	骆书雅	平安街马道街 75 号	29 年 10 月	无	100 余间	50 万元	
美籍	葛维汉	南打金街 111 号	29 年 7 月 24 日	女 1 人	60 间	10 万元	

（四川省档案馆馆藏档案，全宗号 180，案卷号 1734）

11. 双流县政府为日机空袭县属簇锦镇及受灾情形致四川省政府主席电

（1941年6月9日）

　　四川省政府兼理主席张钧鉴：本月养午敌机空袭蓉郊，在职县簇锦镇附近空军校之南桥一带，投弹数十枚，焚毁民房八十五座，死亡男女居民五十三人，受伤六人，荡产破家惨不忍睹。除立即率同县赈济会主任委员杨卓膺驰往视察，抚慰督饬该镇镇长尽量办理善后，并在该镇积谷项下拨发受灾各户每户食米一市斗暂行救助，暨分呈赈济委员会请予拨款救济外，理合电呈钧府恳于拨款救济，并准先在县救灾准备金项下每户拨发现金二十元，俾资急赈是否有当，宁候示遵！

　　附呈灾情调查表一份〈略〉

双流县县长　叶楷叩

［转录自四川省档案局（馆）编：《抗战时期的四川——档案史料汇编》（中），重庆出版社2014年版，第1022页］

12. 松潘县长为日机轰炸城郊恳请迅拨款项救济灾民致四川省政府主席电

(1941年6月24日)

成都。主席张。密。

（一）昨日敌机确数为27架轰炸县城，毁房200余幢，未袭漳腊；

（二）县城人民今明两日可悉数疏散完竣；

（三）死伤人民自昨日起已开始医治及掩埋；

（四）灾民正设法赈救，并请钧座速拨款赈济；

（五）省银行办事处炸焚，省库拨下松潘补助费悉存该处，目下无从提取，各机关职员行将断炊，请钧座迅速拨款接济；

（六）县政府被敌投弹，房舍公物被毁，现已另设临时办公处，请钧座拨3000元作设置办公处之用；

（七）死伤人数调查确实后具报。

松潘县长　黄白殊

［转录自四川省档案局（馆）编：《抗战时期的四川——档案史料汇编》（中），重庆出版社2014年版，第1022—1023页］

13. 松潘县县长为本县被日空袭情形
电恳拨款救济致四川省政府电

(1941年6月)

　　成都。省政府钧鉴：本年六月二十三日午前十二时半，突来敌机二十七架大肆轰炸。计城内七十余枚，未爆发者五枚，烧夷弹十余枚，城外投弹五十余枚，未爆者三枚，烧夷弹三枚。本城中街房屋全被焚毁，人民死伤过重，除将死者现由本府派员督同岷山、青云两镇从事安埋外，所有受伤灾民已商请国立职业教育学校及绵羊改良场尽量发药紧急救治。所用药品由救济费内照价拨付。惟本县地方瘠苦，此次罹难空前未有，惨祸救济经费无从筹集，除将空袭详情另案呈核外，特为电恳钧府迅拨赈款用资救济，并乞示遵。

松潘县县长　黄白殊叩

[转录自四川省档案局（馆）编：《抗战时期的四川——档案史料汇编》（中），重庆出版社2014年版，第1021—1022页]

14. 成都市防护团为"7·27"日机袭蓉详报致四川省政府呈

(1941年8月28日)

本年七月二十七日，敌机一百零八架，分四批袭蓉，在本市西、南、北三区投弹甚多，本团于敌机离开市空后，即分派团本部各级人员，并调遣防护部队驰赴各灾场努力抢救，于四小时内完成任务，兹将空袭详情遵照规定造具空袭详报一份，理合具文赍呈钧府，俯赐鉴核，指令祗遵！谨呈四川省政府。

计呈：三十年"七·二七"空袭详报一份。

兼成都市防护团团长　朱　瑛

附件

成都市防护团"7·27"日机袭蓉详报（1941年8月28日）

一、注意情报时刻：午前九时二十分，省防空司令部□□□□通知发电注意情报。

二、注意情报时刻：午前十时三十分，本部闻得空袭警报。

三、紧急警报时刻：午前十一时二十分，本部闻得紧急警报。

四、敌机架数及侵入市空时刻：午前十一钟〔时〕四十五分，本部目击敌机四批共一百零八架侵入市空，在西、南、北三区投弹。

五、解除警报时刻：午后一钟〔时〕十五分，本部闻得解除警报。

六、投弹地点、弹种、弹数（详附图表）〈略〉。

七、损失伤亡详情（详附表）〈略〉。

八、防护人员、器材损失、伤亡详情：

1. 防护人员死亡

（1）死亡。救护队组长一员，消防队员八名，防护分团长一员，防护团员一名，警察局巡官一员，警士五名，警备士兵二名。

（2）受伤。救护队员五名，消防队员十六名，警察局警长三员，警士六名，拆卸部队士兵十一名（保安特务团），警备士兵共七名。

九、防护部队施救详情

本团于午前十二时，敌机投弹后甫离市空时，探明被灾区域，当即调遣防护各部队驰赴灾场抢救，其工作情形分列于下：

1. 消防

本日敌机投下烧夷弹多枚，均由本团防护团员，及义勇消防队员望浓烟起处赶赴用沙扑灭，致未成灾。仅小南街一处着火，立派本部常备消拆大队第六中队全体出动，到达灾场经三十分钟冷却工作即将火焰扑灭。各区义勇消防队因各区均无火灾，乃由灾场指挥人员就地调派各队，担任灾区清扫，及抢救压伤人民等工作，协助救护任务。

2. 救护

本日敌机投下爆炸弹，及空中爆炸弹甚多。关于灾区伤亡，即由各救护部队担任急救包扎，各队救治情形分述于后：

本部轻伤医院院长曾盖炎率领该院主任医师邱仲强及护士，先在西外枣子巷、四座磨、三洞桥等处工作后，□□□□少城、西马棚街、东门街、羊市街、西玉龙街、东城根街一带施救，共计□□男女□□□一百二十三名。

轻伤医院第二治疗所在少城公园、小南街□□□□□□□共计治疗男女轻重伤八十七人；第三治疗所所长刘家□□□□□□□□□□□棚街口开设绷带所，共计治疗轻重伤男女共二十四人；又在羊市街、东门街一带巡回施救，共治疗二十六人；又在少城公园内，射德会茶社开设绷带所，共治疗六十二人。第五治疗所在少城公园治疗，共三十九人。

救护第二中队副［中队长］岳金华，率领全中队官长、队员一百十七名，在上西顺城街、皇城坝、皮房后街、少城公园等处开设绷带所，并巡回治疗轻伤二百零七名，重伤一百五十五人。

救护第二中队长黄克刚率领全中队官长、队员一百四十八名，在少城公园佛学社开设绷带所，及西御街、东御街、小福建营、奎星楼、东丁字街、西丁字街、三桥南街、贡院街、小南、包家巷、半边桥等一带巡回施救，共治疗轻伤一百九十四人，重伤九十一人。

救护第三中队长陈□□率领全中队官长、队员九十一名，在外西观音阁开设绷带所，及城内西区小南街、祠堂街、东城根街一带施救，共治疗重伤五十四人，轻伤一百一十七人。

救护第四中队长邓宗正率领全体官长、队员九十八名，在北区小福建营、正府街、羊市街、西府街、东城根街、皇城坝、隆盛街、古中市街、上西顺城街一带施救，共治疗轻伤一百五十六人。

救护第五中队长陈玉文率领全队队员九十二名，在三桥南街、少城公园、南府街、祠堂街、东御街、西御街、西字街、老南门等处施救，共治疗轻伤三十五人，重伤二十三人。

天主教信徒救护中队长耿震中率领全中队官长、队员一百四十二名，在后子门、西御河沿街、上升街、平安桥、青龙街、御河边街、皇城边街等一带施救并搬运伤者，共计治疗轻伤二百四十人，重伤一百四十七人。

救护直属第一分队长杨伯华率领队员二十九名，在少城公园、包家巷、君平街一带施救，共治疗轻伤四十人，重伤二十一人。

救护直属第二分队杨继筠，率领队员一十六人，在陕西街、西御街等地施救，治疗轻重伤五十四人。

保安特务团第二、四两大队，在灾情发生后，到达灾场搬运伤者送医院治疗。

救护独立第一中队长唐文祥，率领队员一百一十四名，在隆兴街、西玉龙街、红庙子、中西顺城街、后子门、皮房街一带施救，共计治疗轻伤一百零五人。

救护独立第二中队长张鸣谦，率领队员一百十二名，在少城公园、皇城坝、皮房街、平安桥一带施救，共计治疗轻重伤九十六人。

本日灾区较宽，受伤市民较多，所有轻伤经救护部队治疗后即行遣散；重伤包扎止血后，送入各医院治疗。惟将送搬运口时指挥，各防护部队及本部常备消拆大队全体队员协助输送，成为义勇服务精神，以救活人甚多。

3. 防护大队

在注意情报发出后，□□□□□□全体出动队员六百七十名，就各街及城门、城墙缺口□□□□□□□□□□□□达警报等任务，指导市民疏散，沉着应付指导人民尚属适宜。

4. 警备部队

在注意情报时，即颁布各街实施警备勤务，并物〔特〕别注意各偏僻街巷，分组巡逻缉捕宵小防范奸细。

5. 团部人员

敌机甫经投弹后，本团即派副总干事邝鹤霄、罗克章，股长刘成章、黄克刚，干事郭长环、白怀仁、何元礼、刘华、苟兴国等，分赴灾场担任灾场指挥，并调查登记。同时总干事左城夫亦赶各灾区担任总指挥；副总干事林舒乔，即在团部担任调遣部队工作后，赴各灾区指挥巡视。

十、善后详情

1. 伤亡民众

受伤民众，除当时由本部团救护部队施以急救外，〔其余〕送入医院治疗。

死亡者已达□□□。午后四［点］钟，市府掩埋队尚未到达，本团即派本部常备消拆大队全体队员出动，分在各灾区，将死尸搬运出城停放棺殓，于深夜方完成任务。

2. 灾区整理

被炸各街巷，立命救护部队，迅速施救后，一面督饬补充团，及各义勇消防部队，立即清扫，□□□□□恢复交通。

3. 未爆炸弹

本日敌机投下爆炸弹，数量甚多，未爆炸者共有一百六十余枚，当令各该管分团设置未爆炸弹标示牌，告知民众，不得轻易接近，致遭危险。复据各方面请求掩埋，本团乃呈准防空司令部，定期于八月七日开始挖取，雇定工作［人员］六十四名，分作三组，派定干事刘华、何元礼、白怀仁三员担任督工，分组挖掘，每处掘地已达一两丈深，仅有破片及弹壳，判断均第爆炸者，共计掘取五十余处，其他各处挖地已到两丈深度，犹未发现痕迹，乃晓谕市民自行挖掘或填盖。本部掘取工作，于八月十五日结束。

4. 灾民急赈

受伤民众本部派股长刘成章会同司令部曾孟炎赴各医院代表兼团长慰问，每名发给慰问金十元，抚〔赈〕济由四川省会空袭紧急救济联合办事处办理。

5. 防护人员伤亡处理

防护人员其受轻伤者，即由本团轻伤医院予以治疗；其受重伤者，即送四圣祠医院、圣修医院、甫澄医院治疗，［并］派员慰问。对于殉职者，除给烧埋费外，并呈请照章抚恤。

十一、意见

1. 指挥方面

查空袭时间，本团接受防空部情报，并发布一切命令，专赖电话传达，本团使用之专线、市用电话两种。惟市用电话时生故障，且接线故意延迟，以致每发情报，辄感困难，应请严饬电话局改善，以免贻误事机。

2. 掩埋死尸

查掩埋死尸工作，原由市府发空袭紧急救济联合办事处担任，本日各灾区之死尸，亦由□□□□□□□□□□体队员，搬运出城掩埋，以后务划明□□□赴□□□□□□□。

3. 交通器材

在注意情报发出后，除电话通知各区团发布外，本部即派干事四员，乘自行车分赴各灾区街巷，传达□□□，惟以交通器材缺乏，实感困难，拟请拨发自行车□□□□□。

兼成都市防护团团长　朱　瑛

［转录自四川省档案局（馆）编：《抗战时期的四川——档案史料汇编》（中），重庆出版社2014年版，第1005—1010页］

15. 四川省赈济会视察员奉令发放
"7·27" 灾民特恤金报告

（1941年9月4日于叶家院本府办公处）

窃职等前奉令派监放委员长蒋颁发蓉市"七·二七"被炸灾民特恤金，饬往省空袭紧急救济联合办事处会同核实散发具报等因。遵于八月十八日前往市区面晤余兼主任委员中英洽商一切进行事宜，十九日由省救联处召集临时紧急会议，当场决定三个步骤：

第一，提前发放现住各医疗院所轻重伤民，免除事后清查困难，自八月二十日起至二十一日止，限期两日完成。

第二，由救联处全体动员，共分四组，职等各分组监放。一面将被灾区域划为西一、西二，及南、北四区，每组分任一区，亲赴各街，按户散发并宣布委座轸恤灾民德意。自八月二十一日起至二十四日止。原限四日，因连日空袭关系，延至二十六日完成。均经职等将一、二两步工作情形分别报告有案。

至〔于〕第三步工作，为补发应领未领之死亡者家属，及轻重伤民与夫房屋被炸各户特恤金，原限八月二十五日起至月底止完全结束，亦因连日空袭紧张未能如期发清。经省救联处一再商请，延期二日继续补发，亦经职季贤将权宜延期情形报告在案。兹经职等连日加紧督促，所有全部工作业于九月二日午后八时截止发款，三日完全结束。谨将实发恤金各数字分别胪陈于下：

1. 死亡数七百七十八名（省救联处最终查报死亡约为八百名，计少二十二名），每名照案以二〔十〕六元计，实发去特恤金二万零二百二十八元；

2. 重伤数二百二十八名（救联处原报约数为三百人）每名照案以二十元计，实共发去特恤金四千五百六十元；

3. 轻伤数二百三十六名（救联数原报约数为三百人），每名照案以十元计，实共发去特恤金二千三百六十元；

4. 房屋全部被炸数九百九十三户（救联处原报约数为一千一百八十户）每户照案以十元计，实共发去特恤金九千九百三十元；

5. 房屋半部被炸数一千三百二十五户（救联处原报约数为一千四百户），每户照案以六元计，实共发去特恤金七千九百五十元。

以上五项实共发去特恤金四万五千零二十八元，两数迳除救联处尚余存恤款四千九百七十二元，此项余存恤款应否缴还本府，抑仍交救联处保存作其他有关赈恤之用，应请钧座核定至职等。此次奉派任务，连日多在警报声中工作。虽经延期二日，幸得全部完成。职等亦各于即日仍返原机关销差，照常服务期所发各项恤金数字实发数，均较原报数为少。一因职等遵照钧谕核实监放期无冒滥；一因救联处原报数系属约略估计所致。但以发放时间比较，救联处散发普通恤款日期短促（该处发款期为一个月），中间尚有少数遗漏，亦未可知合并呈明。除取得领款单据全数交由救联处汇齐呈报外，理合将监放经过情形及实发恤款数目，报请秘书长核呈、兼理主席钧鉴。

"7·27"特恤监放员：本府秘书处股长　郑季贤

民政厅视察员　王　刚

省赈济会视察员　周　炎

［转录自四川省档案局（馆）编：《抗战时期的四川——档案史料汇编》（中），重庆出版社2014年版，第1010—1011页］

16. 四川省政府民政厅关于各县市忠烈祠保管费标准

（1942年）

四川省政府民政厅

奉

　　发下内政部31年渝民字第4633号公函一件，以准本府函送31年度各县市地方总预算书汇编一案，函复各项意见，请查照办理见复等由；查原公函第一项规定本省已设立忠烈祠之射洪等五十三县应将忠烈祠保管费补列。而忠烈祠设立及保管办法第十条亦规定忠烈祠之保管经费应列入预算。现在31年度业已终了，似可免予列入。惟查各县市局32年度预算，仍多未列此项经费，内政部既规定必须列入，拟请由本府规定各县市局已设忠烈祠者，按三种标准列支保管费，即一二等县每月准列二百元，三四等县每月准列一百六十元，五六等县每月准列一百二十元。至各市准比照第一种标准列支，设治局及管理局准比照第三种标准列支。其余正筹设忠烈祠各县市局，准自忠烈祠落成之次月起专案呈请，再予核定。所有此项保管费，仍应由各县市局遵照规定报请在各该县市局本年度第二预备金项下动支。除内政部原公函其他部份已另案办理外，此项拟议是否有当，理合检同原抄函分别转饬遵照。

（四川省档案馆馆藏档案，全宗号54，案卷号7920）

17. 四川全省历年各地空袭损害统计册（摘录）

（缺1942、1943年统计表）

1938 年四川各地空袭损害统计表								
日　期	投弹地区	敌机数量		投弹数量		人口伤亡		房屋损毁	备　注
		次数	架数	爆炸	燃烧	伤	亡	损	毁	
11 月 8 日	成都		18	96		5	3		6	
11 月 15 日	成都		17	103		1			3	
合　计			35	199		6	3		9	

（四川省档案馆馆藏档案，全宗号民41，案卷号6151）

1939 年四川各地空袭损害统计表								
日　期	投弹地区	敌机数量		投弹数量		人口伤亡		房屋损毁	备　注
		次数	架数	爆炸	燃烧	伤	亡	损	毁	
1 月 10 日	泸县		8	19		20	7			
3 月 29 日	成都									夜袭未到市空
6 月 11 日	成都	3	27	111		432	226	4709		
8 月 19 日	乐山	4	36	100		380	838	3000		
9 月 11 日	泸县	2	36	185		446	303	3326		
9 月 29 日	遂宁	1		110		2	3			
10 月 1 日	成都	2		50		1	7	2		
10 月 1 日	遂宁	2		90						
10 月 1 日	新都			1						
10 月 1 日	武胜			7						
10 月 2 日	泸县	6		14		21	2	9		
10 月 2 日	宜宾	2	18	300		4	6	10		
	袭川			18						敌机至涪陵后即折向贵州铜仁投弹
10 月 10 日	自贡		17	110		80	27	170		
10 月 24 日	遂宁	3		200		2		1		
10 月 24 日	武胜			4						

续表

日期	投弹地区	敌机数量 次数	架数	投弹数量 爆炸	燃烧	人口伤亡 伤	亡	房屋损毁 损	毁	备注
10月25日	袭川	3	27							
11月4日	成都		27	123		18	16	62		
11月4日	温江		27	210			6			
11月18日	袭川		27							
11月18日	达县			1						
11月19日	宜宾	4	36	100						
	合计	32	304	1735		1406	1441	11289		

（摘录自四川省档案馆馆藏档案，全宗号民41，案卷号6151）

1940年四川各地空袭损害统计表

日期	空袭地点	敌机数目 批数	架数	投弹数量 爆炸	燃烧	人口伤亡 伤	亡	房屋损毁 燃烧	炸毁	震倒	备注
4月22日	宜宾	3		160		3			4		
4月23日	遂宁		18	100		2	3		2		
5月18日	成都		18	100		18	30				
	温江			30							
	南充			25		3	4		2		
	荣县			4							
5月19日	宜宾			150		25	14		40		
	成都		18	96		8	3		2		
5月21日	达县			12		3	1				
6月6日	遂宁		63	500	38	37	27		30		
6月9日	袭川										在梁山盘旋后即飞去
6月12日	广安			3							
6月26日	邻水			3							
6月27日	邻水			1							
6月30日	袭川		35								在川北一带盘旋后即飞去

112

日期	空袭地点	敌机数目		投弹数目		人口伤亡		房屋损毁			备注
		批数	架数	爆炸	燃烧	伤	亡	燃烧	炸毁	震倒	
7月4日	遂宁		35	200		7	1	4			
7月5日	自贡	2	80	96	1	141	73	22	68		
	泸县			3			1				
	富顺			6			2				
7月10日	三台		27	91	4	127	89	573			
7月24日	成都		36	87	51	93	82	382	256		
	德阳			1							
8月2日	广安		26	80	27	46	17	102	91		
	泸县		34	64	21	337	335	987	292	383	
	隆昌		45			195	157	360	277		
	邻水		2	6	1						
8月12日	泸县		54	2				3			
	自贡		81	286	11	157	92	282			
	安岳			1							
8月21日	达县		36	36	8	137	80	23	15	26	
9月3日	广安		27	219		169	61	218	192		
	南充		36	288		251	453	400			
10月4日	成都		36	76	17	225	105		68	92	
10月5日	成都		36	88	12	57	33		261	278	
10月12日	成都		27	95	1	177	124		245	261	
10月26日	成都		8								敌驱逐机在崇庆王场用机枪扫射,死伤民工三四十余人
10月27日	成都		21	92	2	29	26		193	247	未爆炸弹18枚

日 期	空袭地点	敌机数目		投弹数目		人口伤亡		房屋损毁			备 注
		批数	架数	爆炸	燃烧	伤	亡	燃烧	炸毁	震倒	
12 月 12 日	袭川		9								飞至遂宁后因雾大遂未投弹
12 月 30 日	成都			8							系驱逐机至此机枪扫射
	合计	5	808	3009	194	2247	1810	3359	2038	1287	

附记：夜袭时不明架数之敌机。

（摘录自四川省档案馆馆藏档案，全宗号180，案卷号1584）

1941 年四川各地空袭损害统计表

日 期	投弹地区	敌机数量		投弹数量		人口伤亡		房屋损毁		备 注
		批数	架数	爆炸	燃烧	伤	亡	损	毁	
3 月 20 日	遂宁	1	3		18			7		
5 月 20 日	宜宾		27	200		2		1	20	
	成都		21							驱逐机在南北机场所及武侯青羊宫扫射后逸去
5 月 22 日	成都	5	54	42		11	29	109	12	
6 月 22 日	广元		27	162		80	44		4	
	新津									驱逐机数架至机场扫射
6 月 23 日	松潘		36	105	497	198	58	187		
7 月 27 日	成都		108	426	20	905	698	1512	1791	
	崇庆		3			2				
	绵阳		27	10		5				
	遂宁		9	7				23		
	阆中		27	7	2	35	16	46		
	三台		27	20		29	10	168		

日　　期	投弹地区	敌机数量		投弹数量		人口伤亡		房屋损毁		备　　注
		批数	架数	爆炸	燃烧	伤	亡	损	毁	
	梓潼		8	4		2				
7月27日	简阳		27	4		4	1			
	南充		27	28		17	17		7	
7月28日	自贡	4	99	235	140	133	104		1000	
	泸县	6	18	100		46	12	47	7	
	内江		9	18		42	15	45	3	
7月29日	自贡		24	158		15	48		500	
8月11日	纳溪		26	1		1		5		
	宜宾		27	100		51	49	84	62	
8月14日	成都		6							
8月16日	阆中		27	110	20	199	158		759	
8月17日	自贡		27	118	149	49	36	76	53	
8月18日	富顺		18	23		6	6		4	
8月12日	自贡		27	118	112	46	24	29	70	
8月22日	内江		9	44	7	123	72	763	470	
8月23日	乐山		7	34	12	30	11	40	60	
8月24日	广元		17	304	15	80	38	30	52	
	阆中		36	300		75	43		302	
	苍溪		27	6	3	5	8		2	
8月30日	成都		27	59	14	8	6	63	66	
	阆中		4							机枪扫射
	双流		4	1			2			
	广元		4							低飞扫射
	合计	16	874	2744	1009	2199	1505	3235	5244	

（摘录自四川省档案馆馆藏档案，全宗号民41，案卷号6151）

115

<table>
<tr><td colspan="10" align="center">1944 年四川各地空袭损害统计表</td></tr>
<tr>
<td rowspan="2">日　期</td>
<td rowspan="2">投弹
地区</td>
<td colspan="2">敌机数量</td>
<td colspan="2">投弹数量</td>
<td colspan="2">人口伤亡</td>
<td colspan="2">房屋损毁</td>
<td rowspan="2">备　注</td>
</tr>
<tr>
<td>批数</td>
<td>架数</td>
<td>爆炸</td>
<td>燃烧</td>
<td>伤</td>
<td>亡</td>
<td>损</td>
<td>毁</td>
</tr>
<tr><td>9 月 9 日</td><td>新津</td><td></td><td></td><td></td><td></td><td>3</td><td>2</td><td></td><td>5</td><td></td></tr>
<tr><td></td><td>德阳</td><td></td><td></td><td>8</td><td></td><td></td><td></td><td></td><td></td><td></td></tr>
<tr><td>9 月 9 日</td><td>郫县</td><td></td><td></td><td>20</td><td></td><td>1</td><td></td><td></td><td></td><td></td></tr>
<tr><td></td><td>剑阁</td><td></td><td></td><td>7</td><td></td><td></td><td></td><td></td><td></td><td></td></tr>
<tr><td></td><td>华阳</td><td></td><td></td><td>6</td><td></td><td></td><td></td><td></td><td></td><td></td></tr>
<tr><td></td><td>彰明</td><td></td><td></td><td>9</td><td></td><td></td><td></td><td></td><td></td><td></td></tr>
<tr><td></td><td>绵竹</td><td></td><td></td><td>14</td><td></td><td></td><td></td><td></td><td></td><td></td></tr>
<tr><td></td><td>中江</td><td></td><td></td><td>7</td><td></td><td></td><td></td><td></td><td></td><td></td></tr>
<tr><td>10 月 7 日</td><td>新津</td><td></td><td></td><td></td><td></td><td></td><td></td><td></td><td></td><td></td></tr>
<tr><td>10 月 7 日</td><td>广汉</td><td>3</td><td></td><td></td><td></td><td></td><td></td><td></td><td></td><td></td></tr>
<tr><td>11 月 21 日</td><td>成都</td><td></td><td></td><td></td><td></td><td></td><td></td><td></td><td></td><td>北机场油弹库
均着火</td></tr>
<tr><td></td><td>新津</td><td></td><td></td><td></td><td></td><td></td><td></td><td></td><td></td><td>机场四周</td></tr>
<tr><td></td><td>夹江</td><td></td><td></td><td>12</td><td></td><td></td><td></td><td></td><td></td><td></td></tr>
<tr><td></td><td>崇庆</td><td></td><td></td><td></td><td></td><td></td><td></td><td></td><td></td><td></td></tr>
<tr><td></td><td>温江</td><td></td><td></td><td>3</td><td>5</td><td></td><td></td><td></td><td></td><td></td></tr>
<tr><td></td><td>安岳</td><td></td><td></td><td>6</td><td></td><td></td><td></td><td></td><td></td><td></td></tr>
<tr><td>合计</td><td>3</td><td></td><td>92</td><td>5</td><td>4</td><td>2</td><td></td><td>5</td><td></td><td></td></tr>
</table>

（摘录自四川省档案馆馆藏档案，全宗号民 41，案卷号 6151）

18. 抗战中人口与财产所受损失统计

（1943年）（摘录）

国民政府主计处统计局

第 39 号

此项统计未到公开时期希妥慎保存

抗战中人口与财产所受损失统计

（就截至民国三十二年六月底收到之报告编制）

说　明

　　抗战以来，全国公私人口物资，因敌军之侵略，损失甚重，民国二十八年，总裁曾手谕国防最高委员会与军事委员会参事处等处，从速估计抗战之直接与间接损失，并时时注意此项工作之进行。二十八年七月行政院根据前国防最高会议交办之国民参政会第二次大会建议，速办抗战公私损失调查一案，制定抗战损失查报须知暨表式，通令所属机关与地方政府调查，并呈经国民政府通令中央其他各机关依式查报并令饬本处负责审核纂编。

　　嗣后，各级政府机关查报之损失陆续由行政院及文官处转送本处经随时详加审核。二十九年七月本处将截至二十九年六月底收到行政院及文官处转送之报告试行纂编，并将本处由其他方面获得之估计或调查加以整理，制成《抗战中人口与财产所受损失统计试编》。三十年一月本处再将二十九年七月至十二月底收到行政院及文官处转送之报表，依照试编中正编之办法作第二次纂编，因此项抗战损失材料系属累计性质遂将两次累积之数字编成《抗战中人口与财产所受损失统计（就截至民国二十九年十二月底收到之报告编制）》一册，三十年七月本处复将是年一月至六月底收到行政院及文官处转送之报表作第三次之纂编，依照前编之成规，将第三次累计之数字编成《抗战中人口与财产所受损失统计（就截至民国三十年六月底收到之报告编制）》一册。因交通部已将国营交通事业之损失依照行政院抗战损失查报通知之表式及程序调查填报，该项资料亦经行政院陆续转送来处，本处为求精确与避免重复起见，乃将第二编附表三交通事业损失之估计数字，分别剔出，即以行政院转送来处之数字补入，以前三次纂编结果均经先后分送行政院及国防最高委员会参考。

　　三十二年七月本处将三十二年一月至六月底收到行政文官处，转送与各机关直接造送之报告，作第七次之纂编，应循历次之成规将七次数字累积之，编成《抗战中人口与财产所受损失统计（截至三十二年六月底收到之报告编制)》一册，全编材料分人口伤亡、财产直接损失、财产间接损失三类，按损失主体编，损失原因编，损失时间编，损失地域编，人口伤亡，财产直接损失，财产间接损失编为总表七种，并将直接与间接损失之较数字，分别列为附表一及附表二两种。

目录

10. 公路

11. 航业

12. 民用航空

13. 电讯

14. 邮务

④人民团体别

1. 各种人民团体

2. 文化团体

3. 宗教团体

4. 慈善团体

5. 其他公益团体

⑤住户

附表二　　财产间接损失详析

①机关别

1. 中央机关

2. 地方机关

②学校别

③事业别

1. 经营主体别

2. 事业性质别

④税收别

1. 中央

2. 地方

子　时期别

丑　地域别

⑤赈济费用途别

1. 来源别

2. 时期别

3. 地域别

下列数据根据原表摘录（原表根据主计处截至 1943 年 12 月底收到行政院及国民政府文官处转送与各机关直接造送之资料编制）：

总表四　损失地域别

地域别	人口伤亡数（人）	财产直接损失（元）	财产间接损失（元）
四　川	8338	85665397.10	30233701.93
西　康			351000.00

总表六各种主体财产直接损失

地域别	航业	民用航空	电讯	邮务	人民团体	住　户
四　川				818765.00	9381.00	25473453.12

总表六　财产直接损失（续）（损失主体与损失地域对照）

地域别	各种主体财产直接损失					
	公用事业	商　业	金融事业	银行业	铁路	公路
四　川	101258.92	58061226.40				

总表七　各项财产间接损失

地域别	共　计	机　关	学　校	农　业	矿　业	工　业	公用事业	
四川	27488632.56	2690969.89	911233.71	1565738.30	5070999.00	6619501.14	163302.62	10466887.90
西康	351000.50	18540.00	15600.00					316860.50

总表七　总各项财产间接损失（续）

地域别	银行业	铁路	公路	航业	民用航空	电讯	邮　务	税收损失	振济费支出
四川							30281.25	2168197.20	546584.92
西康									

附表一　财产直接损失详析（地方机关）

机关别	各项财产直接损失							
	共　计	建筑物	器　具	现款	图书	仪器	医药用品	其　他
总计								
四川省政府及所属	107910.77	100500.00	6559.02		277.64			574.11
四川县政府及所属	344353.70	295600.00	35803.70	500.00				12450.00

附表一　财产直接损失详析（续）（各种人民团体）

地域别	各种人民团体之财产直接损失				
	共　计	文化团体	宗教团体	慈善团体	其他公益团体
四川	9381.00				9381.00

附表一　财产直接损失详析（续）（其他公益团体）

地域别	各项财产直接损失								
	共　计	房　屋	器　具	现款	图书	械弹	积蓄	医药用品	其　他
四　川	9381.00	2360.00	1600.00					4301.10	1480.10

附表一　财产直接损失详析（续）（住户）

地域别	各项财产直接损失						
	共　计	房　屋	器　具	现　款	服着物	古物书籍	其　他
四川	22473453.12	18207899.00	1807908.40	334935.00	984186.72	49077.00	1089447.00

附表二　财产间接损失详析（续）地方机关

机关别	各项费用					
	共　计	迁移费	防空设备费	疏散费	救济费	抚恤费
总　计						
四川省政府及所属	349444.45	23115.05	67733.41	71178.59	65689.30	121728.10
四川县政府及所属	2271086.60	69915.95	195933.25	359989.40	1611634.00	33614.00
西康省政府及所属	18540.00					

附表二　财产间接损失详析（续）税收别

地域别	各种税收							
	共　计	田　赋	营业税	屠宰税	契　税	典当税	牲畜税	房捐
四川	2177099.30	1469199.36	176725.16	58900.00	273272.31			

地域别	各项税收							
	行政收入	财产收入	特产出口捐	民工专款	筵席捐	余酒附加	其他收入	未详
四川	58488.62	14890.10					125623.75	

附表二　财产间接损失详析（续）赈济费用途别

地域别	赈济费用途								
	共计	急振	工振	难民运配	难童教养	失业公务员救济	战区群众救济	难民医疗	其他
四川	546584.92	28928.74	34000.00	448524.40	5000.00	1300.00		12298.00	16533.78

（摘录自中国第二历史档案馆馆藏档案，全宗号 6，目录号 2，案卷号 246）

19. 1941年度至1944年度四川省粮食征借情况统计

四川省粮食征借（1）

民国三十粮食年度至三十四粮食年度（2）　　　　单位：市石

项　别	30 年	31 年	32 年	33 年	34 年
预算数					
共　计	14431334	17733679	17763044	21523616	21345639
应征额	7215667	10093744	10064613	9822080	9780207
应借额			7698431	11701536	11565432
应购额	7215667	7639935			
实征购数					
共　计	13821635	16579777	16024113	19412173	
已征额	6910818	9388329	9158229	9203538	
已借额			6865884	10208635	
已购额	6910817	7191448			

材料来源：根据田粮管理处造送材料编制

（1）本省粮食征购均依稻谷计。

（2）粮食年度为每年10月1日起至翌年9月30日止。

（转录自四川省档案局编：《抗日战争时期四川省各类情况统计》，西南交通大学出版社2005年版，第112页）

20. 遂宁机场建设增加预算报告*

建字第7724号

事由：成都省政府主席王钧鉴，窃查职县扩修遂宁机场工程民工口食费，不敷甚巨，业经以建鱼及元建代电，将不敷原因缕晰陈明，并请转电航委会拨款归垫在案。近因工程瞬将告竣，而此次借垫急待拨款归还，谨将漏列之点再为钧座陈之：

（一）查机场扩修系27年12月准航委会空军第一总站，遂总字第1806号函，请编组抢修队，并嘱预筹征集民工赶修等由，到府，当经以鱼建字第9836号代电询，征集民工究系义务征工抑或给资雇用及应征名额若干。接准该站，遂站字第1889号代电复称，照航委会义务征工办法每工每日发给津贴洋一角八仙在案。旋组织工程处由职府负责征集民工5000名，由总站派出监工员10名，督工员5名，常川驻场负督工及点名之责，并由航委会派来军需员白云飞经手发款，职府毫未经手。自2月1日开工以后，每名每日实仅发口食洋一角二仙，继因确感不敷始每日增发二仙。

（二）该场扩修部份工程，事先既未会同职府测量会编工程预算，甚至土方数若干，开工时亦未公布，迄至2月17日，始将该项土方数函复到府，其计算是否精确无从考查。

（三）此次扩修部份依照工程员计算数填土为157821方，预算民工5000名共需45个晴天，即可作成，但该处地形极不规则，多属水田塘堰，土方计算既难精确，加以塘堰水田必须将水挑尽，挖去稀泥始能计算填方。自2月1日开工起至本月25日止，已作432249个工，又自4月15日赶工以后，每日夜开工作4小时，又约计十余万工，共计已作工五十四万余。目前场面尚需滚压补填，又计需工二万，预算工数与实际工作数相差如此之巨，其计算不确可以想见。

（四）查该场扩修工程名为四分之一，实际上去岁所修不过五分之三，此次扩修部份确为五分之二，工程处有图可查。去年既名为四分之三而实际仅作五分之三之工程，故此次虽实系扩修五分之二亦不得不强称为四分之一，以求吻合原案。此次少计公方亦即以此之故。

＊ 原件未署时间。

（五）此次扩修工程比较去年困难，如挑土运距至短亦在六七百米以外，远者千余米不等，并须将水田稀泥挑出场外填以干土，尤以取干土不易，须在机场外堤挖取，即精壮民工工作效率亦不能达其预定计划，况办理兵役，甲级壮丁即须征送，应征者半系乙级壮丁，自不能以最高效率责之民工。

（六）最近得知该项工程预算总数为七零七零七．三二元，而土方实仅五三一二六．零二元，其他各项均有节余，可见其估计土方数过于紧缩，而估计其他各项又过于宽泛，不切实际需要。

（七）查去年工程费共用一十七万六千余元，则本年扩修工程以实际言尚约五分之二，其工程费应在一十一万元以上，乃竟不计实际土方之多寡、工程之难易，仅列五万三千一百余元，以致民工每日虽仅领一角二分之稀粥费，仍不敷一万余元。第以该场工程属于国防建设，需用迫切，已由职府先后向省银行息借八千四百元，由财委会垫支四百元，由五区区长蓝家沛向商店息借三千元，三四两区挪移筑路奖金六百元，合计一万二千四百元。上述各点俱系事实，兹将开工以来每日民工工作人数表及总站原函各一份抄呈钧座鉴核，并恳转电航委会，迅拨现款以资结束而纾垫，累无任迫切待命之至职，遂宁县县长杨晴舫叩，艳建印附抄呈航委会空军第一总站原电一份、每月民工人数表一份。

（四川省档案馆馆藏档案，全宗号54，案卷号2154）

21. 遂宁飞机场滑行跑道修建、营房修建等（1944年）

　　案奉：钧座发下省府民五字第一九四零六号代电，饬将征工铺筑机场滑行道工程征地及征工经费之类领发结报情形，与在事出力人员姓名事迹报核等因。该查本县征工铺筑机场滑行道征调南强、龙凤、西宁、玉峰、永兴、仁里等六乡民工各贰佰人，共一千贰百人，于本年四月八日到达机场开工，中因雨停工二日，迫至同月二十三日始全部完工，共铺筑滑行道一六八一二平公方。所有征工应需经费食米，经会议决定由各乡镇义务劳动服务队队长，备据向航空委员会重庆工程处遂宁工务所领发，六乡镇计共领碛米壹百玖拾柒市石零柒升肆合，工具费肆万捌千元，搬运碎石由本府征雇板车二十辆，每日同工务所每部发碛米三市斗，法币捌百元，并限定每部板车每日搬运二十次，距离最长不得超过一华里，重……等计共征购基地一二五七三五六亩，每亩核议价格为贰万五千零五十元，由工务所造具预算报请核发。占地青苗费遵规定，请由工务所先行垫发，地价正由工务所请领核发中，营房应需材料由本县府派员协助，于二日内价购杉木捌百零捌株，松木贰百肆拾贰株，共计壹千零伍拾株，交由工务所应用。现各项工程均已分别验收无误，各级承办人员工作勤奋不辞劳苦得以如限完成，殊堪嘉尚。奉令前因，理合将办理经过及出力人员事迹汇详表。具文呈赍钧座鉴核，仿照特种工程给奖办法从优给奖，叙以资鼓励示遵！

　　谨呈。

　　　　　四川省第十二区行政督察专员兼保安司令程计

　　　　缴呈省府代电一件，征工修筑滑行道出力人员奖惩表一份

　　　　　　　　　　　　　　　　　　　　　　遂宁县长彭心明

　　事由：为赍呈征工铺筑机场滑行道数量表一案乞鉴核由。

　　案查本府准。

　　空军一二四站本年工甲遂字第零七一三号公函，为奉令建修机场滑行道工程限五月十五日完成，嘱征调民工一千贰百人赶修等由，准此当经召集征工会议决定，征调北固、南强、龙凤、西宁、玉峰、永兴等六乡，各征调民工贰百人，待遇中分队长及民工每人每日给食米贰市升。按距离远近划分区段，限四月八日中午如数到达机场开工。而应征各乡均如期如数到达，正加紧赶工中，谨将办理情形及已完成照数开列详表具文呈请。

遂宁县务乡镇铺筑滑行道数量详表

乡镇别	面积（公方）	长度（公尺）	需有石子方数	石子采用	四月八日赶到至四月十二日止已完成之数	备注
仁里乡	一二二二	一〇一	二四二.四〇	一五〇	完工	
西宁乡	三六〇〇	三〇〇	七二〇.〇〇	三〇	七成	
南强乡	三六〇〇	三〇〇	七二〇.〇〇	四〇	七成	
龙凤乡	四三二〇	三六〇	八六四.〇〇	二五〇	五成	
玉峰乡	四三二〇	三六〇	八六四.〇〇	三〇〇	五成	
永兴乡	二〇六四	一七二	四一二.八〇	四〇〇	八成	
合计	一九一一六	一五一九三	三八二三.二〇			

鉴核转请备查并候示遵

谨呈。

四川省第十二区行政督察专员兼保安司令程

计呈各乡铺筑滑行道数量表二份

遂宁县县长彭心明（印）签呈

主席（印）四月十七日

四川省第十二区行政督察专员兼保安司令公署签呈

字 第 号

民国三十三年四月十七日发

事由：据遂宁县政府呈送征工铺筑机场滑行道数量表转呈鉴核由

案据遂宁县长彭心明三十三年四月十三日呈称：『案查本府准空军一二四站云云至候示遵』等情，附各乡铺筑滑行道数量表二份据此，理令检呈原附表一份，签报钧座鉴核示遵。

谨呈！

兼理主席张

附呈铺筑滑行道数量表一份

职 程厚之（章）谨呈

遂宁县县政府呈

建营字第　号

民国三十三年四月十一日发

事由：为赍呈建修美军营房占用民地数目表乞鉴核由

案查前奉

四川省政府本年地三字第一三三四号代电，饬协助征购民地建筑美军库房等因，遵经会同航空委员会重庆工程处遂宁工务所主任陈郁章，将应占民地派员实地测量，共占八一．四七亩，经于三月二十七日召集会议决定，每亩地价遵照特种工程给价标准计算为一万五千元。已占地亩，均遵规发给青苗费外，地价正由工务所报请核发中，理合将办理情形及占地数目列表具文呈报。

鉴核转请备查并候示遵！

谨呈。

四川省第十二区行政督察专员兼保安司令程

计呈建修美军营房占用民地数目表二份

遂宁县县长彭心明（印）签呈

主席（印）四月十七日

遂宁县建修美军营房占用民地数目表

项　别	营　房	库房及交通站	共　计
占用地亩面积	六五．一六（市亩）	一六．三一	八一．四七
占用青苗面积	六三．四〇（市亩）	一一．八〇	七五．二〇
备　改			

（四川档案馆馆藏档案，全宗号1，目录号8，案卷号473—476）

22. 1942年至1945年四川省难民救济情况统计

四川省历年救济院所数及收容人数

项别 / 年份	安老		育幼		儿童教养		习艺		妇女教养		残疾教养		共计	
	所数	收容人数	所数	收容人数	所数	收容人数	所数	收容人数	所数	收容人数	所数	收容人数	所数	收容人数
1942 年	59	7398			94	6111	11	729	11	807	43	2475	218	17520
1943 年	25	1217	11	762	62	6129	5	459	4	277	12	363	119	9207
1944 年	64	5345	35	2565	61	5664	41	2390	11	522	17	1263	229	17749
1945 年	25	1823	56	4210	36	1918	43	2571	10	570	54	3767	224	14859

资料来源：根据社会处统计室造送材料编制

（转录自四川省档案局编：《抗日战争时期四川省各类情况统计》，西南交通大学出版社 2005 年版，第 180 页）

23. 开江机场征用地土地费用（1945年）

公 函

工乙梁字第 152 号

中华民国 34 年 2 月 1 日

案奉

空军第三总站工乙梁字第 665 号征代电内开

准开江县政府民字第 55 号公函开查本县于 32 年奉令建筑机场征用田土，因工程手续至烦，乃经本府召集各机关法团及有关机构并当地业主等开会，组织征地委员会，当经拟具组织简章连同印模，于是年（31 年）11 月 28 日所拟告第二号公函，请予查照□□□在案。惟查征地会设置员役月支薪工及办公等费纯系本府按月垫发，现各业主应得地价费三百壹拾陆万陆仟九百八十九元贰角伍分正已由航委会核发到县。对于征委会经费应在地价费项下按照规定百分之二扣除，计该□陆万陆仟九百八十九元贰角伍分正，扣归垫相应用。函请贵站为查照即希转知空军第八十一站照章扣拨过府以凭支拂而便归垫，并希赐复为荷等由。除电复至与该站洽接办理外，合亟□电仰按照规定办理为要。

等因查此案经□贵府派刘科□□来站洽商后，业由本站报请总站核示矣。本电前因相应函复赐希查照为荷。

（开江县档案馆馆藏档案，全宗号 2，卷宗号 1，目录号 108）

24. 日机轰炸四川造成的伤亡及财产损失情况统计

(1945年)

本省抗战损失调查，经省〔政〕府统计处汇核统计。兹探志其初步结果如下：

（1）人口伤亡损失（以下数据包含重庆）

本省自二十七年至三十三年七年间，除三十一年未遭受敌机轰炸外，其余六年中遭受敌机轰炸的负伤人数共有二万六千余人，死亡人数共有二万二千五百余人。从各年人口伤亡数字看来，伤亡人数最多是二十八年、二十九年及三十年。在此三年中，负伤人数共有二万五千六百人，约占六年负伤总人数的百分之九八点六七，死亡人数共有二万二千三百余人，约占六年死亡总人数的百分之九九点三〇。

若依各县市人口伤亡分布情形看来，六年中负伤人数在一万人以上的只有重庆市；在一千五百至一万人的有成都市、万县、奉节三县市；在五百至一千人的有自贡市、合川、泸县、涪陵、乐山、梁山六县市；在五百人以下者有温江、成都、华阳、新津、崇庆、新都、双流、内江、简阳、永川、巴县、綦江、璧山、铜梁、北碚、峨眉、宜宾、隆昌、富顺、合江、纳溪、丰都、南川、秀山、开县、忠县、巫山、巫溪、云阳、城口、大竹、渠县、广安、长寿、南充、南部、武胜、遂宁、三台、蓬溪、盐亭、绵阳、金堂、梓潼、苍溪、广元、阆中、达县、松潘四十九个县市。

死亡人数在一千五百至一万人的有重庆市、成都市及万县；在一千至一千五百人的只有奉节一县；在五百至一千人的有合川、泸县、乐山三县；在五百人以下的有自贡市、温江、成都、华阳、新津、崇庆、新都、双流、内江、仁寿、简阳、永川、巴县、江津、綦江、铜梁、璧山、北碚、宜宾、隆昌、富顺、合江、涪陵、丰都、南川、秀山、开县、忠县、巫山、巫溪、云阳、城口、大竹、渠县、广安、梁山、长寿、南充、南部、遂宁、三台、盐亭、绵阳、金堂、苍溪、广元、阆中、达县、松潘等四十九个县市。

负伤的人在各年负伤时所需的医药费用，计共需二千四百二十万元。若依三十四年成都市物价指数折算，此项医药费应该是三十八亿七千三百六十万元。至于死亡的人在各年死亡时所需的埋葬费，计共需五千另〔零〕四十四万元。

若照三十四年成都市物价指数折算，应该是一百另〔零〕七亿三千二百另〔零〕一万元。这两种损失总共是一百四十六亿另〔零〕五百六十一万元。

（2）人民财产损失

此项损失项目极为繁多。本省依据各县市呈报的财产项目加以归纳分为十三项，计在六年中被轰炸的房屋共有二十三万三千二百余间，衣服共有三十四万六千余件，牲畜共有二千一百余株〔头〕，人力车共有六十余辆，板车八十余辆，汽车六十余辆，木船三千五百余艘，汽船十三艘，什物共九十七万五千九百余件，现金共有七千七百二十九万八千余元。各年财产损失以二十八年、二十九年两年为最重，三十年与三十二年次之。各县市财产损失以重庆市、成都市、合川、泸县、合江、涪陵、万县、奉节等县市为最重；以自贡市、成都、内江、富顺、梁山等县市次之。以上十三项财产依据各年损失时价值计算，计共损失十二亿五千六百六十五万元；若依三十四年成都市物价指数折算，应该是一千三百五十四亿五千九百一十二万元。

以上人口伤亡所用医药费与埋葬费，以及各项财产损失若依三十四年物价指数折算，计共损失一千五百亿六千四百七十三万元。这只是限于各县市已呈报之材料加以统计的结果，至于曾经遭受轰炸，尚未呈报抗战损失的县份，如新繁、荣县、荣昌、眉山、夹江、屏山、江安、中江等，以及本省各项公有财产直接间接的损失尚未计算在内。所以，本省实际上所遭受的抗战损失总数尚不止此。以上数字已经呈报中央，此后各县及各机关报来的直接、间接的损失，当继续汇核统计。

［转录自四川省档案局（馆）编：《抗战时期的四川——档案史料汇编》（中），重庆出版社 2014 年版，第 971—973 页］

25. 教育部统计处编《全国各级学校及教育机关战时财产数量与价值损失》

（1946年12月）（摘录）

全国各级学校及教育机关战时财产损失编制说明

一、本表系根据教育部直属公私立各级学校教育机关呈报战时损失表及各省市教育厅局呈报公私立各级学校教育机关等损失表编制，惟各省、省市机关学校现时尚有陆续呈报者，仍应继续补编。

二、本表所列专科以上学校包括国立省立私立大学学院专科学校，国立中等学校及各省市中等学校包括中学、师范职业等学校，国立社会教育机关为国立中央图书馆博物院等，国立学术机关为国立编译馆等，部属其他教育机关团体为东北青年教育救济处，中国科学社等国立边疆学校损失已并入国立中等学校内。

三、二十六年全国专科以上学校计有 108 校，七七以后因战事停顿及先后迁移后方者达 2/3 以上，其后又陆续增设至 34 年 8 月共有专科以上学校 142 校，其中受战事损失者共 115 校，占总校数 80% 以上，其未受损失者仅后方新设之少数学校。

四、抗战期间各地专科以上学校，校舍，校具破坏几达 80% 以上，图书仪器损失平均约达 60% 以上，各省，市，县公私立中等学校小学校及社会教育机关之建筑物图书仪器等被焚毁掠夺，数年之中损失几尽。至各公私立专科以上学校各重要社会教育机关及各省市公私立中等学校因战事辗转迁移所费均巨。

五、九一八以后，东北各校损失仅有东北大学，冯庸大学及上海法学院等具报，因战前物价无大变动，均并入 26 年损失价值内，其余尚未具报，仍待继续调查补编。

六、表中所列直接损失为各校建筑物、图书、仪器等因敌机轰炸及敌军进攻或掠夺所受之损失，间接损失为学校迁移费防空设备费等。

七、珍贵物品及古物文献等无法估价，应追索原物者，均未列入本表内。

八、教育人员私人财产损失另编，未列入本表内。

九、损失期间自 26 年 7 月起至 34 年 8 月止。

十、损失数字均依价值计算以国币元为单位，其原报材料间有用外币者均已折成国币。

十一、战时物价历年变动甚大，各处呈报损失数字均系依照损失时期之物价填报。根据此项原报损失数字汇编，不易表明各机关学校损失之程度，因此各处呈报历年损失均须分年汇编，再依照各该年9月份重庆市趸售物价折为34年8月（战争结束时期）之价值，附列于各表总计之后，以便比较。历年物价折为三十四年八月之物价应增加之倍数约计如下：26年2070倍，27年1580倍，28年823倍，29年294倍，30年114倍，31年39倍，32年12倍，33年4倍。

十二、此项统计自28年7月奉行政院令起始调查，历年均汇编一次。上年战事结束后因时时需用，又已汇编五次：

1. 第一次在34年9月间，因内政部抗战损失调查委员会奉蒋主席手谕汇编损失数字具报，本部当将所属各级学校自抗战后至三十四年九月底呈报表件汇编转呈，其总数为1151,360,376元，折成34年8月之价值为1,049,790,170,152元。

2. 第二次汇编在10间，系奉部长谕编制是项损失送伦敦教育文化会议，我国代表团出席报告之用，其材料较第一次所编多，各省市中小学及社会教育机关之损失估计数字，其总计数字为战前价值901,765,842元，折为34年8月之价值为1,866,655,085,940元。依战前价值及美金1元合国币3.5元折成美金257,647,383元。（34年6月间，瞿菊农先生曾向统计处抄写此项数字，彼时因战事未结束，调查亦未完全故此数比较为小，其总数为685,225,147元。）

3. 第三次汇编在11月底，为应外交部需用（拟送盟国损失赔偿委员会鲍莱参考）其材料较第二次所编多10月及11月收到之材料，其总计数字折为34年8月之价值为1,959,619743.506元，按美金1元合国币20元折美金97,980,987,176元。

4. 第四次系将35年3月底以前之材料继续编入，其总计数字为14,096,582,068元，折成34年8月之物价为1,983,302,094,117元。

5. 现在复将35年5月底以前收到材料及各省市以前呈送国民政府主计处，与近来送至内政部抗战损失调查委员会关于教育部份之材料，提出其未曾呈报本部者。均陆续汇编，其总计为114,200,304,572元。折合34年8月之价值为4,748,871,585,686元。依照美金一元合国币二千元折成美金为2,374,435,793元。

十三、依照战前物价及战事结束时物价折合美金数目另列一表，以便对照。

十四、以前所编除送伦敦教育文化会议我国代表团一份曾经发表外，其余历次均未发表，因各处材料未齐，尚非全部之损失。

省市县公私立各级学校及教育机关损失
一、依年度计

省市别	四川	西康
历年损失合计	161,240,195	39,190,820
折合34年8月之价值	192,586,547,223	191,489,270
26 年	1,560.00	—
27 年	111,133,000	—
28 年	4,453,318	—
29 年	288,48,317	—
30 年	13,716,658	—
31 年	1,432,425	113,320
32 年	96,477	9,521,630
33 年	—	14,418,120
34 年	—	15,137,750

各省市县公私立各级学校及教育机关损失
二、依学校类别计

省市别	共计		中等学校	小学	社会教育机关	教育机关（教育厅局学术机关）
	历年损失合计	折合34年8月之价值				
四川	161,240,195	192,586,547,223	161,012.323	224,703	3,169	—
西康	39,190,820	191,489,270	23,971,870	7,229,800	7,989,150	—

各省市县公私立各级学校及教育机关损失
三、依损失项目计
1. 总计

省市别	共计		直接损失	间接损失
	历年损失合计	折合34年8月之价值		
四川	161,240,195	192,586,547,223	122,508,853	38,731,342
西康	39,190,820	191,489,270	—	39,190,820

各省市县公私立各级学校及教育机关损失

三、依损失项目计

2. 中等学校直接损失

省市别	共计	建筑物	图书	仪器	器具	医药用品	现款	其他
四川	122,285,403	109,336,664	541,560	706,700	10,653,765	90,234	96,000	860,480

各省市县公私立各级学校及教育机关损失

三、依损失项目计

3. 中等学校间接损失

省市别	共计	迁移费	防空设备费	疏散费	救济费	抚恤费	其他
四川	38,726,920	17,157,193	3,779,301	14,469,474	511,224	17,700	2,792.028
西康	23,971,870	14,603,670	9,368,200	—	—	—	—

各省市县公私立各级学校及教育机关损失

三、依损失项目计

4. 小学直接损失

省市别	共计	建筑物	图书	仪器	器具	医药用品	现款	其他
四川	221,440	214,800	200	—	6,440	—	—	—

各省市县公私立各级学校及教育机关损失

三、依损失项目计

5. 小学间接损失

省市别	共计	迁移费	防空设备费	疏散费	救济费	抚恤费	其他
四川	3,263	1,137	164	1,883	79	—	—
西康	7,229,800	4,312,000	2,632,600	—	285,200	—	—

各省市县公私立各级学校及教育机关损失

三、依损失项目计

6. 社会教育机关直接损失

省市别	共计	建筑物	图书	仪器	器具	医药用品	现款	其他
四川	2,010	700	—	—	1,260	—	—	50
西康	—	—	—	—	—	—	—	—

各省市县公私立各级学校及教育机关损失
三、依损失项目计
7. 社会教育机关间接损失

省市别	共计	迁移费	防空设备费	疏散费	救济费	抚恤费	其他
四川	1,159	—	—	1,154	5	—	—
西康	7,989,150	4,829,950	3,159,200	—	—	—	—

（摘录自中国第二历史档案馆馆藏档案，全宗号5，目录号2，案卷号584）

26. 内政部长周钟岳督饬四川省各县市从速筹设忠烈祠*

事由	咨请督饬各县市从速筹设忠烈祠并见复由

内政部咨

　　查各省市县应普遍设立忠烈祠，崇祀抗战殉难烈士一案，前经本部于 29 年 12 月 7 日以渝礼字第 1394 号咨文，请督饬所属限 30 年 6 月底以前一律成立在卷。兹查

　　贵省所属各市县，除灌县、马边、彭县、雷波、洪雅、松潘、江油、新津、丹棱、城口、绵竹、新繁、青神、綦江、大足、璧山、蒲江、宜宾、南溪、庆符、珙县、隆昌、渠县、南部、仪陇、蓬溪、乐至、金堂、昭化、彰明、北川等 31 县已遵令设立外，其余各市县均尚未设立，案关战时要政，相应咨请查照，务希督饬如限筹设，一面填具忠烈祠实况调查表报部备核，并希见复为荷，此咨。

四川省政府　　部长　周钟岳

（四川省档案馆馆藏档案，全宗号 54，案卷号 7920）

＊　原件未署时间。

27. 抗战期间征用民工暨
日人强征民力伤亡数目调查表（1947年）（摘录）

（附卷内档案涉及市县表）

卷内档案涉及县市表（县名后打有"√"表示该县有材料）

市	成都 √			重庆					自贡 √		
区	县	县	区	县	县	区	县	县	区	县	县
第一区	温江√	灌县	第六区	宜宾√	庆符	第十二区	遂宁√	安岳√	第十七区	雅安	荥经
	郫县	新都		江安√	兴文		中江	潼南√		名山	汉源
	崇庆	彭县√		珙县	高县√		三台√	蓬溪		芦山	宝兴
	崇宁	成都√		筠连	长宁√		射洪√	乐至		天全	
	新繁√	华阳		南溪√	沐爱√		盐亭√		第十八区	西昌	盐边
	新津	双流√	第七区	泸县	合江	第十三区	绵阳√	什邡		会理	宁东
第二区	资中√	仁寿√		隆昌√	古宋		绵竹√	金堂		盐源	（喜德）
	资阳√	简阳√		富顺√	纳溪√		广汉	梓潼		越西	昭觉
	内江	威远√		叙永√	古蔺√		安县√	罗江√		冕宁	德昌
	荣县	井研		酉阳	黔江		德阳√			宁南	
第三区	江津	永川√	第八区	涪陵	秀山	第十四区	剑阁	北川√	康巴地区	康定	德荣
	荣昌	江北√		丰都√	石柱√		苍溪√	平武√		丹巴	定乡（乡城）
	綦江	合川		南川	武隆√		广元√	江油		道孚	稻城
	大足√	巴县√		彭水			阆中√	青川√		炉霍	雅江
	璧山	北碚	第九区	万县√	巫山		昭化	旺苍√		甘孜	泸定
	铜梁			奉节	巫溪√		彰明√			瞻化（新龙）	金汤
第四区	眉山√	夹江		开县	云阳	第十五区	达县	宣汉√		邓柯	九龙
	邛崃	青神√		忠县√	城口		巴中	万源√		石渠	义敦
	大邑√	丹棱	第十区	大竹	邻水		通江	开江√		白玉	理化
	彭山√	蒲江√		渠县√	长寿		南江	平昌√		德格	（理塘）
	洪雅√			广安	垫江	第十六区	茂县√（茂汶）	懋功√（小金）		巴安（巴塘）	
第五区	乐山	峨边		梁山√			理番√（理县）	威州√（汶川）		泰宁（乾宁）	
	犍为√	雷波	第十一区	南充√	武胜		松潘	靖化（金川）			
	峨眉	沐川√		南部√	西充						
	屏山	马边		岳池√	营山√						
				仪陇	蓬安√						

抗战期间征用民工暨日人强征民力伤亡数目调查表

类别	征用民工伤残亡数			日人强征民工伤亡数			备 注
县市别	征用数	伤数	亡数	强征数	伤数	亡数	
金堂县	23520	20	8	无	无	无	此次征工系33年奉令修筑广汉机场所征调
合计	合计共征23520人受伤20人死亡8人						

抗战期间征用民工暨日人强征民力伤亡数目调查表

类别	征用民工伤残亡数			日人强征民工伤亡数			备 注
县市别	征用数	伤数	亡数	强征数	伤数	亡数	
新繁县	400	无	1				27年奉令征工补修凤凰山机场，10月15日驱逐机失灵碾死民工陈二兴1名
新繁县	696	1	4				33年奉令修筑新津机场因伤致死4人因扎断下腿残废1人
合计	伤1人亡5人						

四川省蓬安县抗战期间征用民工暨日强征民力伤亡数目调查表

类别	征用民工伤残亡数			日人强征民工伤亡数			备 注
县市别	征用数	伤数	亡数	强征数	伤数	亡数	
蓬安县	91357	35	12	无	无	无	
合计	合计共征91357人受伤35人死亡12人						

抗战期间征用民工暨日人强征民力伤亡数目调查表

类别	征用民工伤残亡数			日人强征民工伤亡数			备 注
县市别	征用数	伤数	亡数	强征数	伤数	亡数	
广元县	23000	7	3	无	无	无	因集中军粮坠崖身故
合计	共征23000人受伤7人死亡3人						

抗战期间征用民工暨日人强征民力伤亡数目调查表

类别 县市别	征用民工伤残亡数			日人强征民工伤亡数			备　注
	征用数	伤数	亡数	强征数	伤数	亡数	
安岳县	2000		3				民国29年修成都中兴场机场死亡本县之民工太平乡第十八保徐良言一名，来凤乡第九保陈代富一名，宝华乡第十六保龚福廷一名，共计三名
合计	共征2000人死亡3人						

抗战期间征用民工暨日人强征民力伤亡数目调查表

类别 县市别	征用民工伤残亡数			日人强征民工伤亡数			备　注
	征用数	伤数	亡数	强征数	伤数	亡数	
渠县	2000	5	22				
合计	共征2000人受伤5人死亡22人						

调查表　赍请核转示遵由

宜宾县政府呈　　　　　　中华民国36年2月19日

案奉

　　钧府民五字第32114号代电附发抗战期间征用民工暨日人强征民力伤亡数目调查表式1份，饬依式查填呈转等因。奉此，经查，本县抗战期间修筑乐西公路川境段征用民工3600名，因病死亡人数55名，又抢修菜坝机场征用民工660名，无伤亡人数。复因本县在战时系属后方，并无日人强征民工情事，奉令前因理合依式查填抗战期间征用民工暨日人强征伤亡数目调查。

抗战期间征用民工暨日人强征民力伤亡数目调查表

类别 县市别	征用民工伤残亡数			日人强征民工伤亡数			备　注
	征用数	伤数	亡数	强征数	伤数	亡数	
资中县奉令修筑西公路	720	2	4	无	无	无	
合计	共征720人受伤2人死亡4人						

抗战期间征用民工暨日人强征民力伤亡数目调查表

类别 县市别	征用民工伤残亡数			日人强征民工伤亡数			备　注
	征用数	伤数	亡数	强征数	伤数	亡数	
德阳县	113685	53	16	无	无	无	
合　计	共征 113685 人受伤 53 人死亡 16 人						

抗战期间征用民工暨日人强征民力伤亡数目调查表

类别 县市别	征用民工伤残亡数			日人强征民工伤亡数			备　注
	征用数	伤数	亡数	强征数	伤数	亡数	
彭县特种工程修机场	40082	2160	49	无	无	无	凤凰山、太平寺新津、双流
彭县普通义务劳动修县道	121254	52	7	无	无	无	彭宝路暨各县乡道路
合　计	共征 161336 人受伤 2212 人死亡 56 人						

彰明县政府呈　　民国 36 年 2 月 27 日发

为呈报奉文日期暨查填征用民工人数及伤亡数目调查表一案请鉴核示遵由

本年 1 月 15 日案奉

钧府 35 年民五字第 32114 号代电附发抗战期间征用民工及日人强征民力伤亡数目调查表，饬即依式填报等因。查本县非沦陷区，未受日人强征民力。仅将本县在抗战期间征用民工伤亡人数依式查填完竣，理合具文。　赍呈

钧府鉴核示遵谨呈

四川省政府

附抗战期间征用民工暨日人强征民工伤亡数目调查表一份

彰明县长刘光乾

抗战期间征用民工暨日人强征民力伤亡数目调查表

类别 项别 县市别	征用民工伤残亡数			日人强征民工伤亡数			备　注
	征用数	伤数	亡数	强征数	伤数	亡数	
彰明县	42585	58	11				

抗战期间征用民工暨日人强征民力伤亡数目调查表

类别 项别 县市别	征用民工伤残亡数			日人强征民工伤亡数			备 注
	征用数	伤数	亡数	强征数	伤数	亡数	
隆昌县	10000	3	162	无	无	无	一、征用民工系34年3月。二、本县无日人强征民力，故未填

抗战期间征用民工暨日人强征民力伤亡数目调查表

类别 项别 县市别	征用民工伤残亡数			日人强征民工伤亡数			备 注
	征用数	伤数	亡数	强征数	伤数	亡数	
泸县	1500	不详	35	无	无	无	民28年建筑白市驿机场所死民工
	3000	不详	4				民31年建筑合江机场所死民工
	180000	不详	53				民34年建筑蓝田坝机场二十九乡镇所死民工其余乡镇所死民工尚未具报

说明：一、本表以省市为单位

二、各县市分别查填后汇赍该管省政府转报

三、如省政府汇报时表式不敷填写可依式扩大

四、查填死伤数目自抗战时起至胜利日止

五、如有特殊情事在备注栏内载记

抗战期间征用民工暨日人强征民力伤亡数目调查表

类别 项别 县市别	征用民工伤残亡数			日人强征民工伤亡数			备 注
	征用数	伤数	亡数	强征数	伤数	亡数	
蒲江县	4530	17	19	无	无	无	

抗战期间征用民工暨日人强征民力伤亡数目调查表

类别 县市别 　　项别	征用民工伤残亡数			日人强征民工伤亡数			备　　注
	征用数	伤数	亡数	强征数	伤数	亡数	
洪　雅	6000	185	75	无	无	无	33年奉省令征工抢修邛崃飞机场

抗战期间征用民工暨日人强征民力伤亡数目调查表

类别 县市别 　　项别	征用民工伤残亡数			日人强征民工伤亡数			备　　注
	征用数	伤数	亡数	强征数	伤数	亡数	
三台县	35234	无	无	无	无	无	

抗战期间征用民工暨日人强征民力伤亡数目调查表

类别 县市别 　　项别	征用民工伤残亡数			日人强征民工伤亡数			备　　注
	征用数	伤数	亡数	强征数	伤数	亡数	
大　竹	19290	2	393	无	无	无	34年本县奉令征工扩修梁山机场，配额6430名，工作3月又10日，轮征3次，故合计如上数

说明：一、本表以省市为单位

　　　二、各县市分别查填后汇赍该管省政府转报

　　　三、如省政府汇报时表式不敷填写可依式扩大

　　　四、查填死伤数目自抗战时起至胜利日止

　　　五、如有特殊情事在备注栏内载记

抗战期间征用民工暨日人强征民力伤亡数目调查表

类别 县市别 　　项别	征用民工伤残亡数			日人强征民工伤亡数			备　　注
	征用数	伤数	亡数	强征数	伤数	亡数	
江安县	23600	5		无	无	无	江兴公路修筑及凿塘水利征用如左数

抗战期间征用民工暨日人强征民力伤亡数目调查表

类别 县市别＼项别	征用民工伤残亡数			日人强征民工伤亡数			备　注
	征用数	伤数	亡数	强征数	伤数	亡数	
富顺县	16000	93	27	无	无	无	

抗战期间征用民工暨日人强征民力伤亡数目调查表

类别 县市别＼项别	征用民工伤残亡数			日人强征民工伤亡数			备　注
	征用数	伤数	亡数	强征数	伤数	亡数	
仁寿县	29300		74	无	无	无	系办理四川省特种工程（建筑彭山机场）征调

抗战期间征用民工暨日人强征民力伤亡数目调查表

类别 县市别＼项别	征用民工伤残亡数			日人强征民工伤亡数			备　注
	征用数	伤数	亡数	强征数	伤数	亡数	
开江县	5600	10	1	无	无	无	32 年 9 月奉令建修普安机场　检石滚压死民工 1 名重伤 2 名、轻伤 8 名均具报有案，34 年□□□□□□□□时值盛暑民工患疫者□多，合计死亡 255 人均具报有案
	4309		255				
合　计	9909	10	256				

抗战期间征用民工暨日人强征民力伤亡数目调查表

类别 县市别＼项别	征用民工伤残亡数			日人强征民工伤亡数			备　注
	征用数	伤数	亡数	强征数	伤数	亡数	
射洪县	93150	420	23	无	无	无	

抗战期间征用民工暨日人强征民力伤亡数目调查表

类别\项别\县市别	征用民工伤残亡数			日人强征民工伤亡数			备 注
	征用数	伤数	亡数	强征数	伤数	亡数	
长宁县	2931	95	154	无	无	无	

抗战期间征用民工暨日人强征民力伤亡数目调查表

类别\项别\县市别	征用民工伤残亡数			日人强征民工伤亡数			备 注
	征用数	伤数	亡数	强征数	伤数	亡数	
温江县	53902	212	134	无	无	无	

抗战期间征用民工暨日人强征民力伤亡数目调查表

类别\项别\县市别	征用民工伤残亡数			日人强征民工伤亡数			备 注
	征用数	伤数	亡数	强征数	伤数	亡数	
西充县	6000	无	1	无	无	无	

抗战期间征用民工暨日人强征民力伤亡数目调查表

类别\项别\县市别	征用民工伤残亡数			日人强征民工伤亡数			备 注
	征用数	伤数	亡数	强征数	伤数	亡数	
万源县	2017	19	3				33 年度
	3325	23	7				34 年度
	4874	25	17				35 年度
合 计	10216	67	27				

抗战期间征用民工暨日人强征民力伤亡数目调查表

类别\项别\县市别	征用民工伤残亡数			日人强征民工伤亡数			备 注
	征用数	伤数	亡数	强征数	伤数	亡数	
纳溪县	1050	72	无	无	无	无	该项征用民工为奉令抢修川滇公路泸叙段

抗战期间征用民工暨日人强征民力伤亡数目调查表

类别 项别 县市别	征用民工伤残亡数			日人强征民工伤亡数			备 注
	征用数	伤数	亡数	强征数	伤数	亡数	
古蔺县	9890	295	189	无	无	无	33 年本县征工补修川滇公路赤水河至营山镇一段工程之伤亡数

抗战期间征用民工暨日人强征民力伤亡数目调查表

类别 项别 县市别	征用民工伤残亡数			日人强征民工伤亡数			备 注
	征用数	伤数	亡数	强征数	伤数	亡数	
南充县	33794	245	23	无	无	无	本县自民 27 年 2 月起至 34 年 8 月止征用民工总数及伤数亡数合计如左数

抗战期间征用民工暨日人强征民力伤亡数目调查表

类别 项别 县市别	征用民工伤残亡数			日人强征民工伤亡数			备 注
	征用数	伤数	亡数	强征数	伤数	亡数	
资阳县奉命修筑乐西公路	72	无	13	无	无	无	
资阳县奉命修筑简阳周家坝机场	1524	无	无				

四川省遂宁县抗战期间征用民工暨日人强征民力伤亡数目调查表

类别 项别 县市别	征用民工伤残亡数			日人强征民工伤亡数			备 注
	征用数	伤数	亡数	强征数	伤数	亡数	
遂宁至渝年用电话杆	1660	4					
遂宁川鄂路成万段电话杆	1623	8					

类别 \ 项别 \ 县市别	征用民工伤残亡数			日人强征民工伤亡数			备　注
	征用数	伤数	亡数	强征数	伤数	亡数	
遂宁至三台防空电话杆	762	2					
遂宁飞机场	541589	150	50				
抢修飞机场滑行道	58000	8	2				
遂宁至安岳公路	68614	9	1				
西眉乡至黄榜寺公路	91740	10	1				
29年5月敌机轰炸遂宁机场抢修征工	800						
29年6月敌机轰炸遂宁机场抢修征工	3000						
29年7月敌机轰炸遂宁机场抢修工程	1500						
30年3月敌机轰炸遂宁机场抢修工程	1200						
30年5月敌机轰炸机场抢修工程	600						
30年7月敌机轰炸机场抢修工程	1600						
合计	772688	191	54				

四川省叙永县抗战期间征用民工暨日人强征民力伤亡数目调查表

类别 \ 项别 \ 县市别	征用民工伤残亡数			日人强征民工伤亡数			备　注
	征用数	伤数	亡数	强征数	伤数	亡数	
文化乡	288	11	5	无	无	无	
乐郎乡	189	无	2	无	无	无	
留耕乡	98	无	3	无	无	无	
双城镇	468	无	11	无	无	无	
鱼凫乡	308	2	7	无	无	无	

类别 项别 县市别	征用民工伤残亡数			日人强征民工伤亡数			备　注
	征用数	伤数	亡数	强征数	伤数	亡数	
定水乡	309	3	6	无	无	无	
龙凤乡	312	4	5	无	无	无	
丹岩乡	265	无	3	无	无	无	
后山乡	263	无	3	无	无	无	
落卜乡	163	无	1	无	无	无	
海坝乡	216	1	2	无	无	无	
分水乡	181	2	1	无	无	无	
枧槠乡	161	无	2	无	无	无	
树坪乡	321	3	3	无	无	无	
黄坭乡	453	5	4	无	无	无	
天池乡	380	3	5	无	无	无	
双桥乡	218	2	4	无	无	无	
水尾乡	611	3	5	无	无	无	
震东乡	278	1	2	无	无	无	
大树乡	289	1	1	无	无	无	
大坝乡	602	2	2	无	无	无	
金鹅乡	71	无	无	无	无	无	
定远乡	234	2	2	无	无	无	
兴隆乡	518	1	2	无	无	无	
马岭乡	204	1	1	无	无	无	
汪门乡	335	无	3	无	无	无	
麦地乡	252	无	2	无	无	无	
天堂乡	350	2	4	无	无	无	
太平乡	176	无	3	无	无	无	
象鼻乡	389	3	7	无	无	无	
雨河乡	415	2	6	无	无	无	
清水乡	324	1	5	无	无	无	
打鼓乡	556	7	4	无	无	无	
白鹤乡	286	无	2	无	无	无	

类别\项别\县市别	征用民工伤残亡数			日人强征民工伤亡数			备 注
	征用数	伤数	亡数	强征数	伤数	亡数	
洞溪乡	208	无	1	无	无	无	
护国乡	418	1	2	无	无	无	
大朝乡	314	无	1	无	无	无	
大吵乡	140	无	1	无	无	无	
底蓬乡	250	1	2	无	无	无	
蟠龙乡	207	无	1	无	无	无	
合 计	12020	64	126	无	无	无	叙永县县长 汪 洁

抗战期间征用民工暨日人强征民力伤亡数目调查表

类别\项别\县市别	征用民工伤残亡数			日人强征民工伤亡数			备 注
	征用数	伤数	亡数	强征数	伤数	亡数	
温 江	53902	212	134				
泸 县	22500		92				
隆 昌	10000	3	162				
富 顺	16000	93	117				
叙 永	1050	72					
纳 溪	1050	72					
犍 为	3600	67	93				
宜 宾	4260		55				
蓬 安	91357	35	12				
古 蔺	9890	295	189				
西 充	6000		1				
遂 宁	285257	191	54				
江 安	23600	5					
大 竹	19290	2	393				
渠 县		5	22				
彰 明	42585	58	11				

类别 项别 县市别	征用民工伤残亡数			日人强征民工伤亡数			备 注
	征用数	伤数	亡数	强征数	伤数	亡数	
射 洪	92150	420	23				
安 岳	2000		3				
三 台	35234						
罗 江	11575	148	86				
广 元	23000	7	3				
开 江	9900	10	356				
万 源	10216	67	27				
德 阳	113685	53	16				
金 堂	23520	20	8				

（本表格根据原始表格编制，无数据的县已删除）

（摘录自四川省档案馆馆藏档案，全宗号54，案卷号7919）

（二）文献资料

1. 抗日战争四川各地阵亡人数统计

表4—16

市县名	阵亡人数	市县名	阵亡人数	市县名	阵亡人数	市县名	阵亡人数
总计	42375	彰明	54	叙永	206	安岳	1265
成都	1283	剑阁	230	通江	217	名山	123
大邑	356	南溪	214	犍为	605	罗江	102
崇庆	338	德阳	183	南江	226	宜宾	1167
三台	959	合江	494	万源	126	邛崃	378
巴中	1035	西充	643	江油	200	珙县	101
岳池	1121	眉山	528	内江	810	达县	1012
南部	337	绵竹	261	渠县	1144	安县	185
邻水	702	乐至	551	仪陇	560	乐山	470
峨眉	156	新津	228	夹江	144	蒲江	243
营山	346	苍溪	265	宣汉	486	屏山	146
古蔺	202	富顺	1113	双流	140	盐亭	220
蓬溪	607	灌县	202	绵阳	570	荣县	613
遂宁	1241	昭化	111	青神	209	华阳	510
自贡	58	纳溪	83	懋功	5	蓬安	191
郫县	123	峨边	45	南充	1528	什邡	170
广元	292	开江	250	古宋	102	新都	150
资中	844	彭山	279	大竹	954	资阳	631
简阳	1202	彭县	336	泸县	1037	射洪	476
武胜	458	广汉	259	阆中	406	平武	118
江安	286	洪雅	74	北川	33	隆昌	612
井研	182	茂县	27	中江	712	梓潼	245
威远	386	长宁	193	仁寿	1104		
金堂	461	崇宁	73	广安	1442		
马边	20	青川	1	高县	143		
靖化	20	新繁	66	筠连	53		
沐川	5	丹棱	278	雷波	24		

（四川省地方志编纂委员会：《四川省志·民政志》，四川人民出版社
1996年版，第157页，原有重庆所辖市县的内容已删除）

2. 抗日战争时期日机空袭四川损害统计表

表8—9

区分		名称、数量	备注
遭空袭地区		重庆市、成都市、自贡市、万县、奉节、合川、泸县、涪陵、乐山、梁山、温江、新津、重庆、新都、双流、内江、简阳、永川、巴县、綦江、璧山、铜梁、峨眉、宜宾、隆昌、富顺、合江、纳溪、丰都、南川、秀山、忠县、开县、巫山、巫溪、云阳、城口、大竹、渠县、广安、长寿、南充、南部、武胜、遂宁、三台、蓬溪、盐亭、绵阳、金堂、梓潼、苍溪、广元、阆中、达县、松潘、仁寿、江津、石柱、新繁、荣县、眉山、荣昌、夹江、屏山、江安、中江、邻水、德阳、安岳、郫县、剑阁、彰明、绵竹、广汉、江北、彭水、蓬安、西昌、北碚、成都、华阳县，三峡实验区	共 83 个市、县（区）
人员伤亡市县	伤	10000 人以上：重庆市 1500～10000 人：成都市、万县、奉节县 500～1000 人：自贡市、合川、泸县、涪陵、乐山、梁山县 500 人以下：温江、成都、华阳、新津、崇庆、新都、双流、内江、简阳、永川、巴县、綦江、璧山、铜梁、北碚、峨眉、宜宾、隆昌、富顺、合江、纳溪、丰都、南川、秀山、开县、忠县、巫山、巫溪、云阳、城口、大竹、渠县、广安、长寿、南充、南部、武胜、遂宁、三台、蓬溪、盐亭、绵阳、金堂、梓潼、苍溪、广元、阆中、达县、松潘县	遍及 59 个市、县共伤 2.6 万人
	亡	1500～10000 人：重庆市、成都市、万县 1000～1500 人：奉节县 500～1000 人：合川、泸县、乐山县 500 人以下：自贡市、温江、成都、华阳、新津、崇庆、新都、双流、内江、仁寿、简阳、永川、巴县、江津、綦江、铜梁、璧山、北碚、宜宾、隆昌、富顺、合江、涪陵、丰都、南川、秀山、开县、忠县、巫山、巫溪、云阳、城口、大竹、渠县、广安、梁山、长寿、南充、南部、遂宁、三台、盐亭、绵阳、金堂、苍溪、广元、阆中、达县、松潘县	遍及 56 个市、县共亡 2.25 万人

区分		名称、数量	备注
治疗丧葬费用	医药费	38.736 亿元（法币）	
	埋葬费	107.3201 亿元（法币）	
人民财产损失		房屋、衣服、牲畜、粮食、田园、树木、人力车、板车、汽车、木船、汽船、什物、现金等，共折合法币 1354.5912 亿元。	均依 1945 年成都市物价指数折算，共计 1500.6473 亿元（法币）。

（四川省地方志编纂委员会：《四川省志·军事志》，四川人民出版社 1999 年版，第 640 页）

3. 阆中县政府及所属机关财产间接损失报告表

损失份额	金额单位：（国币）
共计	760000 元①
迁移费	3000 元
防空设备费	10500 元
疏散费	1000 元
救济费	51500 元
抚恤费	10000 元

（寇永国：《日机空袭阆中追记》，载李仕根主编：《四川抗战档案研究》，西南交通大学出版社 2005 年版，第 175 页）

---

① 原文中数字如此。

4. 抗战期间四川省对抗属的优待情况部分统计①

（1）据四川省民政厅《民国29年度民政统计》载：1938年10月至1940年4月，各行政督察区所属县拨用优待出征军人家属积谷1563822石。各区拨用数如下表：

民国27年～29年四川各区拨用优待出征军人家属优待谷统计

表4—5   单位：石

地　区	拨谷数	地　区	拨谷数
第一行政督察区	103790	第九行政督察区	130218
第二行政督察区	207140	第十行政督察区	101874
第三行政督察区	198830	第十一行政督察区	172813
第四行政督察区	41011	第十二行政督察区	213800
第五行政督察区	35659	第十三行政督察区	64931
第六行政督察区	25214	第十四行政督察区	56414
第七行政督察区	63648	第十五行政督察区	69075
第八行政督察区	38012	第十六行政督察区	1393

（2）随着抗日战争的时日延长和规模扩大，四川征属增多，各县、市不断加大优待谷的派募。据省社会处1945年12月统计，全省共派募征属优待谷1650202石，比两年前增加1.6倍。派募数如下表：

1945年四川派募优待征属谷数量表

表4—6   单位：石

县市	优待谷	县市	优待谷	县市	优待谷	县市	优待谷
成都市	27000	梓潼县	6000	筠连县	1800	广安县	32400
自贡市	12000	罗江县	9000	长宁县	9000	邻水县	13700
温江县	10800	剑阁县	8400	沐爱县	3000	南充县	33000
成都县	12000	苍溪县	9000	泸县	48000	岳池县	27000
华阳县	21000	眉山县	22800	隆昌县	16200	德阳县	6000

---

① 此件题目为编者所拟。

县市	优待谷	县市	优待谷	县市	优待谷	县市	优待谷
灌县	17400	蒲江县	6600	富顺县	35400	什邡县	15000
新津县	6000	邛崃县	204000	叙永县	13200	金堂县	19200
崇庆县	27000	大邑县	13200	合江县	18000	蓬安县	15600
新都县	9000	彭山县	8400	纳溪县	4200	营山县	15000
郫县	12000	洪雅县	10200	古蔺县	8400	南部县	15000
双流县	7200	夹江县	8400	广元县	5400	武胜县	16200
彭县	21000	青神县	6000	江油县	9600	西充县	10200
新繁县	11000	丹棱县	6000	阆中县	13800	仪陇县	12000
崇宁县	6000	名山县	9000	昭化县	4800	遂宁县	30000
资中县	28700	乐山县	25700	彰明县	6600	安岳县	33000
资阳县	24000	屏山县	4740	北川县	720	中江县	30000
内江县	27900	马边县	1140	平武县	3240	三台县	30000
荣县	24000	峨边县	1080	青川县	3000	安岳县	12000
仁寿县	37500	雷波县	204	旺苍县	3630	蓬溪县	24000
简阳县	34500	犍为县	14000	达县	3480	乐至县	18000
威远县	16800	峨眉县	8400	巴中县	18000	射洪县	10800
井研县	4800	沐川县	5100	开江县	7800	盐亭县	7200
茂县	2100	宜宾县	33000	宣汉县	18000	绵阳县	24000
理县	660	南溪县	14400	万源县	4800	绵竹县	7200
懋功县	1476	庆符县	6000	通江县	6000	广汉县	18000
松潘县	600	江安县	12000	南江县	5700		
汶川县	456	兴文县	1800	靖化县	276		
荣昌县	14400	珙县	4200	大竹县	24000		
古宋县	5400	高县	3000	渠县	27600		

（四川省地方志编纂委员会：《四川省志·民政志》，四川人民出版社
1996年版，第129—134页，原有重庆所辖市县内容已删除）

5. 广安市邻水县1936—1949年人口统计表[①]

1936—1949 年部分年度人口数

年度	户数	人口
1936 年	67856	415373
1937 年	69224	368872
1940 年	49003	324464
1941 年	48506	326346
1942 年	缺资料	317611
1943 年	47769	310335
1944 年	45255	311996
1945 年	缺资料	312023
1947 年	48085	310583
1948 年	缺资料	310768
1949 年	108042	467691

（广安县志编纂委员会编：《邻水县志》，四川科学出版社 1991 年版，第 129 页）

---

① 此件题目为编者所拟。

6. 广安市广安区1938年、1940年人口情况统计^①

1938 年 1 月 6 日，进行户口清理，全县共 728524 人。1940 年 6 月 1 日，奉命推行"管、教、养、卫"新县制，改联保公处为乡镇公所。次年，又划乡增保，进行保甲户口编查。1942 年 1 月，改、划、编查完毕，全县计 66 乡镇，1163 保，11764 甲，117608 户，648859 人。

（广安县志编纂委员会编：《广安县志》，四川人民出版社 1994 年版，第 18—22 页）

---

① 此件题目为编者所拟。

7. 广安市武胜县1935—1949年人口统计表[①]

民国初至民国 23 年，军阀混战，防区割据，本县无完整的人口统计资料。民国 24—38 年，全县人口统计如下表：

武胜县民国 24—38 年人口统计

时间	户数	人口数		
		合计	男	女
民国 24 年	69821	353907	196689	167218
民国 25 年	69821	362870	188456	174414
民国 26 年	70129	328342	155168	173174
民国 27 年	69821	361502	188038	173484
民国 28 年	69191	359253	196153	167100
民国 29 年	61765	342544	175338	167208
民国 30 年	61021	334518	170593	163923
民国 31 年	59250	326037	164064	161973
民国 32 年	60227	324641	161845	162796
民国 33 年	60934	343040	175580	167460
民国 34 年	60995	334644	167198	167451
民国 35 年	64684	338499	170733	167768
民国 36 年	65898	336900	169160	167740
民国 37 年	65822	333621	166980	166861
民国 38 年	95095	408316	210282	198034

（武胜县志编纂委员会编：《武胜县志》，重庆出版社 1994 年版，第 1 章，第 1 节）

[①] 此件题目为编者所拟。

8. 难忘的"八·一九"——记1939年日机轰炸乐山

胡同如　张盛隆

卢沟桥事变后，蒋介石消极抗战，日寇长驱直入，南京、武汉、宜昌等沿江重要城市相继失陷。而日寇侵略野心，并未稍戢，复进一步日夜从武汉、宜昌出动飞机，轰炸后方四川的各大、中城市。1939 年 8 月 19 日这一天，意所未料的竟然轰炸到我们这个远在最后方的乐山县城来了！这次轰炸给乐山人民带来深重的灾难，此忿此恨，至今难忘！

一、乐山城被炸经过

1939 年 8 月，正是"秋猫猫"逞凶的季节，天天都是杲杲红日，炎热难受。19 日（农历七月初五）天气晴朗，万里无云。城区人民像平常一样生产、生活，许多人家正忙着纸帛酒馔迎接传统的七月半的"盂兰会"，祭祀祖先。不料上午十一时四十分，忽然警笛急促长鸣，空袭警报响起来了，顿时全城一片惊惶，有的人急忙收拾起随身行李，扶老携幼，汗流气喘，紧张慌乱地朝着斑竹湾、老霄顶、篦子街、大佛坝几个方向奔跑，想去找个躲避空袭的安全地方。几分钟后，敌机便已临头了。先见一架侦察机从大佛寺方向飞来，在阳光照射下，发出刺目的白色闪光，在城上空盘旋一周，然后顺着铜河方向往峨眉那方飞去。这时街上一些警察和防护人员用话筒高声叫喊，要大家赶快疏散隐蔽。但时机是如此紧迫，人们想疏散隐蔽已经来不及了。不一会，就清楚地听到轰隆轰隆的沉重怪声，自远而近，大家觉得不对头，举目一看，一大群银白色乌棒机（日寇轰炸机）从南飞来，三架一组，三组一队，共计来了三十六架。先是品字形，飞临城的上空时，即改变成一字形，飞得很低，连机身涂的太阳旗标志都看得非常清晰。由于飞行低，机声更加重浊刺耳，震人心弦。最初瞥见敌机时，有的人尚不以为意，还仰首数点来机的架数；有的人在看到机身标志后，更好奇地大叫："飞机，飞机，是太阳旗飞机！"话音刚落，只听得"轰轰轰"连声巨响，几乎把地都震翻了。一刹那间，又是轰炸，又是扫射，炸弹、烧夷弹同时倾泻，只见破片横飞，烈火猛扑，浓烟、尘土、热气混合一起，形成巨大热浪，铺天盖地向人逼来；烧夷弹中的凝固汽油，喷附建筑物上，立刻引起燃烧，火乘风势，越烧越猛，大火张着大口似欲将一切吞噬。人们此际目眩神摇，多难以自顾，但闻炸弹爆炸声，机枪扫射声，房屋倒塌声，伤者哀号声，连续不绝。日机狂轰滥炸完毕，飞离城空，隔不久，又有一架敌机飞起转来，在城的上空霹霹拍拍打了一阵机枪，并还拍了照片，然后满载罪恶，扬长飞去。据不全面统计，这一天日机向乐山城区约一平方公里的闹市内，投掷下炸弹数十枚，烧夷弹一百数十枚，造成巨大的灾难。

二、轰炸后的惨状

日机去后，城中幸存的人民，有的从炸垮的房子里爬了出来，有的从火海中冲了出来，多只穿上一件汗衫和短裤，灰尘满面，相顾错愕。伤者，有的炸断四肢，不能动弹；有的肚子炸破，肠子逬流一地，疼痛呼叫，不忍听闻。死者厥状尤惨，有的尸骨横飞，有的头被炸掉，脑浆逬裂，有的死去手中还抱着孩子，倒卧血泊之中。一个田姓孕妇，行动不便，未及躲藏，被一块弹片击中腹部，把胎儿弹出多远，血肉模糊，见者无不掩泪。公园中山纪念堂落下一弹，附近树枝上都溅挂有血迹和肉块。还有被大火烧死者亦复不少，有的烧成一团，成了一个焦黑的"火柴头"；有的手足烧毁，只剩一段身躯，好似烧焦的"笋子虫"；有的头颅烧成灰烬，躯干犹存；有的皮肉烧烂，骨头露出。盐关街有一家卖午时粑的，店堂内横七竖八地躺着十来个残肢断臂的人，都痛苦地不断呻吟着，有一个炸死了口里还衔着午时粑。下河街诚益银号的经理毛锡荣，已跑到河边，又回号里去取金条和自己的家私，尚未取出，即被炸毙。罕当街牟华章之母，在大火逼身、逃生无路时，只好躲在水缸里，头上用一口铁锅遮盖，结果，反被炖火巴了。又有些人躲藏在"太平缸"中，亦皆被煮死。据统计，人财两空、成了绝户的，共有四十九家。较场坝开油麻铺的苟子言，双间铺面，全家五人（两个大人，三个小孩），全部炸死，财产也成灰烬。在较场坝开酒铺的吴季隆，一家七口（五个大人，两个小孩），无一人幸存，财产也损失尽净。开染房的邓志清，全家七人，炸死六人，邓妻虽然幸免，但手臂炸断，成了残废，又因财物荡然，生活无着，所受刺激太深，后竟患了精神病。当时统计，日机这场大轰炸，乐山人民被炸死者达四千多人。这仅是一个初步调查。后来伤者续有死亡，寄居者及旅客亦多死伤，这些就无法统计了。

这次敌机所投烧夷弹，都落在繁盛地区，炸弹则多落在文化机关及银行附近。土桥街为银行荟萃之地，落的炸弹较多。中国农民银行被狂炸之余，又遭受机枪密集扫射，那儿地面的弹孔密如蜂窠。较场坝、东大街，土桥街一带，人烟稠密，死者最多。武汉大学教职员家属死七人，学生死十五人，伤十余人，校工死二人。

至于被炸毁的街巷，计有从城区沿岷江第一行自肖公嘴起，横街的板厂街、铁货街；第二行横街的较场坝、大巷子、直街的成衣巷；第三行横街的兴盛街、下河街、中河街，上河街之一半，直街的迎春门街；第四行自肖公嘴起，横街的察院街、顺城街，直街的东大街、会府街；第五行自庙儿拐起，横街的泊水街、下土桥、中土桥、上土桥，直街的婆嬛街、玉堂街、鼓楼街、府街，直至城中心的中山公园为止。再加上不知名的街巷，共计炸毁街道二十七条，占全城面积四分之三。这就是说，从肖公嘴到玉堂街，从迎春门到县街口，乐山最繁荣的商业闹区，和最整齐的住宅区，均于三小时内，一下化为灰烬。站在北门的高坡上，举目一望，就看到铁牛门、铜河土扁、肖公嘴一带的城墙，眼面前惟见一片瓦砾，一个巨大的火烧坝！从篾子街过河进城，一上福泉门码头，就可看到白衣庵！

这场灾难，使许多人家破人亡，骨肉离散，财产罄尽，栖身失所；使商业工业元气丧尽，百业萧条；使不少人投亲靠友，流徙四乡，一时乡间房租陡然抬高十余倍，如猪圈般的一间草棚，也要六七十元一年的租金。一般穷苦人生活无着，只得靠从废墟中拣破烂、拾废物为生。叮咚街的龙兴电机织绸厂，主要织造花素大绸，有一幢一连八间的厂房，全遭炸毁。还有两间营业部楼房，也同归于尽。该厂受到的损失为生丝十二担，花绸一六五匹，素绸二一〇匹，以及生产设备如电机、织绸机多半炸毁，无法进行生产，被迫于九月迁至河东朱家湾，共计损失法币九万五千七百元，并停产将近一年。不少商店很久不能开门。城外工商企业直接损失虽少，但间接损失也很大，如嘉乐纸厂、嘉裕碱厂、嘉裕电器公司等，因轰炸前后警报频繁，工人们躲避空袭，致工厂停工停产，生产锐减。整个乐山城闹得人心惶惶，生活不安，痛苦万状。

乐山县在抗战时成立有一个防护团，县长刘芳（伯华）兼任团长，下面设有"东南西北仁义礼智信"九个义务消防团；还设有由木工组成的拆卸队，由医务人员组成的救护队，以及担架队、轮渡队、水龙消防队等。但由于当局根本不关心人民，根本没有认真组织和训练，虽有若无，一听警报信号，敌机尚未到来，他们就只顾抢搬自家的东西，各自跑到城外躲避去了。迨至紧急警报信号发出，到岗位上执行任务者寥寥无几，敌机一轰炸，死的死，伤的伤，仅有两支水龙队在泊水街进行抢救。敌机投的燃烧弹又多，四处都在起火，火的来势又非常迅猛，虽有几部当时称为"狗儿水龙"的水龙在那里灭火，实在杯水车薪，毫不济事。

第二天，疏散在外的人们和关心亲友前来慰问的人们纷纷入城，映入他们眼帘的，尽是些残垣颓壁、碎瓦破砖，整个城市，一片焦土，昔日街道，只依稀可辨。到处都显得滚烫憋闷，焦臭腥臊，时当酷暑季节，地上热气薰蒸，尸体发出异味，使人非常难受。在余烬犹温的火烧坝里，灾民们不顾死活，拚命从废墟瓦砾中掏寻亲人尸骨和尚未烧尽的东西。对无亲人照看的伤残者，多由邻居们抬扶护送到仁济医院或红十字会医院治疗。第三天，县政府召集人夫，开始掏挖死尸，无人认领的，即用滑竿抬出德胜门外和西湖塘边堆集，挖个大坑埋葬。死尸太多，好几天都没有搬完，防护团就叫进城卖菜的农民用菜篮挑出城去，一担菜篮要挑三、四具或五、六具残尸。半月之后，哪里发出了难闻的臭气，就在哪里去掏尸骨，必然又有发现。轰炸时，电线被烧断，电杆被毁倒，晚上一片漆黑。城内大十字、小十字等处及行人较多的街口，多点上白纸灯笼，以照行人，暗淡的灯光在微风中摇晃，显得更加凄凉惨淡。炸后数日，城内各种交易完全中断，逾半月，小贩稍集，生活日用必需品渐可买得，但价格却上涨一至二倍不等。安安蓝布九角一尺，阴丹士林布则涨到一元二角一尺，粗毛巾每条七角，劣质牙刷每把六角，肥皂每块五角，瓷面盆每个七元。

由于卫生条件差，多数人无家可归，风餐露宿，饱受蚊蝇袭击，这年秋季，瘟疫大为流行，疟疾尤为猖獗，家家户户都为疟疾所困，"摆子药"因而特别畅销。

（四川省政协文史资料委员会编：《四川文史资料选辑》第32辑，
1984年内部出版，第108—115页）

9.回忆抗日时期成都遭受敌机轰炸的惨状（节选）

杨锡民、邓璞如

1937年7月7日，日本帝国主义继侵占我国东三省、热河和冀东之后，又悍然发动了震惊中外的卢沟桥事件，从此爆发了中国对日本帝国主义长达八年的全面抗战。在日军的残酷屠杀和疯狂轰炸下，我千百万人民的生命财产遭受巨大损失，大半个中国被日寇强占。成都本是一个不设防的后方城市，距战区前线很远，亦多次遭到日本飞机残酷的狂轰滥炸，造成人民群众生命财物的巨大伤亡损失。回忆起来，使人对日本帝国主义的残暴行为，感到特别痛恨！

抗战八年中，成都遭受日本空袭十三次，轰炸九次，其中尤以1939年的"6·11"，1940年的"10·27"，1941年的"7·27"三次的轰炸、焚烧、扫射最为酷烈。我们曾目击敌机轰炸的情况，兹回忆如下，作为历史事件的见证，供研究近代史参考。

三次大轰炸实况

1939年6月11日，敌机轰炸成都盐市口一带，是本市遭受日本飞机空袭轰炸最惨烈的一次，焚烧民房之多，伤亡之众，灾区之大，都是空前的。而当时国民党的新闻发布机关"中央社"却夸大他们的战果，缩小人民的损失，宣称："……敌机五十四架，今日落暮，分袭渝蓉两市，其中二十七架，侵入成都市上空，经我神勇空军起飞迎击，当在本市东南上空击落敌机三架""……安全返防，敌机今日在盐市口等地投弹三四十枚，焚烧民房多家，伤亡平民数百人……"云云。

这一则消息，对人民伤亡损失只轻描淡写地提了一笔，实际情况，并非如此。当时我（杨锡民）负责市防护队第五分队，拉警报后即到北大街警察派出所驻地火神庙听命。不久，敌机临空，亲见敌机三个队二十七架飞到市中心，疯狂投弹，爆声如雷，黑烟冲天。我们被震得东倒西歪，站立不稳。炸后不久，我队得到通知，到提督东街凌云饭店进行抢救，沿途人群拥挤，途为之塞。到达提督街，见凌云饭店的前半部三层楼房已被炸成瓦砾堆，后半部已成断壁危楼，混乱不堪。幸存的住宿者皆面容灰黑，尘土满身，惨叫之声，令人心碎！

他们都负有轻重不同的创伤，我们除将重伤者包扎送走外，轻伤则就地包扎，或嘱其到医疗点上药。据他们说，在倒塌房屋的泥土下还压着有人，我们立即逐一翻挖，但翻挖出来的人都已死了。我们所带的药品少，还没有将轻重伤者包扎完，药物就没有了。正在束手无策时，中队部又调我队到盐市口协助抢救，我们只好把尚未包扎完的伤员扔下走了。这时沟头巷已走不通，提督西街又塞断了，只有从暑袜街绕道前往，沿途都有拆卸房屋的，抬死人担架的，呼儿唤母的，充满了一片慌乱恐怖的惨况。又因水龙损坏，水源不足，横九龙巷、顺九龙巷等处几乎成了一片火海，消防队只有瞪着眼干着急。房屋拆卸队拆了这里，火苗又从那里窜来，或者前面扑灭，后面又烧起来，大家无法可想，于是救火者成了观火者！我们也因药物用完，无法救护伤者，只有将旗子卷起，也变成了观火者。沿途弹坑累累，到处破屋颓垣，大火蔓延，浓烟弥天。到半夜时分，荔枝巷和九龙巷因大火封锁尚不能通过，我们走到南新街，街上有好几个大弹坑，路面全毁。到交通路口，这里又是一大片火海（包括盐市口、锦江桥、顺城街），盐市口去不了。当时焚烧面积很广，横九龙、顺九龙、西顺城、盐市口、西东大街、锦江桥、粪草湖、交通路、南暑袜街都是重灾区。当晚在隔成都六十余里的新繁县城，都能望见成都上空烟雾弥漫，火光冲天，灾情之严重可想而知。

过了几天，听说单是凌云饭店还继续挖出男女尸体数十具。九龙巷死的人也不少，其中有一户全家躲在自备的防空室内，被烧死完，无一幸存。另外，还有许多人家，因出走不及，全家惨死。

事后三天，市府发表了一个概括统计："中弹被烧、震倒、拆卸的门牌号数，共有一千二百一十五号，以每一号五人计，受到灾害的为六千人。其中有华西大学、省立成都师范、华阳县中等三个文化单位，余则属平民住宅与工商店铺等。"这个统计，虽尚不能如实反映当时情况，但可作为概括的依据，它与国民党中央社的消息，就有很大的矛盾。

第二次大轰炸是 1940 年 10 月 27 日，这次空袭与"6·11"不同，上次是夜袭，这次是白天，上次以投掷燃烧弹为主，这次以机枪扫射和投掷炸弹为主，因此伤亡人数就远远超过"6·11"。

在当天预行警报发出后，我率救护分队向郊外疏散。轰炸后，接到通知，我队赶到东较场城墙缺口执行任务。到达后，即看见有数人被流弹所伤，给以包扎后，即出城。沿城边一带，有许多弹坑，被敌机扫射受伤的人中有的断肢残脚，倒卧血泊中。辗转呻吟，一片惨状，使人心酸！我们给轻伤就地包扎，重伤分送四圣祠医院或其他医疗点。从城墙到猛追湾一带，经我队救护的轻重伤者已百数十人，尚有各医疗点救护的人未计算在内。事后闻悉，这次轰炸重点在本市东南和西南地区，计有北糠市街、春熙南段、东顺城街、油篓街、南新街、新街后巷子、走马街、祠堂街、少城公园、西玉龙街、上罗锅巷和东较场内外、猛追湾等处。这次敌机轰炸充分暴露了帝国主义的兽性，它们见有人群，即俯冲扫射，真是残忍无比！如少城公园假山前挖有一道很长的防空壕，许多市民一闻警报，即逃至该处躲避，敌机发现人群，即向防空壕扫射，以致死亡枕藉，有名幺心一的全家避入壕中，被敌机扫射，五六人无一得免于死。这次轰炸之后，成都各个医院都住满了伤员，死伤人数虽无确切统计，但至少总有三四千人。

　　第三次大轰炸是 1941 年 7 月 27 日午前 11 时左右，敌机八十余架空袭成都，使用空中爆炸弹，滥炸市区。在本市西南、西北区投弹数百枚，死亡损失，极为严重，皇城清真寺三所被炸毁。炸后，有从瓦砾灰烬中挣扎而出；有在血肉狼藉中呻吟而出；有由防护人员从土堆中发现掘出，惨状目不忍睹！据不完全统计，这次轰炸，市民死伤达一千六百余人。这次空袭轰炸，我（邓璞如）是亲身经历者，其详情如下：

　　1941 年 7 月 27 日，原中央政治大学在成都招考新生，我被派在外西南巷子培英中学考场任监考员。未发试卷前，就向师、生、员、工约法三章：①如遇敌机空袭，在预行警报时，学生就立即停笔，但不许离开坐位，缴回试卷；②空袭警报时，学生整队离考场，出校门后，各自寻找适当地点隐蔽；③解除警报时间早，仍回考场继续应试，如时间晚，则明日继续考试。考试那天，敌机来了百多架，约在十一时，就临空轮番投弹。我在城外看到一枚枚的黑弹从天空投下，如下雨一般，听到城内隆隆的爆炸声，嗅到浓烈的火药味，心情特别紧张。我紧紧抱着一棵树根，闭目等死。人到了这个生死关头，虽然万念俱灰，但不免要想到妻儿老小，他们尚在城中，不知是生是死，真是百感交集！解除警报后，想家心切，我立即从城墙缺口进城，匆匆回家，见家人无恙，劫后余生，喜出望外。

　　听街邻说："青龙街、平安桥、少城公园等处都遭惨炸！"我遂同家人到灾区看看，走到青龙街成都县立中学附近，见防空部正在挖掘死伤者，街面插满了红旗，不许通过。我即绕道羊市街到达平安桥，那里有天主教堂办的医院，在收容受伤的人，沿途担架不断，伤者呻吟之声，惨不忍闻。我们看到一位妇女自小腹到下身的半截，都被弹片削走了，一片鲜红模糊的血肉，真是惨不忍睹！再转到少城公园，因辛亥死难纪念碑，既高且直，敌机不易投中目标，但是机枪扫射，殃及桥下沟边隐避的人们，死伤也很大。

回家后，忽然长顺街半节巷内李少庚女医生带着孩子、包袱，到我家来避难，说她家后院中了一弹，现在尚未爆炸，所以跑出来躲避。我立即前往她家查看，果然后院井旁有一弹坑，仅一墙之隔就是我家大院，若是爆炸，我家也有危险。遂立即报告防空司令部，经查看属实，在弹坑周围，插上小旗，派人监视，不许人走近。就在弹坑内泼洒盐水若干担，经过 24 小时，才轻轻取出一颗完整的炸弹。

以上几次空袭使成都的许多房屋，付之一炬，成千上万的人致死致残。全市人民莫不对日本帝国主义痛恨已极，愤慨万分！

（成都市政协文史资料委员会编：《成都文史资料选辑》第 3 辑，1982 年内部出版，第 116—120 页）

10. 抗战期间成都地区特种工程与美国空军的援助（节选）

张惠昌　於笙陔

（略）

一九四三年秋，中美决定共同反击日本帝国主义侵略势力，美国以大量空军支援中国，中国选定在成都地区修建一批轰炸机场和驱逐机场，以便美国飞机能从成都地区起飞去轰炸日本本土。因此修建这批飞机场的特种工程，成为那时四川最紧急的任务。当时，我们或服务粮政，或从事县政，都曾参加这项工程有关工作。今值抗战胜利四十周年纪念，追怀往事，感慨万分，爰将亲历、亲见、亲闻之事，分别回忆如次：

一、筹备经过

一九四三年十二月，四川省政府电召一些机关单位及一部分附省县长到成都开紧急会议。首由省主席张群讲话，略谓：今天约集大家来此开会，主要是商讨我省目前奉令赶修"特种工程"的一切有关事宜。最近以来，日寇横行，达于极点，长江南北各省以及中原地区，均先后沦入敌手，所有各地机场已完全失其作用。我们要准备反攻，完成抗战大业，必须尽快地在四川后方（成都地区）赶修一些机场。本年（四三年）下期，美国决定以大量空军支援我国，并从成都地区的基地出发轰炸日本本土，要求我国迅速建设大量空军基地，以应急需。因此"特种工程"的兴建，刻不容缓。四川在抗战中，征兵征粮，出钱出力，贡献是很大的，这次修建"特种工程"，仍然要靠大后方的四川人民来担负这个光荣任务。中央决定在成都地区修建四个轰炸机场，即新津、邛崃、彭山、广汉四处，前两个为扩修，后两个为新建。另外还扩建与新建五个驱逐机场，分布在成都、温江、德阳等县。由交通部派一总工程师任工程处长，负责工程方面的设计指导，并有若干美籍工程人员参加。因为是国防工程，关系重大，必须保守秘密，所以这四个轰炸机场，以后统称为"特种工程"。这项工程，压倒一切，时间是紧迫的，任务是艰巨的，今天开会的重心，就是征调民工的责任将落在诸位县长的肩上。希望大家明确这项工程的重要意义和主要目的，同心协力，如限完成，懔抗战救亡之义，激报国御侮之忱，尽到一切力量，不负人民期望，有功受奖，过则议处，愿大家共勉之。

接着，民政厅长胡次威说：我现在就一些具体问题作扼要说明。^① 征工机构：省设征工总处，由我兼任处长、第二区行政督察专员李泽民兼任副处长。处以下设秘书、会计两室，总务、征调、管理、督导四组，全部职员二百余人，内中甄审合格县长三十余人、有十四人担任内勤，其余则作督导员，担任外勤。四个轰炸机场，各设一民工管理处，第一区行政督察专员王思忠任彭山机场管理处长，第四区专员陈炳光任邛崃机场管理处长，第五区专员柳维垣任新津机场管理处长，第十四区专员林维干任广汉机场管理处长。工程浩大，共需动员二十九县民工，合计三十二万人，在工程进行中民工不免有伤病遣散，又得陆续增补，预计总数将达五十万人。此二十九县，包括第一区的成都、华阳、温江、郫县、崇庆、新津、双流、新都等县；第二区的仁寿、简阳等县；第四区的眉山、彭山、丹棱、夹江、邛崃、蒲江、大邑、名山等县；十三区的绵阳、广汉、德阳、什邡、金堂等县。驱逐机场不设民工管理处，即由承建县县长任民工处长。征工县份，成立民工总队部，由县长兼任总队长，民政科长兼任副总队长，总队长以下设大、中、分队长。^② 粮食供应：由省粮食局负责，每一民工每日以白米一．四升计，三十余万民工，每日约需食米七千五百市石，每月约需二十二万余市石，施工前后合计约五月余，共计供应食米一百余万市石，均由供应各县发动民工集运各机场，此项运米民工亦达一二十万人。^③ 各县设民工委员会，由党、团、参（编者按：即三民主义青年团）及其他人员组成，并由征工委员会推选总队部财务委员一人，掌管总队部财务收支事项。^④ 在民工到达前，对于工棚材料、炊事器具、卫生设备以及其他各项必需工具，应妥善准备和安排。^⑤ 开工前民工需用的钱粮，由各乡镇暂时借垫，不许摊派，工程竣事后，分别偿还。^⑥ "特种工程"征用的土地房屋，所有拆迁和青苗赔偿等问题，由当地政府负责处理，不得贻误开工。会毕后，各县县长、各单位负责人，分别回到本县本单位积极进行传达和布署，于限期三日内到达工地。这样，组织机构就迅速成立起来了。

---

① 《中华民国史资料丛稿》，人物传记第9辑《史迪威》。
② 《中华民国史资料丛稿》，人物传记第9辑《史迪威》。
③ 重庆《大公报》1944年6月17日2版。
④ 重庆《大公报》1944年6月17日2版。
⑤ 重庆《大公报》1944年6月17日2版。
⑥ 重庆《大公报》1944年6月17日2版。

二、紧张工作

广汉的轰炸机场，是 B–29 型超级空中堡垒的基地，B–29 型飞机是当时世界上最大的飞机。所有基地设计方案，全由美籍工程师负责，要求很严。广汉机场的工程处长系铁路局指派林则彬担任，设有科长、工程师、工务员等，科长姓张、工程师兰田（子玉），负责指导工程。全场分五个工区：第一工区广汉；第二工区新都；第三工区什邡（笔者於筌陜时任什邡县长）；第四工区德阳；第五工区金堂。工区分定后，各县民工即纷纷投入工作。

B–29 型飞机的重量，二倍于空中堡垒，速度与驱逐机一样，每小时超过三百哩，翼长一百四十一尺，身长九十八尺，有引擎二具，每具二千马力，载重量为七十五吨，可自三千尺的高空投弹，载油量可以续航十二小时。这是专为轰炸日本本土而设计的，从成都地区飞日本，单程四小时，来回八小时，如遇敌机拦截，即使纠缠一二小时，仍有足够油量可飞返基地。驱逐机场则为 P–51 型机的基地，此种飞机在当时也是性能最优越的，非日本飞机所能比拟。

为了适应 B–29 型飞机的需要，轰炸机场的工程分三部分，即跑道、停机坪、机场环境，最主要的是跑道。以广汉轰炸机场为例：

（一）跑道　长二千六百公尺，宽六十公尺，厚一公尺。B–29 型超级空中堡垒的升降，冲力很大，必须做到特别坚实，因此工程程序也极为细致。先将场地挖出老底，多次滚压，用富有粘性的黄泥调成稠浆，与卵石河沙混合搅拌，分层滚压，计四公寸，这算基础工作；次用大卵石直立排列于路基上，分三层堆砌，第一层为大卵石，二三层稍次之，每层均灌以富有粘性的黄土浆，层层滚压，计五公寸；然后用碎石、河沙与黄土浆混合拌匀，铺填滚压，计一公寸。碎石分三层三种，最下层稍大，第二层较小，表面一层更小，各层碎石的大小粗细，均有一定规格，并须用色青质细的卵石捣碎，杂色粗松的即为不合格。这些具体作法，说来很简单，做起来是有不少困难的。

（二）停机坪　跑道两旁有三十五个停机坪，由滑翔道滑入，其铺压方式，与跑道相同。为了隐蔽飞机，每个停机坪均用拱桥式卷成洞子，飞机停歇洞内，上面除覆盖混泥石外，并积土于上，栽植花草，作为伪装，使不容易发现飞机。

（三）机场环境　跑道和停机坪外，全场有若干房屋地基和交通道，较大而直的一条，当时称为"双林路"（工程处长林则彬、民工管理处长林维干），周围大小坡度，均有一定规定，工作亦不简单，林树葱茏，绿草成茵，环境甚为美观。

至于其他驱逐机场，跑道长二千二百公尺，宽四十公尺，厚四公寸。

一条轰炸机场的跑道，所需石方照上述规格计算，有九万三千六百立方公尺，加上停机坪、滑翔道，不下十万立方公尺，如彭山两机石堆成一公尺高十公尺宽，其长度将达十公里。新津、以此等碎场相距不及五十华里，两条跑道所需鹅卵石数量之大，可想而知。于是从新津到眉山，沿岷江两岸近百里的鹅卵石，几被掘取殆尽，不得已又度东岸去取。惟每年四月一日，为都江堰放水之期，水涨江宽，沿岸鹅卵石便无法再取，征工总处曾为此与水利局磋商，展期十日开水。

如此大量之鹅卵石，其搬运全靠民工运用撮箕与扁担，一担一担地运。一立方鹅卵石，总在十担以上，最初距离尚近，每人每日可运数担至十担，以后越远越难，每日仅能来回一次，甚至早晨出去，须至次晨始可回到机场。民工挑运过久，常有双肩肉裂血流情事。所谓"特种工程"，实为川人血与汗所凝成。此外亦有用鸡公车及板车来运输的，惟为数极少。石方工程固甚庞大，土方工程亦同样艰巨，新建机场，须将地上附着物先行除去，再挖高填低，并沿着机场周围修筑排水沟，全部土方总计在一百万立方以上。挖土工具仍为民间常用之锄头，而运土则仍为撮箕与扁担。此大规模之"特种工程"，毫未使用现代工具，而完全是由人工一手一足之力所造成的。为了如期完成，在一段紧张时间，民工精神尤为振奋，日日夜夜，工作不停，通宵用汽油灯照明，四面八方如同白昼，民工一面工作，一面喊起号子，唱起山歌，相互鼓舞。共同奋斗，其爱国精神，诚足令人感佩。

（略）

五、各方舆论赞誉

一九四四年六月十六日，由美国陆军航空队第二十轰炸机队伍虎准将指挥的 B-29 超级空中堡垒，自我国成都地区基地出动，轰炸日本八幡的帝国制铁炼焦所，完成历史上往返最远的轰炸任务，使日寇遭受巨大损失。喜讯传来，莫不振奋，大家争买号外，辗转传观，在茶肆酒店中，群众皆以此为最有兴趣的谈话资料。这一轰炸，一方面给日寇心灵上以莫大的打击，一方面给正在艰苦抗战的我国军民以无限的鼓舞。

伍虎将军轰炸九州归来后，立即接见中央社记者，对于中国人民抵御侵略的抗战，颂扬备至，对于中国成都地区农民五十万人于本年初暂离农作，协助建立此巨型轰炸机所起飞的机场一事，亦备加赞誉。伍氏声称："余得以超级空中堡垒对吾人口的共同敌人作战，应特别感谢美陆军航空队的人员，盖吾人有此种武器，已能补偿吾人对于抗战七年的英勇中国民众的负咎也。今日中国民众亦应与吾人同感愉快，盖非有五十万的中国爱国人民，离其农作，建造机场，此一出袭必不可能也。"并称，此仅为摧毁日本心脏工业区域的开端，今后不断往袭，期其早日软化日本，表示出将来有极多类似性质的出袭。

当美国飞机由川西基地起飞轰炸日本本土成功之后，美方人士曾在重庆及华盛顿，发表报导和论述。美国工程师凯纳逊当时向我国中央社记者谓："当在中国建筑飞行场网时，中美全体人员表示最密切的合作精神，中国工人大公无私的精神，为全部计划中之特色。当时调用的中国工人，数目达五十万之多，工作之精神，堪称伟大。当地长官及交通部长的协助，尤可感佩。当渠（编注者：渠字译误，应为"余"字）提出需用二十四万工人的要求后，不数日间，二十万工人即来工作，彼此皆寝处其间，食粮则源源供给，渠与其同人，皆欢迎此项能与中国工程师合作的机会，并扩大眼界，藉知战时工程之伟大。如此巨大的工程，唯在中国始克底于成，美国在同样情形下，决不能如此，渠深信以中国为盟邦，战事进行终必成功。"

美国哥伦比亚公司驻重庆特派员司徒华，亦在华盛顿播讲、描绘我国修筑机场情形。司徒华称："中国西部成都地区某地，数年前美国人尚少到达，今日已成为美空军基地最集中之处矣。此等庞大的机场，系由四十三万中国农民所建立。此次轰炸日本，足证建立此等机场时，渠（编者注："他"字含义）等曾如何努力。巨大之 B－29 式机，在完全手制之中国基地上起飞降落，足以说明吾人从事之全面战争的性质。空军自中国内地基地起飞，袭击日本的计划，于一九四三年秋，在华盛顿拟定，美陆军航空队总司令安诺德将军，与中国最高当局会议，决定建立此种机场。不久，美国工程大队奉令于去年耶诞节离美赴华。本年一月中旬，蒋主席令某省主席，征募人员，修筑基地，人力之大，为二千年前修筑长城以来所仅见。命令发下后，不及十七日，即有农民二十万，集于选定之地点，工作随即开始。今春余曾访问负责修建机场的凯纳逊中校，余等立于正在建造中之大机场上，六万七千中国农民，正以双手一层一层修建石基，渠（编者注："他"字含义）等所建之机场，已证明可担负世界上最重飞机的重量。水泥不易获得，且无碎石机或辗车，事实上所有飞机场，均有若干层纯由双手造成。诸机场所用之碎石，足以修二十尺宽六十里长美国公路一条。工程进行时，美飞行员及地面工作人员之营房，亦同时筑成。因建筑材料不足，房屋之构造，均极简单，轰炸日本之美国空军人员，刻正居于最原始之环境中，其营房无地板、天花板，亦无电灯、自来水，亦无娱乐。渠（编者注："余"字含义）等无论起居饮食，均不忘轰炸日本的志愿，今渠（编者注："余"字含义）等已轰炸日本。"①

轰炸日本成功之第二日，蒋介石委员长致电四川省临时参议会向传义、唐德安正副议长并转全体参议员谓："去冬以来，发动五十余万之同胞，修筑多数机场，祁寒赶工，风雨无间，不仅应征作工之同胞，昼夜辛劳，况瘁无比，即民间财力之所耗费，土地之被征划，其贡献之巨，盖亦不可数计。而各县同胞，皆能深明大义，勇于报效，卒使此项空前伟大之军事建设工程，仅以简单之人力，均于最短期间，一一如限完成。此举对我共同作战，固有重要意义；而盟国人士，亦相率致其赞誉。故我四川同胞，不惟在抗战史上克尽其国民之天职，无愧为贯彻胜利之基础；即在全世界反侵略战争之阵容中，亦具有卓越光荣之贡献。"② 四川省主席张群在特种工程完成的慰劳会上，曾谓："中美两大民族，在过去一百多年的历史上，素来保持着极友好的关系。尤以这次世界战争爆发以来，患难之交，更为密切。我们共同对着残暴的敌人，共同抱着为人类争取正义和平的目的，携手迈进，互助合作，已奠定了胜利的基础。成都附近空军基地完成以后，因为这些基地在进攻敌人战略上有伟大价值，其贡献更能促进胜利的早日来临，实无疑义。在此次工作中，以中美双方工作人员的脑汁，溶合中国数十万民工的劳力与血汗，创造出这一个伟大的奇迹，这就是中美两大民族精诚合作的最好表现"③。

（成都市政协文史资料委员会编：《成都文史资料选辑》总第 11 辑，1985 年内部出版，第 130—139 页）

---

① 重庆《大公报》1944 年 6 月 17 日 2 版。
② 成都《华西日报》1944 年 6 月 18 日 3 版。
③《四川与抗战》。

11. 川西四大机场和邛崃机场建筑经过略忆

强兆馥

第二次世界大战爆发后，中苏英美四国结盟联合作战，抗击法西斯侵略国。美国盟邦向我国提供军事援助，更有力地打击日本侵略者。当时国民党政府与美国政府协商决定，由美空军派出重型轰炸机，对日本本土作战略轰炸；我方在美方技术经济援助下，承担修建空军基地，提供后勤需要。一九四三年秋，四川省主席张群奉命统筹办理此事，当经省务会议研究决定，选择具备条件的新津、邛崃、彭山、广汉四县修建扩建机场，作为美空军基地，由省政府统一指挥督办；并设立四川省机场民工总处，由民政厅长胡次威兼任总处长。同时，在各个机场成立民工管理处和工程管理处，分别负责具体工作和任务。当时，我任邛大清乡司令部参谋长，后又任邛崃县长，参与过扩建邛崃机场的工作。现就我所知关于修建、扩建新津、邛崃、彭山、广汉四大机场的组织、任务与经过，概略忆述如下：

一、具体组织和任务

民政厅长胡次威，分别选派行政督察专员柳维垣（新津）、陈炳光（邛崃）、王思忠（彭山）、林维干（广汉），担任各机场民工管理处长，负责会同有关专署和县府，组织进行民工的征调、施工和生活管理等。由交通部委派专人担任各机场的工程管理处长，并派总工程师张海澜担任机场的巡回督导，按照美国空军对机场建筑的技术要求，负责整个机场主副工程的设计施工。

1. 民工管理处的工作任务

①征调各县民工；②划分各县任务；③督饬各县民工总队部，对民工的住宿、伙食、工伤疾病进行安排照顾；④机场的防空设施；⑤民工的工粮调拨；⑥工程的监督考核；⑦土地、房屋、坟墓的征用、迁移等，协同有关单位处理解决；⑧与工程管理处协商规划工程进度；⑨解决器材运输工具的租用配备。

2. 工程管理处的工作任务

①按照美国空军驻场负责人对重型轰炸机"空中堡垒"的载重要求，将主

副工程制成兰图，特别把跑道的坚实、层次和表面卵碎石厚度标明；②制定分期工程计划；③划分工区范围，分别指派工区主任，负责指导施工，验收工方；④凡机场所占耕地和应迁坟墓，会同民工管理处与主办单位完清手续；⑤根据各工区意见，有权会同民工管理处，命令各县民工总队返工；⑥其他有关工程事项。

3. 各县民工机构

各县设立民工总队部，县长兼总队长，另设副总队长辅助之。各县乡镇设民工大队部，由乡镇长兼任大队长，设大队副协助工作。大队以下为中队，中队以下为分队。根据各镇征调民工多少，编为若干中队、若干分队，便于给养管理。

二、邛崃机场的工程情况

邛崃机场的民工管理处长，由第四区行政督察专员陈炳光兼任，我兼任副处长协同开展工作。

1. 民工征调及待遇

民工征调由省民工总处令饬下列各县承担征工名额。我记得第一次征调数，计邛崃县二万名，蒲江县六千名，大邑县一万四千名，名山县六千名，崇庆县三万名，洪雅县六千名，丹棱县四千名，七县共计八万六千名。（以后各县轮换人数未计入）

关于民工待遇的规定：

①民工待遇，均以食米计算折发。每个标准工为一升二合米（一说一升四合米）。

②每个民工工作未达到规定标准，则扣发相应工米。

③标准工完成尚有超工，除应发标准工米外，加发超工奖金六合米，超工完成后另做的工为"超超工"，按标准工米加倍发给。

根据上述标准、待遇，按邛崃机场全场工程总量约为一千零三十万个工计算，全工期约需工米壹拾叁万市石。

2. 机场实施工程

邛崃机场，地跨邛崃、大邑两县，总面积约为二百五十万平方米。其工程规划为：

（1）主要工程跑道长二千六百米，宽六十米。

（2）附属工程；跑道两端的滑行圈与跑道两侧的滑行道、停机窝。场内的小停机坪、整个排水沟、油库、方向塔、官兵营房、办公室、娱乐场、厨房、厕所等。

（3）开辟邛崃、大邑两县的主要交通车道、桥涵。

三、机场建成后的作用

邛崃机场的主副工程，于一九四四年四月始告完成，耗时四个月之久。经过验收质量符合要求。

美空军机场指挥官卡尔中校，率领飞行人员，陆续分批驾驶空中堡垒安稳降落机场，地勤人员亦同机到达。邛崃机场停放飞机最多时有空中堡垒二十架，人员多少则不详。他们执行任务时全是夜间，与其他三个机场配合，分批编队进行。返回时亦系夜间，架次均不详知。虽然卡尔中校谈过，他们多次去日本各重要基地轰炸，但对于轰炸效果及人机有无伤亡，均极保密，鲜为外界知悉。

美空军自一九四四年五月开始使用机场，翌年八月日本即宣布投降，虽系各种因素促成，日本受到美空军打击，亦属原因之一。可见邛崃等机场对抗战胜利是起了一定作用的。

四、节余粮款的处理

修机场开工之初，民工操作不熟，完成标准工都有困难。后期工程，民工操作熟练，标准工完成较好，并得超工奖金，各县多有盈余。邛崃机场修建完毕，剩得工粮米四千余市石（约合一百数十万斤），现金一千余万元。于翌年商得地方同意，并报请省政府批准，用了一部分节余粮款，修建邛崃县立高级中学一所，随即招生入学。除此外，还剩余的大量工米、现金，则由县参议会和城乡士绅会商决定，送给我个人法币五百万元，以示酬庸，经报准民政厅方始收受。从事这项工作有成绩的乡保人员，亦都有所收获（贪污者除外）。而应征民工，历尽寒暑，仍是两手空空。旧社会人称官吏为蟊贼，信不诬矣。

当时，为了抗日战争的需要，在川西修建四大机场，不仅耗费人力、物力相当巨大，给我川西人民加重了负担和苦难，但也是爱国人民的重大贡献。

此外，据了解美空军人员驻机场执行任务期间，竟有少数无视法纪和道德的分子，胡作非为，损害中美两国人民的友谊。如驻邛美军曾有利用金钱、物质，诱奸机场附近民女的行为。甚至在机场的美军工作人员，公然正式请求邛崃县政府为之设立营妓，县府未允所请。我任邛崃县长后，奉命搞好盟邦关系，曾举行过一次"联欢会"，邀请邛崃和附近机场的美军官兵，连同我地方人士，共计三百余人参加。为了活跃气氛，特约请成都华西大学赫菲院、圣乐团男女同学三十多人来邛参加晚会演出。部分美军于酒酣之际，竟欲上台拉女同学跳舞进行侮辱。所幸当时在场美军宪兵制止，未发生事故，等等。这都是不尊重我国民族尊严和风俗，不爱护我国百姓的丑恶行为，在群众中留下极不良的影响。

（成都市政协文史资料委员会编：《成都文史资料选辑》总第 11 辑，
1985 年内部出版，第 176—179 页）

12. 抗战时期四川的田赋征实

陈志苏　张惠昌　陈雁翚　於笙陔

抗日战争时期，国民党政府为了确保供应前后方部队食用的军粮，以及所有公教人员和大城市居民的口粮消费，于一九四一年实行田赋征收实物，用行政权力集中大批粮食，以供各方面需用。这项措施，对于保证抗战胜利，具有重大意义。四川为抗战后方最大省份，以田赋征借和征购方式向人民征收的粮食，占全国田赋征实总数的三分之一。所以四川对抗日战争的贡献，除征送壮丁数字居全国各省之首外，征缴粮食的数额亦为各省之冠。这是四川人民爱国精神的具体表现，也是四川人民承担救国重担的巨大光荣！值此抗战胜利四十周年之际，特将我们亲身经历和见闻的四川当时实行田赋征实的情况，简要记述如下：

一、一九四一年四川田赋改制的经过

我国田赋，在历史上有时征收实物，有时征收货币，而在一九四一年以前（自七八〇年以来）已有一千一百多年的历史时期是征收货币的。因此，一九四一年的田赋改制，征收实物，是我国田赋史上的一次重大改革，也是四川田赋史上新的一页。

田赋征收货币，收交双方均感简便；征收实物，收交双方均感麻烦。就纳税者而言，交纳实物，须将粮食运送收税机关，在交通不便，距离交纳实物处所窎远的地区，纳税人的麻烦更多。就政府而言，征收实物，须有大量仓库存储，霉变生芽，虫伤鼠咬的损失，不可避免；又须从省到县到乡镇，普遍增设机构，重新设置人员，所以征实所花费用，亦较征币的费用增加甚多；而且征实用人既多，不免泥沙俱下，实物的征收储运，都极易舞弊，不肖员司的贪赃枉法，亦难防止。

征实与征币比较，既有上述不便，故在一九四一年先四川而征实的省，有的以征实手续繁难，不便粮民，主张回征货币；有的如福建、浙江、陕西等省，一开始征实，就是征收实物的折价，名曰征实，实则征币。

四川在奉令征实之初，也有一个不准备实行的过程，因为当时的国民政府下达的田赋改征实物的文件中也说是否征收实物，由各县县政府、征收局斟酌情形决定，未曾硬性规定非征实不可。所以四川省政府财政厅，在奉到田赋改征实物的命令后，曾以：一、田赋征实的标准不易确定；二、实物品质，难于确定；三、粮民运交实物困难；四、经收保管，易滋流弊；五、收入预算难以保证，等等理由，申复征实的不便，并建议不如选定一个基期粮价与现时粮价比较，按上涨倍数，酌定一个标准，仍征货币。

一九四〇年十月，四川省政府将田赋征实案提交省临时参议会讨论，省临时参议会仅讨论征收货币的数额，对征收实物则止于研究，连讨论也未认真进行。

十月以后到一九四一年三月，国民政府为了抗战的迫切需要，对省府三令五申，坚持征实。六月，省临参会再次讨论省府提出的田赋征实案时，迫于形势，同意按全省各县粮额配购粮食一千二百万石，并在配购之后，停征本省本年田赋。其真正的用意，是赞成在本省购粮，而不赞成在本省征粮。

一九四一年六月，行政院召开全国财政会议，蒋介石亲自出席讲话，强调田赋必须改征实物，以应抗战需要。会议确定了从一九四一年起，全国各省田赋收入，从地方收归中央，并一律改征实物，制定了征实办法，限各省于八月一日成立省的领导机关，执行这项决定。至此，原来不同意征收实物的人，始无异议。

二、四川征实的"两元并用"法

一九四〇年十月之后，由于中央政府迭令田赋征实，四川省政府财政厅已经作了对田赋征实的研究和准备工作，通令各县收集有关征实的意见和资料，并搜集各县志书，以作研究参考。一九四一年五月，成立了以省府秘书长、部分厅局长和有关单位的首长组成一个征实研究委员会。委员会汇集了几种重要资料、统计数字，初步审议了四川田赋征实实施方案。六月全国财政会议之后，财政厅的准备工作更加积极进行，拟定了业务上的、机构人事上的、督导与监察上的各项规章。因时间迫促，一面电请财政部、粮食部派出负责人员来成都会商决定，一面将新定廒册及粮票式样颁发各县，命即照式提前赶制。

在征实的各项准备工作中，配征标准的确定较为困难，这是有关各县负担轻重的问题，必须慎重从事，以期公允合理。经过反复研究，最后确定一九四一年的四川田赋改制，征收实物的配征办法是"两元并用，征购平摊"。所谓"两元并用"，是按各县廒册上的粮额，每一两粮征粮食十一石和按每一两粮折征银元后每元征粮食一石之总和。例如某户有粮一两，现在应征粮食十一石；这一两粮在征收货币时是征银元八元，现在应征粮食八石，合计一两粮应征粮食为十九石。这便是每一两粮应征应购粮食的总额。所谓"征购平摊"，是当年中央下达的征粮数和购粮数（购粮以后要给价款）相等，全省共征购一千二百万石，即征六百万石，购六百万石，故征购得以平摊，即是一两粮征购粮食十九石之数，以二除之，征购各为九石五斗。但自一九四二年起，征粮数和购粮数不相等，不能平摊，故只有"两元并用"才是唯一的办法。（在一九四二年之后，照总征购额的增加而对两和元增加配征额。）

"两、元并用"的两和元，是指粮额和征额。什么是粮额？是四川全省田赋的一征正额，原为六十四万多两；什么是征额？是按六十四万多两粮额后来折征为银元七百四十八万多元。历史上四川粮额较重之县，其折征银元率大都较轻；反之，粮额较轻之县，其折征银元率大都较重，故不能只采用粮额、征额中的一种作为配征标准，而以两、元并用来加以平衡。

粮额为什么会有轻有重？这是因为康熙年间，迁广东、江西、湖南、湖北、福建各省人民入川，对土地插占为业，计亩升科时，又以无一定标准可循，遂致畸轻畸重，负担失均，这是历史上长期遗留下来的问题，尚无根本解决办法。

一九四一年的田赋改制，中央给四川配征粮食数额为一千二百万市石，但川省配征到各县的总额共达一千四百四十三万市石。有的说这是由于计算方式复杂，因而多配。其实配征很简单：全省粮额六十四万多两，每两十一石，得七百零四万石多一点；征额七百四十八万多元，每元一石，又得七百四十八万石多一点，两项共配一千四百多万石，几乎一眼都可以看出，并不存在计算复杂问题。主要原因是主其事者生怕收不起来，有意把保险数字加大，因而加配到两赆之多。

全省各县征额，没有集中在一起发表过，当局在省临参会的报告，也常含糊其词，使人难窥全豹。何以如此做作，为的是防止县与县比较，发生谁轻谁重的争执，因灾扣赈和折缴代金，乃至各县灾情，亦皆不肯透露细节，也为的是避免各县相互比较而引起争吵，总的是要避免干扰，便于加速进行。

三、推行田赋征实的机构设施和督饬

一九四一年四川田赋征实命令的雷厉风行和动员的广泛深入，在历来四川推行各项政令中是罕见的。

当年的六月中旬，省临参会还在议征议购之时，全国财政会议已确定全国

田赋一律征实，随即由财政部命令省财政厅，于八月一日成立"财政部四川省田赋管理处"。七月间，财政部、粮食部派员到省，会商四川征实的各项办法与实施计划、人事机构、省县财政等问题。八月一日就借用了财政厅印信、人员、公款、食米和疏散用的房子三间，成立了省田管处。

八月四日和十三日，省府分别在成都和重庆召开行政会议，参加人员是各区行政督察专员、各县县长、各县征收局长、征收处主任、粮管会主任委员，粮食督察长、田管处督导员等。省府有关负责人在会上会下，普遍征询了各级负实际责任人员的意见，解释了有关法令，并加重了他们完成任务的责任。

与此同时，省府命令各县于九月一日成立县田赋管理处。分各县田管处为九等，依其收入多寡、辖区宽窄、交通难易等情况而定等级。全省一三五县，五等以上的县田管处分科办事，共有一〇八县；六等以下的县田管处不设科，共有二十七县。县以下照中央规定设经征、经收分处，四川则称为乡镇办事处，后来称为征收处。征收处设主任、副主任，均系乡镇长兼任，还设有一个专任副主任。下设经征经收两股，各设股长一人，经征员一人，催征警若干人，经收员二人，斗手三人，仓夫三人；如事务较繁或兼收旧赋，得增加一至二人。每一个征收处的员工，都在十人以上（一九四一年以后，人数有所减少）。

征收处以三个乡镇设立一所为原则，全省共设立征收处一千四百所。大的县设置了四五十个征收处，如富顺县设四十二个征收处，平均每一个征收处应收二十八个保的粮。各县还设立征购粮食监察委员会，按乡镇聘请一至三人为监察干事。

省和县都一面设置机构，配备人事；一面积极布置开征。当年九月十六日，各县都具报说已经开征（除少数边县份或因收获季节较迟，或因请示事件尚未解决而外）。

十月中旬，省府民政厅、财政厅、教育厅、建设厅、保安处、粮政局的厅、处、局长都先后分赴各县宣传和督饬征粮，各区行政督察专员、各县县长，都不时分到辖区督征，县田管处长更随时到繁难乡镇催促，各乡镇长督饬保甲长，保甲长督催到户，层层加强工作。对于各县士绅则由县参议会进行宣导，请其带头交粮。各县监察委员会既负监察弊端的责任，也负有催粮和带头完粮的责任。

川康绥靖主任公署亦通令川康各军，凡军官有粮在册的，应率先交粮。

在这次田赋改征实物中的重要命令是，蒋介石于一九四一年九月七日从重庆发出的虞电，略谓：省政府应负责严厉督饬各级主管人员加紧催收，务于三个月内将征购粮食征收足额。其能努力依限完成者，优加奖励；其怠玩失职致误限期者，应严予撤惩。如有阻扰征购及从中舞弊者，不论其人地位如何，并准由督粮特派员及督粮委员，送由有军法审判权机关审讯明确，就地以军法从事。

成都行辕主任兼理四川省政府主席张群，对田赋征实的提法亦甚突出，他于一九四一年九月三十日在成都宴请绅耆时致词，略谓：抗战的目的，完全是为整个国家争生存，为民族争自由。明儒吕新吾先生有言："事有大于劳民伤财者，劳民伤财亦应为之。"田赋征收实物是充实争生存、争自由的力量，其重要性不可谓非大于劳民伤财，值此生死存亡不容一发之际，实不容许有从容戒伤戒劳之余地。

蒋介石的电令与张群的谈话，表明了他们贯彻对田赋征实的决心，也反映了他们认定田赋征实与抗战前途的关系非常重大，所以不惜施加压力，务期必成。

四、人民为了支持抗战，拥护田赋征实

田赋征实，既增加人民负担，也增加交粮麻烦，但四川人民认为大敌当前，应当尽自己应尽的责任。他们更认识到，四川之所以还比较得到安宁，完全有赖于前方军队浴血抗战，并在敌后造成广大游击区，才使敌人陷入泥沼，欲进不能。在国家危急存亡关头，人民应该有钱出钱，有力出力，有粮出粮，因而对征兵征工征粮，都积极拥护。粮民把纳粮当作是爱国、救国的神圣责任和光荣任务，因之，在为抗战而征实的五年中，绝大多数粮民都是依照限期，把自己应交的粮食交纳清楚，除一九四四及一九四五年稍有短欠外，其余三年都超额完成了中央下达的配额。

在政府方面，对各个地方的具体情况也及时深入了解，有问题迅速解决，对确实因灾歉收之县，有的核定在征实的数额内酌予减收，有的扣回赈谷若干石，有的折征部分代金，通过民食供应处异地缴纳。还有不产稻谷的县折征杂粮。一九四一年，四川一百三十五县，全收稻谷的是一百二十一县，全收玉蜀黍的有七县，兼收稻谷和玉蜀黍的有六县，专收青稞的有一县。还有不收稻谷而改收大米的有川西平原的十几县，因为这些县份佃农向业主交租，历史上都是交米，农民将稻谷加工成米，可以取回糠屑作养猪饲料，为了照顾农民利益，所以准予交米，以米零点四六石作稻谷一石。凡此都是县征收机关，为排除征收过程中的困难而采取的便民措施。

政府部门的宣传工作，也作得比较广泛深入。四川省田管处和各县田管处，依据财政部颁发的宣传大纲，大力配合县级机关进行宣传，印发了各种小册子、传单标语、文告，号召和鼓励粮民纳粮。中小学师生、各级行政人员、各征收处员工，都在进行宣传鼓动，说明上粮是为了抗日，为了不当亡国奴，借以激发人民的爱国热情。

四川省田赋管理处于一九四一年十一月十五日出版了《四川田赋改制丛刊》，不仅登载了张群、黄季陆、向传仪、邓锡侯、潘文华等人的文章，还登载了征实的重要法令、统计资料等等，这是专门宣传四川征实的一个重要刊物。其他新闻报刊也不断发表阐述田赋征实意义的文章和人民拥护征实、踊跃交粮的消息，对征实中不肖员司舞弊事件也作了揭露。

由于广泛和深入的宣传鼓动，大大启发了群众的爱国主义觉悟，使征实工作进展顺利。因而四川在全国范围内的征实工作竞赛位居前列，得奖最为突出。一九四一年，财政部制订的竞赛办法，把竞赛分为征收处、县田管处、省田管处三级，各与同级机构竞赛。当年，省级竞赛，四川列第一名。一九四二年分两次竞赛，第一次规定实收七成以上的省参加，宁夏列第一名，四川第二名；第二次规定全数收齐的省参加，四川列第一名。一九四一年，全国范围内的县级竞赛，第一、二、三名皆在四川，次序是灌县第一，梓潼县第二，南川县第三。其在得奖方面，一九四一年，超收足额并有超额的省有四川、广东、宁夏。三省主席，都给卿云勋章，三省田管处长，都给景星勋章，副处长给财政奖章。是年拨发的奖金一千二百多万元，四川得一千一百四十七万元，其他各省，共只得一百多万元。

兹把四川粮民在抗战时期田赋征实中的纳粮情况、交粮数目和作用分述如后。

1. 粮民爱国，五年中踊跃纳粮

每年九月十六日开征以后，各县粮民肩挑背负和车运粮食，前往征收处交纳，络绎于途。生动事例，难以尽述，下列数事，可见一斑。

省田管处处长甘绩镛谈："（一九四一年）有一次，我由南充到三台督粮，途中在路旁一家鸡毛店休息，遇着一个老年农民，便和他摆谈。我问他，今年收成怎么样？他说，收成差一点，每天吃杂粮加苕藤，但还是吃得饱。问他上粮没有和有粮无粮？他说，该上的粮已经上了，邻居的粮都上了。再问他，你们自己口粮都有困难，哪来多余的粮食交给公家？老人很质朴的说：'军队在前方打仗，吃不饱，有命也不能拼。只要打胜仗，赶走日本鬼子，老百姓能够过太平日子，我们暂时吃点苕叶也有想头，比起日本人来抢好得多了。'"

盐亭县一位耆老，是清朝的廪生，是一个寒士，家计不好。该县开征那天，他亲自送稻谷到征收处缴纳，并在纳粮前后，逢人便劝导交粮。

某县有一个妇女，儿子在前方抗战，她该上粮，但因没有粮、钱，又无可变卖的东西，缴纳困难。她就把自己养的一只心爱的猫儿卖了，再买几升谷子背到征收处交纳。在交粮时，有人听说此事后，问她为什么要这样做？她说："儿子在前方打日本，他爱国，我也要爱国；他在前方抗战，我们在后方才能过点清静日子，所以我要上粮。"听者为之动容，当下就有好义之士，问她买粮花了多少钱？如数赠与，她开始不收，经旁人劝说才收了。

剑阁县有一粮民也说："我们吃的差点不要紧，前方军队要吃好点，把兵养得壮壮的，才好打日本。"

川北很多县的粮民都说：我们是吃惯了杂粮的，愿吃杂粮；前方要米，我们就缴谷子。

一九四一年，达县魏城镇收成不好，但民众纳粮仍然踊跃。他们多是将出产的红苕、花生等农作物卖了，再买稻谷缴纳。甚至还有以耕牛换谷缴纳的。在四川，类似这样的情况是很多的，即使不是收成不好之年，多有将自家持有的本地出产的东西变卖了，再买谷子上粮。

一九四一年，第三十六集团军总司令李家钰率部在前方抗战，其夫人在原籍蒲江县首将应上的粮共六百三十多石稻谷全数交清，并将其私人仓库让出来存储公粮。

各县不少士绅、知名之士，也都倡先纳粮，因而素来号称公粮不好收的县份，也变为好收了。据估计，在省或县有点名气而踊跃纳粮的人士，共达到一千以上。

总之，在抗战期中田赋征实的五年内，四川人民交纳粮食，始终是十分踊跃的。这充分反映了人民群众支持抗战，热爱国家的思想感情。

2. 五年中，四川人民交纳粮食的数量：

一九四一年，四川征粮六百万石，随赋购粮六百万石，共一千二百万石。但实际配数为一千四百四十三万石，结果实收一千三百八十二万石。

一九四二年，四川征粮九百万石，购粮七百万石，共一千六百万石。实际配数为一千七百七十三万石，最后实收一千六百五十八万石。

关于增加配额问题，四川省主席张群曾向省临参会解释说："临参会认为四川同胞所能负担的最大限量是一千六百万石，省政府顾念民力的艰难，与临参会实无二致。惟征之收税成案，能达九赆，已属上者，加以流滥之无着，灾歉、贫苦和载粮过重县份的减免，亏绌更多，故得临参会同意以一千六百万石加配一赆。"出席临参会的参议员经过反复酝酿，最后达到一致意见，同意加配一赆，四川人民对此数字也遵照交纳。

一九四三年，配额与上年同，征九百万石，改购为借，借七百万石，仍配一千七百七十三万石。省府原拟照一千六百万石加配二赆，弥补军用食油、燃料差价及马干等费，但临参会未通过，故仍配相同于上年的数额，实收一千六百零五万石。

一九四四年，征九百万石，借一千一百万石，并加配一百六十万石，应配二千一百六十万石，实配二千一百五十二万石。中央原以前方失地增多，战区各省征实数字减少，希望四川能够多出粮食。故省府原拟今年配额为二千四百九十万石，与临参会几经磋商，才改为配二千一百五十二万石，实收一千九百四十一万石。

一九四五年，四川征实仍与上年相同，征九百万石，借一千一百万石，实配二千一百三十四万石，实收一千八百二十二万石。这一年开征时，日本已经投降，抗战已经胜利，粮民却仍然照交粮食，照二千万石之数交到九赆。下面再将五年配收实数表列：

1941—1945 年四川田赋征实

品种：稻谷
单位：万石

年份	中央配额	省府配额	实收数	实收超出中央配额	备注
1941	1.200	1.443	1.382	182	
1942	1.600	1.773	1.658	58	
1943	1.600	1.773	1.605	5	
1944	2.000	2.152	1.941	−59	
1945	2.000	2.134	1.822	−178	
合计	8.400	9.275	8.408	8	

（时间截至一九四五年九月下旬止）

上表是依据《四川田赋半月刊》创刊号第六页编制的。一九四五年九月下旬的数字，实收一千八百二十二万市石，是因为那年提前开征。

五年中，四川田赋征实共计实收八千四百零八万石，较省的配数有欠缺，对中央的配额是完成了的。在全国征实的实收总数中，四川即占三分之一。

至于田赋之外，四川所出的粮食可得而言者，尚有：

（1）一九四○年，全国粮食管理局在四川购粮四百多万石；

（2）四川各界为改善士兵待遇而捐献的军粮，据张群在《开国与建国大业中之四川》一文中说，共有二百三十四万石；

（3）一九四二年，四川省以食盐交换湖南省的粮食五百万石。粮虽产于湘省，而交易之后，固为四川之实物，当时即已分别拨作武汉和下川东军粮。

合计以上三笔有数字的，已在一千万石以上；没有数字的，尚有各县历年出售与政府的公谷、学谷和积谷，因各县未报，就无法计算了。

从人民的负担来说，除了上面的田赋、捐献外，还有省府派募的积谷。计一九四三年，派募三百零五万石；一九四四年，派募三百一十万石；一九四五年，派募三百一十二万石。三年共派募九百二十二万石。

五、四川征集的粮食对支持抗战的效益

一九四一年十一月中旬，粮食部长徐堪说："粮食部成立于粮食问题极为严重之际，征实而后，得以渡过难关，非惟军粮完全解决，且有余粮供应公粮和作控制粮价之用。缺粮省份，中央且予调拨，使不感恐慌。"徐堪此言，除了说明我们所知征实是解决军粮、民食、公粮的需用之外，还有调拨缺粮省份的用途，这就显得征实的意义更为重大。四川无论在征粮、随赋带购或以现金收贩的粮食方面，均较他省为多，所以在解决抗战后五年的军粮、民食、公粮等方面所起作用最多，所作的贡献最大，兹分别略述如下：

一九三七年，抗战军兴，山西省成了作战区域，于时大军云集，粮价上涨，驻军购粮困难。山西省本有钱出钱的原则，于一九三八年把财产在三千元以上的富户分为三等九级，用累进法派收捐款，拨给军队购粮。粮价不断上涨，军队虽然拿到了钱，却买不到粮，困难更有增加，遂发生军队索粮之风。军队索粮的方式，一是向各县政府和人民以官价购粮不得，仍一定要购，形同估逼，使军政、军民关系紧张，人民叫苦连天；二是军队派出士兵向人民沿门哀告，请求卖粮助军，形同乞讨，但讨得之数有限，众多士兵，不获一饱。也有不守法纪的军队，将强购得来的粮高价出售，转手渔利，影响极坏。一九三九年，山西省政府遂将田赋试行改征实物，推行尚为顺利，在掌握了部分粮食之后，才在一定程度上解决了军粮问题。事后由中央追认了它的征实措施。可见田赋征实，是由客观形势所迫使，在一九四一年全国实行之前，山西即已带头试行。

军队与粮食的关系，远稽旧典，《孙子·军事篇》即有"军无粮食则亡"之语。近察俗谚，亦有"天子不差饿兵"和"兵无粮而自散"之说，像山西省

出现的那种情况，就是明白的例证。四川人民，颇明此理，故对田赋征实积极拥护，他们认为粮运前方，使军队吃饱，才好抗敌。这种思想认识，是四川征粮顺利的主要原因。

为了供应军粮，四川在一九四〇年，就设立了专司军粮采购和集中的四川粮食购运处。征实之后，成立了四川粮食储运局，专负粮食的调拨。计一九四一年调拨的军粮为磧米三百万石，内分川省各县驻军及军事机关、学校、厂、场一百八十七万石；第六战区一百万石；陕南屯粮四万石；西康屯粮四万石；大巴山屯粮四万石。磧米三百万石，约相当于稻谷六百万石弱。一九四二年的军粮，比上年支出又有增加，计为七百四十九万石。军粮的供应，自实行田赋征实以后，是没有短欠的，故在一九四一年十月，军事委员会即通令各战区及各省驻军，略谓：自一九四一年十月起，一年内所需之粮，已就征实数内拨足，嗣后军队不得在各地方自行购粮，以免刺激粮价。于此可见，四川征集之粮，对军粮供应所起的作用是很大的。

民食问题。四川境内设有四个民食供应处：重庆的陪都民食供应处、成都的第一民食供应处、内江的第二民食供应处、绵阳的第三民食供应处。下面又管辖十五个粮食聚点，分管全省几十个粮食集散市场。四个供应处，年需粮三百六十万石，是就近在各县田管处拨用的。政府手中有粮，故能在一定程度上控制粮价。一九四一年十月六日，成都市场米价每双石售五百七十元，第一民食供应处以五百二十四元一双石的价格在市场出售，使米价回跌到五百元一双石左右。民食供应处再以每双石四百六十元的价格供应市场，时间达一个月之久，市场米价遂没有上涨。十月间，民食供应处还在绵阳粮食市场实行控制粮价，因该月粮价上涨，划归第三民食供应处使用的江油、彰明、安县、罗江等县的粮尚未拨交，它便动用了储存在涪江上游的军米约五十万石，以低价供应市场，使太和镇已涨到九百元一老石的米价，下跌到七百元，这是田赋征实后政府掌握了粮食才有可能这样做的事例。当然，粮价和物价不断上涨，是由于政府大量发行纸币所造成，单靠抛售粮食来平抑粮价，作用是有限的。但如不这样作，粮价还会更加快速上涨，大大影响人民生活。

公粮，指的是军警团队、公务人员和教师等的用粮。当时，主要是靠政府按人每月拨发公粮一石作为生活的支柱，因为在那物价上涨厉害的岁月里，货币工薪已不为一般人所重视。

我们从抗战开始到田赋征实这一段时间的粮价，即可看出工薪问题的严重性。依据四川省建设厅的统计，本省十八个重要粮食市场食米的平均价格，每石计为：1937 年，10.56 元；1938 年，8.92 元；1939 年，9.11 元；1940 年，43.48 元；1941 年，6 月 310.00 元。如果把一九四一年六月的米价与一九三七年的米价比较，上涨了三十倍以上。其后各年，成都的米价继续上涨，每石计为：1942 年，900 元；1943 年，1800 元；1944 年，10000 元；1945 年，12000 元。一九四五年比一九四一年又上涨约四十倍。总起来说，一九四五年比一九三七年的米价，已上涨一千多倍。公教人员的货币工薪虽然也有增加，但远远低于物价和米价上涨的指数，如果不靠每月每人有食米一石的补助，他们是无法生活下去的。

以上情况，说明四川征实得到的粮食，对保证军粮、民食、公粮等各个方面，都起了很大作用。至于调剂缺粮省的情况，因无资料可查，只好从略。

六、四川人民在田赋征实中遭受的外加的困难和损害

五年征实，四川人民完成了纳粮的光荣任务，但因某些办理征实的不肖员司，贪赃枉法，弊窦重重，使他们遭受了外加的困难和不应有的损害。下面，再把这些弊端略为谈谈。

延长运粮里程。有的县，照规定设足了征收处的所数，有的还设置征收分处，粮民运粮交纳，可以缩短里程，减轻一些困难；但有的县，县田管处减设了征收处，使粮民运粮的里程加远，增加了困难。

延长等候纳粮时间。有的县把征收处的员工照章设足，员工收粮不分上下班，收完为止；但有的县却在征收处减设员工，以致收粮效率迟缓，这些人又任意迟到早退，使粮民久候甚至往返。

浮收粮食。如车谷过严，斗手使用技巧等弊病，是与征实制度以俱来的毛病，无法根除，致使粮民多付粮食。有的粮民照通知单所载上粮数再外加一些保险数，运到征收处交纳时，却只是恰够甚至不够，还要回家再拿，或就近在其他粮民手里买余粮补足。

辗转运输。有的县虽仓容不足，而安排得法，粮民运粮来一次交上；有的县不重视此问题，粮民运粮到仓前，始知这所仓已经装满，只好改运到几里或十几里路外的另一所仓去交；有的县还使粮民运粮跑了三四个地方才交上了的。

秩序不好。有的乡镇安排较好，某日收某地粮，事前公告，减少拥挤；有的乡镇则漫不经心，致使当天纳粮人过多，人与箩筐、扁挑挤满场地、山坡，喧嚣扰攘，倾撒稻谷，粮民失掉一挑或一箩谷子的事常有发生。

一九四一年至四二年这两年购谷部分，所发三赊现金和七赊库券，另设财务办事处大县三个，小县一个办理其事。有的粮民，要领取为数不多的现金、库券，须跑很远的路，花去的旅食费比领得的钱还多，干脆不领，遂白受损失。

除上述问题外，还有不少使粮民受到损害的事。例如：飞洒诡寄。主要是由于主办人员徇私舞弊，在划拨粮额时，不顾田亩多少、粮额轻重，袒庇粮轻者，造成一方田多粮少，而另一方则田少粮多，上不起粮遂成流滥，而全县的征额不减，只得将流滥的征额加于有着的粮柱，增加其负担。

粮票大头小尾。粮民上了粮，收执的粮票注明收粮三石，而报核、存根等联却注的是收粮二石五斗。从粮册上看，这家上够了粮的粮民却还欠粮五斗。

粮票张冠李戴。收了粮额较大的张姓的粮，也如数给了粮票，而报核、存根等联，却收的是粮额较小的李姓的粮，这就使已完了粮的张姓成为欠粮户。

收钱不收粮，揣进私囊。报了粮进仓，却不曾有粮进仓，而以平日的各种浮收来冲销，或从地上扫起来的、车出来的不饱米、虫蛀过的，以及灰沙杂质，一齐倒进仓内来冲销。

收粮时，以严格的优质标准收，而收进后，掺杂使假，或以坏粮换去部分好粮，使品质勉强符合交得出去的标准，或同接粮人员串通，使接粮的一方降低标准收讫。

仓储不论有无折耗，概行按照规定呈报折耗。存谷一个月到六个月，报百分之零点五，存六个月到一年，报百分之一，存一年到两年，报百分之二。然后，把所报折耗数进行朋分。

存粮时间久了，谎报变质，要求就地处理，以县境内粮价低的乡镇价格上报，而以较高的价格出售，侵蚀差价。

侵吞粮食后，购买省县级公粮拨粮单抵补。实物价高，拨粮单价低，交通不便，运输困难的县份拨粮单价格尤低，有低至面额的二折的。使贪污分子侵吞一百石实物，而以二十石实物的钱就可买来填补。

县境内乡镇的粮价有高有低，有的县低者仅及高者的二分之一。县田管处便将价低的征收处的拨粮单开出后，而以较市面更低价格买入拨发领粮单位，边开边买，边买边发。结果，用低价收买的拨粮单，尽数变为粮价高的征收处的实物，予以侵吞。

遇有运粮，或谎报里程，或谎报水运为陆运，或征集民夫运输，克扣运费。

遇有经手现金，如征收粮食代金、运费、经费，多是延迟时间发放，握存手中放利。

以上种种弊端，不是每县每项俱全，不缺一门，但不有这项，便有那项，为世诟病，那是没有疑问的。粮民在一县之内，也不是那一县的所有名堂，都备尝之矣，但没有尝到这样，就会尝到那样，也是没有疑问的。

由此可见，四川粮民拥护征实，对抗战贡献很大，但此种贡献，是在忍受了众多不肖员司多方给他们造成困难和损害的情况下来实现的，人民的爱国热情，就更是难能可贵的了。

（成都市政协文史资料委员会编：《成都文史资料选辑》总第 11 辑，1985 年内部出版，第 105—121 页）

（三）口述资料

1. 陈中林证言

1939年9月11日，上午10点钟左右，30多架飞机从下河（长江下游）飞来泸州城上空，天上密密麻麻的日本飞机来了就丢炸弹，边丢炸弹边对准人扫射，老百姓吓呆了，有人大声喊："快朝河下跑！日本飞机来了！"

我们几个人正在北门市场买菜，买了东西从小北门往小河方跑，背后响起爆炸声，一会儿（大火烧起来），街坊大火，大人娃儿哭的哭，叫的叫，消防车的救火铃响个不停，路炸烂了，通不过，我们上去帮忙抬，城中医院也来了救炸伤的人，北城街炸烂了，房子炸塌了，大火烧得一干二净，到第二天有的火都没灭，炸死炸伤上千数的人，泸州北城全炸烂了，烧成空架架。

（陈中林，男，1913年生人，泸州市人，从事餐饮业。调查人：陈鑫明；调查时间：1984年6月23日；调查地点：泸州市澄溪口老茶社。）

（原件存泸州市史志办公室）

2. 张明锦证言

当时日本飞机要来炸，我们也无可奈何，就只有跑警报。那个时候抗战已到1941年，已经经历了几年时间了，听到日本飞机来就很气愤，也很被动，当时就是这样一个心情。所以就叫跑警报，总觉得跑出城市就相对安全了。因为日本第一次来炸成都的时候基本上把顺城街那一片都烧了，后来城中心的人听到警报就往空旷的地方跑，就觉得要安全一些了。当时跑警报是什么样的情景？因为那个时候没有人防工程，也没有国民党的飞机进行阻拦。一听到预警警报响起我们就开始跑，又没得地下工程可以到防空洞里去躲避。只有跑离大城市以免被烧死，跑出去后大家很无奈，也很悲愤，当时就是这样一种心情。

当时警报分3种，第一种叫预行警报：就是在街上挂黄色的旗子。意思就是敌机已经向我们这边飞来了，让我们做好准备。第二种叫空袭警报：就是发出的警报声很长：呜——呜——，意思就是敌机离我们这很近了，但还没有飞临成都上空。最后一种就是紧急警报：发出的警报声很短，呜呜的声音，就是敌机在上空了。当时我们就是在听到预行警报的时候就开始收拾东西往城外跑了。当时成都有很多城墙都被打了缺口，修了路，方便老百姓跑出去。住在城中心的人就往少城公园跑（就是现在的人民公园），要是往城外跑的话根本跑不赢，就只有往少城公园跑，找几个空旷的地方，以免轰炸过后城头的房子烧起来把自己烧死。这个就是当时的跑警报。在跑警报的那段时间里，基本上每天每一家人都是把最重要的东西收拾好，听到警报声就开始跑。我现在还记得，1941年7月27日中午11点过日本飞机轰炸成都的情景。当时敌机飞得很低，排成一排向我们这边飞来，飞到我们头上的时候就有几架敌机开始扔炸弹了。有些炸弹在空中就爆炸了，相当的吓人，那个弹片就到处飞，炸死了很多人。我当时是躲在我妈妈的身后，只觉得眼前一黑就啥子都不晓得了。等我醒来的时候敌机已经飞走了，轰炸后的硝烟都散得差不多了。我们是一家五口，当时遍地都是死伤的同胞，我们找了很久才在一个街沿上找到爸爸，脑袋都被炸烂了。妈妈是通过衣服和穿的鞋子才认出那个是我的爸爸。我的父亲当年在法国留过学，为了报效祖国才回来的，在国民党的市政府工作，当时我们一家人都是靠爸爸的工薪生活。当我找到姐姐的时候，她身上全是血，而且还有很多洞洞，眼睛是闭起的。那个时候敌机不光是扔炸弹而且是看到人群就低空用机枪扫射。不知道我姐姐中了好多机枪子弹。那个时候妈妈抱着妹妹，拉起我，就要往旁边的小河里跳，因为爸爸、姐姐都被炸死了，妈妈也不想活了。那个时候我才13岁。我说我要活，要好好地活下去。旁边的同胞和我一起就把妈妈从河里面拉了上来。那个时候我的手也受伤了，最后在妈妈和妹妹的陪同下到了一个教会医院做了手术。在爸爸去世以后我们家的生活相当的艰苦，妹妹也被亲戚抱养走了，因为已经没有经济来源了，也养活不了妹妹。当时在跑警报的时候全家的财产也就是140块的纸币（就是国民党时期的那种纸币）。最后是我一个姨父在报纸上写了个为我们募捐的文章，当年我姨父在一所学校当教授。当时我爸爸很多同事和一些亲戚为我们捐了一些钱，我们就拿着这些钱回到了土桥的乡下。

（张明锦，女，1927年生，成都人，1955年任四川省委宣传部学校教育处副处长，1986年6月退休，家住成都市东城根街。采访人：吴晋。）

（转录自成都市国防教育学会、成都大轰炸史实研究专委会编著：《铁证》，中国和平出版社2013年版，第1—8页）

3. 车辐证言

我的老家是成都市中心盐市口对面的两东大街，有百年以上历史的天恩店。1939 年 6 月 11 日黄昏时，108 架日本飞机侵入我市上空，对这个不设防的城市大举轰炸，投掷燃烧弹、炸弹。那时在新南门外，就能看见敌机发出红红绿绿的子弹，城内已是一片火海。到处都是黑烟冲天，黑烟低处红色火焰升起，之后天黑看见大片红黄火焰，据当时隐藏在青城山天师洞的杨波同志谈到，当时成都被炸火焰照得通明，他在百里之外的山上也看得很清楚。

解除警报后我从老南门进城，走到东御街口就不能通过了，消防队和街道消防队出动四处救火，我到西御街一家旅馆上向市中心看，火焰高涨，看见东御街以东、顺城街、交通路、九龙巷，包括我的家，粪草湖街、染房街均在燃烧中。当时消防工具太少又落后，救火车是用人力抽压输水，救火队员也尽了全力，但大火还是在市中心烧到半夜，而且还在向外蔓延，只有靠拆卸大队和市民自发的拆卸房屋，拆成一条条火巷子，隔断火源，火势才终止。

第二天我在烟硝弥漫的火场中回去，十几条街，一片瓦砾，西东大街以西炸光了，在火场中我看到一具烧焦的尸体，四肢没有了，只剩上半部。被大火烧焦的枯树上，还挂有断手残肢，况极凄惨，但也激起了圈仇血恨！天恩店大火烧光，到后面我家门口砖墙处才挡住了火势，幸存"天恩一线"了。我带了两个女儿在火场之西的家门口拍照留念以此不忘，作为历史见证人，对日本帝国主义在我国轰炸烧杀，永远也忘不了。

（车辐：男，1914 年生，成都文化名人，2013 年 1 月在成都因病去世。采访人：吴晋。）

（转录自成都市国防教育学会、成都大轰炸史实研究专委会编著：《铁证》，中国和平出版社 2013 年版，第 30—33 页）

4. 廖正林证言

我叫廖正林，是中华人民共和国的一名公民，出生于 1935 年，现年 75 岁。1937 年日本军国主义侵略我国，在 1939 年 6 月将侵华的炸弹投向了我的家乡成都，给我的家庭和广大人民带来了无比深重的灾难。今天，我要控告日本军国主义的罪行，并要求赔偿我家当时的损失。

我家原住在盐市口东大街 71 号，经营百货，商号"天成祥"，有三间铺面，后面是两个四合院，有十余间房屋。祖父原姓廖，因幼时在舅舅家长大，跟舅舅姓郭，取名郭仪庭，祖母叫游籍芝，父亲廖子宣，母亲游伯琴一家人都在盐市口经营百货，"天成祥"当时在成都算是比较有名的百货商号，也是我们一家人唯一的生活来源。

1939 年 6 月 11 日，这是令我们全家刻骨铭心的一个日子。在这个时刻，日本侵略者对成都进行了轰炸，飞机投下了大量的炸弹和燃烧弹，顷刻间使这座千年古都被笼罩在恐怖与焚毁之中，无数生命丧失，我家的商铺也化为灰烬，让人恐惧的罪恶之火整整燃烧了三天三夜，我家房屋、货物、家具都被烧光殆尽，损失巨大而惨重。

我祖父郭仪庭是"天成祥"百货的掌柜，因 1939 年 6 月 11 日的这场大轰炸将他毕生的心血毁灭殆尽，精神上受到严重的伤害，从此忧郁成疾，身体就此垮下来，不到一年就去世了。祖母靠"天成祥"留在上海的部分货物，在成都租下店面又勉强经营了几年，由于年纪大了，加上丧夫的悲痛，再者在当时环境下女人谋生的艰难，最终将"天成祥"关闭了。一家人的生活陷入困顿，与轰炸之前的富裕生活简直无法比较。

1939 年 6 月 11 日日寇对成都的这次侵略轰炸，破坏了我的家园，炸毁了我家的房屋、货物及全部家当，据祖母讲，当时仅毁掉的货物就价值万余大洋，更别说房屋和其他家当了。日本军国主义侵略我国，毁我家园，我家坚决而强烈地要求日本政府赔偿我们的财产损失、精神损失，正式向我们赔礼道歉。

(廖正林：男，1935 年 5 月 20 日生，初中文化，解放后在西南电力安装公司工作。曾当过工人和工程师，1995 年退休，现家住成都市青羊区清江东路 31 号。采访人：吴晋。)

(转录自成都市国防教育学会、成都大轰炸史实研究专委会编著：《铁证》，中国和平出版社 2013 年版，第 157—158 页)

5. 马松荣证言

　　第一次是轰炸盐市口，当时黑压压的一群，就听到天上轰轰轰的声音。当时大家见过日本人的飞机吗？肯定没见过。1941 年 9 月 3 日。我们是住在西华门街，那天警报声音响起，我就跑到皇城那里躲警报，那里有个菜园子，我就爬到树上去了。等了一会儿，看到飞机也没有了，那个警报也还没解除。我就在想：是不是飞机不会来了，就从树上下来了，呆了一会儿，想想那个警报也还没解除，还是在树上比较安全一些，然后我又到树上去了。哪知道我刚刚上树的时间就听到轰轰轰的声音，我想应该是日本人的飞机来了。我抬头一看，黑压压的一群朝我所在的地方飞过来了。我躲的不远处有个井坎，井坎上还插了个打水的杆杆。当时那个飞机飞到我躲的地方就扔了一个炸弹下来，日机把插在井坎上的杆杆误认为是高射炮了。当时我在树上就看到黑乎乎的一个东西我就晓得那个应该是炸弹，转眼之间"嘣"的一声就在井坎边上爆了。四面八方的沙子、尘土、树叶就飞了起来。我人也被炸得半昏迷了，两只手就把那个树枝紧紧抓住免得摔了下去。过了一会，人也比当时清醒多了，飞机也飞走了。这个时候我就听见树下有种沙沙的声音，我就埋起头往下面看，这一看把我吓坏了。看见树下全是血，那个血是从哪里来的呢。我先看我身上又没有血，等我把长衫子一撩开才看见原来那个血是从我脚上流下去的，再仔细一看那个弹片把我右脚削了一半，血肉模糊的。这下我就慌了，当时我还在树上，没被炸死，又害怕从树上摔下去摔死。这个时候我就慢慢的从树上下来，用左脚跳过防空壕，到了别人家的院子里面就倒下了。过了一会警报也解除了，救护队的人就把我送到了一家法国人开的医院。

　　那些救护队员把我送到医院，就交给医生处理了。在医院的第二天就给我做了手术，把脚锯了。那个时候国民政府就告诉大家，敌机来的时候你们就卧倒，不要站起来，就这么说了一些。敌机来了大家就趴在地上，有仰卧的、睡起趴起的、横起趴起的啥子姿势都有。那个时候有防空壕嘛，防空壕就是在地上挖个坑坑，人就在里面躲起就是了。当时那个防空壕还是有点用，炸弹扔在那附近，人就在防空壕里躲起，至少弹片伤害不到你。那个防空壕也没有多大，就 3 尺宽的样子。盐市口当时被炸得很惨，盐市口当时房屋全被炸垮完了，敌机飞走后再去看盐市口已经被炸成一个空坝子了。轰炸盐市口是 108 架敌机，又投炸弹又扔燃烧弹，盐市口那个火啊，从中午一直烧到晚上都还没烧完，那个火简直救不了。没炸之前盐市口是个生意场所，全是百货商店、商铺样样都有，是当时成都最繁华的一条街道。那个时候是经常跑警报，有时候是天天都跑警报，预行警报来了就要跑，预行警报是黄色的旗子一散开，大家就开始跑。然后就是紧急警报，紧急警报就是敌机要来了。那个时候跑警报都是往城外面跑，因为城市的目标大。那个时候所有的城门都是打开的，以方便大家跑警报。提起这些往事都很心酸、心里很难受。被炸伤后的生活影响大吗？那是相当的大。我 18 岁的时候开始学做活路，做了一两年做不走，毕竟腿脚不方便，老板工资也给得少，简直民不聊生。每天辛辛苦苦，从天不亮一直做到天擦黑，发的那点工资也解决不了生活上的困难。最后实在没有办法，才在浆洗街那里卖了几年的小菜。一直到了 58 年，那个时候加入了合作社，一直干到退休。很感谢党，没有共产党就没有我们的今天。我们今天能安定的生活，这都是党给我们带来的。

（马松荣：男，1922 年 11 月 21 日生，成都市高新区肖家河街 70 号 7 单元 12 号居住。成都市蔬菜公司职工，1984 年退休。2010 年 12 月 22 日因病去世。采访人：吴晋。）

（转录自成都市国防教育学会、成都大轰炸史实研究专委会编著：《铁证》，中国和平出版社 2013 年版，第 24—27 页）

6. 苏良秀证言

我叫苏良秀,是成都大轰炸的直接受害者。生于 1930 年 8 月 14 日。受害之前,我家住在成都市八寺巷(现改名叫西华门街)17 号,与清真寺"八寺"只有一墙之隔。我家和左邻右舍都是回民。当时我家共有 9 口人:祖父苏旭初是清真八寺的阿訇;祖母苏黎氏是家庭妇女;父亲苏绍龙从事牛肉买卖生意;母亲苏贾氏是家庭妇女;小姑妈苏绍群在西北中学读初中;大弟苏良兄;二弟苏良酬;小弟苏良平;我苏良秀,当时 11 岁,是家中长女,在清真小学读书。全家收入来源主要靠父亲做生意、祖父做阿訇的职业收入和祖母、母亲做手工的收入。那时我们家生活宽裕,有房屋六间,屋后还有一个七八十平方的院子。

我家是在 1941 年 7 月 27 日被日军飞机炸毁的。那天,我祖父苏旭初和父亲苏绍龙因事外出了。家里来了个表姑,名叫达凤英。记得当时天气很好,我们在屋前的公共院坝里玩耍,突然预行警报响了,但我们没有地方躲藏。空袭警报响的时候,母亲苏贾氏把我们喊回家,拉着我们到后院躲炸弹。这时我幺婶李英华,表姐马以学也来我家院子躲避日机轰炸。我家院子里有一棵核桃树、一棵枇杷树、一棵红梅树,院子比较大,家里人认为适合躲藏。紧急警报响了以后,家中 7 口人连同 3 个亲戚,躲在核桃树下。核桃树已经栽种十多年了,长得很茂盛,我们都认为核桃树下很安全。不料一颗炸弹从空而降,将核桃树连根拔起,弹坑约有两丈见方。炸弹爆炸时火光四射,弹片四处横飞。当时正是核桃成熟季节,炸弹将树上的核桃全部炸飞到房前的院坝内。我家的六间房屋全部被炸毁,成为一片废墟。躲在树下的 10 人,有的被土埋掉半截,有的手足炸断,有的被破片击中头部,血流满面,其惨状目不忍睹。我的祖母苏黎氏、母亲苏贾氏、小姑妈苏绍群、表姑达凤英、大弟苏良兄、二弟苏良酬 6 人当场炸死,我和幺婶、表姐、小弟身负重伤。小弟苏良平脑袋被击中,几天几夜昏迷不醒,后来智力发育受到严重影响。幺婶李英华左手被炸断,经过治疗后,仍然丧失了功能。表姐马以学的头部重伤。而我当时不到 11 岁,四肢被炸弹爆炸时的火光大面积烧伤,右腿髋关节被炸成重伤,破损错位。在马道街法国医院治疗半年多期间,伤口化脓、感染、生蛆受尽折磨,最后也没有治好,落得个终身残疾,痛苦一生。

受伤住院期间,最使我难忘的一件揪心事,就是有一天我受伤的左腿,像针刺一样的痛，我十分害怕的告诉医生，医生来给我检查时，打开包扎的绷带一看，医生都吓傻了眼，她发现有十几条蛆在伤口上蠕动，医生用夹子将蛆夹掉，安慰我说："都是苍蝇惹的祸，没关系，你把苍蝇赶走就行了。"我听了差点晕倒过去。这时正是夏天，天气又热，家里又无人来照顾，我一人住在医院里，天哪！谁来给我驱赶苍蝇呢？我只好用毯子盖住伤腿，那个夏天我受尽了难以忍受的煎熬，这场悲惨的遭遇，给我幼小的心灵留下难以磨灭的创伤。又再次加深了对日本军国主义的仇恨。还有一件头痛的事，由于我的四肢大面积烧伤，每隔一天换一次药、幼小的我怎能经得住换药时的痛苦，每次换药都撕心裂肺地吼叫，那种惨状使同病房的伤员们目不忍睹，他们都怀着爱心到床前来安慰我，鼓励我克服一切困难勇敢地战胜伤痛，配合医生治疗。

我家被炸后，我父亲一人既要安葬死去的 6 位亲人，又要照顾卧床不起的爷爷，以及头部受伤的弟弟，还要挣钱供养全家的生活，父亲肩负重担，根本没有时间来医院照顾看望我，只有靠医生护士和同病房的叔叔阿姨照顾，开始我也很苦恼，加上伤痛折磨吃不下饭、睡不好觉，在痛苦中才慢慢感悟到，逆境也能锻炼人，我狠下决心，一定要克服困难，不能倒下，要勇敢地站起来，开始自己学着吃饭，换药时也咬紧牙关，忍着疼痛不再大声哭喊，医生和病友们都夸我是听话的乖孩子。

轰炸发生时我的祖父苏旭初在清真寺做礼拜，父亲苏绍龙到郊县买牛去了，由此他们两人躲过了劫难。但年迈的祖父回家后，看到家破人亡的惨景后，当场昏倒在地，一直卧床不起，不到半年就含恨离开人世了，他是被日军间接害死的。至此，全家只剩下父景苏绍龙、小弟苏良平和我三人了。由于房屋被毁，无处栖身，我们只能住到清真八寺的走廊上，过着悲惨的生活。殷实的一个家就这样顷刻间被化为乌有。

后来，父亲在西御河边街租了一间屋住下，继续做牛肉生意，我和弟弟也能继续读书。1950 年 12 月我从四川省女子中学毕业。土改期间，被安排到夹江县干江乡搞土改工作。土改结束后，就被分配到西南民族学院工作。1954 年被调往凉山州喜德县人民政府从事文秘工作。1985 年退休，退休前为县委统战部副部长。

时至今日，大轰炸虽然过去 70 多年了，但那时的悲惨情景仍然压在我心中挥之不去。在我精神上造成巨大创伤，我经常做噩梦，听到警报声就心慌。当时生活无着落，吃住无保障，在经济上造成巨大的损失。埋在我内心多年的仇和恨，今天终于可以伸张了。拽怀着万分愤怒的心情控诉日本军国主义的滔天罪行。同时向日方提出：在政治上为受害者赔礼道歉，经济上赔偿我家破人亡的一切损失，以慰九泉下的亡灵们。

我左腿膝关节上受重伤的地方，由于没有及时清除淤血，左腿关节骨腔内的淤血已凝钙化结成块，长成了关节瘤，1990 年开始，疼痛难忍，影响行走。1993 年在西昌市中医医院通过手术，将左腿里的一个钙化块取了出来，还有两块仍在关节腔内。

我虽然年迈体衰，在世的时间也不多了，但我对这场官司的决心是：子子孙孙打下去，揭露日本军国主义的罪行，直到日本当局认罪为止。

（苏良秀：女，1930 年 8 月 14 日生，解放后参加工作，国家干部。1985 年退休，家住成都市八寺巷子 17 号。）

（转录自成都市国防教育学会、成都大轰炸史实研究专委会编著：《铁证》，中国和平出版社 2013 年版，第 9—15 页）

7. 刘玉琼证言

我叫刘玉琼，是成都大轰炸受害者赵素华的女儿。我母亲家受害时共有 4 口人：我外祖母；母亲赵素华（当时 13 岁）；二姨赵素云（11 岁）；小姨赵素清（9 岁）。我母亲一家当时在少城路（现在的人民公园）靠做生意为生，拥有自己的房屋，母亲当时在一所私塾念书。

1941 年 7 月 27 日，那天防空警报拉响了，而且响得特别急，第一遍响了之后，紧接着是第二遍，外祖母便拉着我母亲三姐妹往少城公园跑，认为公园里有树木遮挡，比躲在家里安全，没想到此次敌机轰炸目标就是少城公园一带。敌机扔炸弹时，外祖母眼见不好，便用自己柔弱身躯保护母亲三姐妹，小姨躲在最下面，二姨伏在小姨身上，我母亲伏在二姨身上，外祖母双臂展开，抱着自己的女儿们，全力保护她们。结果，敌机的炸弹无情地夺走了外祖母的生命，外祖母当即被炸死，我母亲的左手臂被炸断，当场痛昏过去。

母亲醒来后，发现自己躺在红十字会的病床上，大声叫喊："妈妈！妈妈！""二妹！小妹"。当时母亲不知道外祖母已被炸死，所以醒后便找她的妈妈。周围的人见我母亲可怜，尤其是红十字会的工作人员，他们就将实情告诉了我母亲：外祖母已被炸死；二姨的前额被弹片击中，也被送到红十字会救治；小姨安然无事。母亲和二姨在红十字会住了一段时间，出院后，作为大姐的母亲带着两个小妹妹开始了孤苦无助的流浪生活。

当时我母亲只有 13 岁，还是个学生，外祖母被炸死后，家庭生活来源断绝，在少城路的家被炸毁，母亲只好辍学。为了生存，母亲只好带着她的两个妹妹到亲戚家讨饭吃，为亲戚家做些杂事，通常是东家住几天西家住几天，过着凄苦、流离失所的生活。稍大点，母亲觉得不能长期寄人篱下，他们开始以帮人补衣服、洗衣服、卖菜等手段谋生。直到我母亲遇见我父亲后才结束了流浪的生活。

外祖母的惨死，母亲的左臂被炸断，二姨的脑袋被弹片击伤，这些都是日本飞机轰炸成都造成的，由此造成的痛苦伴随着母亲三姐妹的一生，使她们的生活也遭遇了重大变故。母亲原本有一个温暖的家，因为轰炸，亲人生离死别，辍学流浪，无依无靠。手臂被炸断后，给母亲的个人生活也带来了很大的不便，工作、择偶等都受到诸多的限制和不公平待遇。这种不幸不仅仅发生在母亲身上，还延及母亲的下一代。我二姨的脑袋被弹片伤到以后，智力发育受到严重的影响，痴痴呆呆，虽然后来也结婚了，但婚后生活十分不幸，被夫家歧视，形同守活寡，亦没有生育子女。

母亲原来是个爱美的女子，手臂炸残不仅给她造成了肉体上的伤痛，乃至后来每逢天气变化都会隐隐作痛，更重要的是心灵上无法抹去的伤痛。为了使外观上与正常人无异，母亲用棉花和布头裹成一个假肢绑在残臂上，将假肢放在上衣口袋，母亲终身只能穿长袖，从没有穿过连衣裙、短袖等。这对一个爱美的女人来说是很大的伤痛。由于残臂，原本知书达理的母亲丧失了很多工作机会，因为母亲那个时代，像她那样读过书、能识字的女人并不多。我常常听母亲控诉和抱怨，如果不是日本飞机炸断我的手，不管是我的丈夫、家庭、儿女还是工作，都不会像现在这样的凄苦，而将是另一番美好的生活景象。我家的生活来源主要靠父亲，父亲是搬运公司拉架架车的工人，主要靠体力活挣点微薄的辛苦钱，艰难地养活一家老小。母亲在身体和心灵的双重病痛中度过了一生，于2005年6月1日去世。

我母亲一切不幸的源头都是因为日本轰炸成都造成的，而且这种不幸深深地影响了几代人。对此，我强烈要求对日本的暴行进行谴责，要求日本政府谢罪，赔偿我们精神和物质上的损失。甚而要求日本政府派人到我母亲坟前低头谢罪。

（刘玉琼：女，1953年6月生，原在成都市双流县疾病控制中心工作，2008年10月退休，现住成都市天府锦秀47栋。）

（转录自成都市国防教育学会、成都大轰炸史实研究专委会编著：《铁证》，中国和平出版社2013年版，第34—37页）

8. 吴极义证言

我等了70年，终于在2009年6月15日那天，我站在了日本东京地方法庭，代表成都大轰炸22位受害者，以我家被轰炸而家破人亡的那段悲惨史实，控诉了当年日本军国主义在中国、在成都的滔天罪行。压在我心里70年的痛终于大声地说了出来。

70年前，我家住在成都西东大街盐市口附近，父亲（吴华轩）经营一家"长庄客栈"，家庭条件还是比较宽裕的。当时由于战势紧张，我母亲（何淑良）带着刚出生不久的我和两个姐姐"躲警报"租住在牛市口乡下，父亲则由于打理生意留在客栈。1939年6月11日傍晚，警报声响起，飞机从天空中呜呜的飞过，接着在市中心丢下炸弹，响声震耳，一片一片红色火光冲天升起，我们姐弟三人吓得大哭起来。这一天晚上全家惦记父亲，一晚上都睡不着。第二天一大早母亲就赶回城，大轰炸后的街上，人群哭喊着涌向被炸区，燃烧的房屋余火未尽、浓烟滚滚，到处是倒塌的砖墙、土瓦、焦木，不时有担架抬着血肉模糊的伤亡者经过。当时警察戒严不让进街去，很多人哭喊着要进去看看家和家人。我母亲挤了进去，看见我家和客栈已被夷为平地，成了一片废墟。听警察说受伤的人都送进医院去了，母亲立刻去所有收容伤员的医院寻找我父亲。医院里烧伤、残肢、满身是血、面容奇形怪样、痛苦呻吟的伤员惨不忍睹。母亲一个一个辨认，都没找到父亲，便又回到了火场。走到了我家客栈的地方，家已被烧完，那里有几具被烧焦的尸体，已经不能辨认。母亲忽然发现在一具尸体旁露出一根表链，便找来一根棍子挑起来一看，那是我父亲随身携带的怀表。于是才确认这一具四肢被烧焦，面目全非，大约只有一米长的尸体就是我的父亲，他死得是那么的惨！母亲顿时悲痛万分，趴在地上呼天叫地嚎啕大哭起来，不停地呼喊我父亲的名字。直到闻讯赶来的叔叔才草草将父亲的尸体包裹拉走，安葬在十二桥附近的公墓。我们三姐弟谁也没有见到父亲最后一面。

大轰炸后，客栈和住处都没有了，人财两空、一贫如洗。母亲带着三个年幼的孩子日子怎么过？没办法只好到外婆家。外婆孤身一人，靠出租铺面房维持生活。为了生活，母亲只好做些手工活（纳鞋底、鞋垫、做绑裤口的飘带等）加上一些针线、暗扣之类的小东西去集市上卖，母亲还当过佣人、拉过架架车，生活过得十分艰苦。好在有时也得到姑妈的帮助，给我们一点粮票可以去慈善会领几升米回来。由于有一顿没一顿的日子，二姐身体虚弱、严重贫血，经常昏倒。她清楚地记得有一次实在饿得慌跟外婆要了几分钱去买烧饼，结果昏倒在烧饼摊上，压垮了老板的摊子，被邻居抱回来。大姐靠叔叔接济读了点书，二姐只有失学在家。我就靠母亲做活路挣的钱让我上学，但在我的记忆中几次开学时都因为没有凑足学费而急得大哭。好不容易凑足了学费后，都已经开学几周了。学校规定穿白衬衣参加体操比赛，由于我只有一件破旧得发黄的"白"衣服而只有站在最后一排边上。假期中我也跟母亲去"赶场"。小小年纪我就在脖子上扣个小竹筛去茶馆卖香烟、火柴，还在家门口摆个小摊卖小食品、甘蔗。一家人就这么艰难地度过了整整十年。

日本的侵略战争夺去了我的家人，炸死了我父亲。他死时才32岁，正当壮年时期，死得那么悲惨。母亲中年守寡，没有再嫁，带着心灵和生活上的痛苦坚强地活了下来，一个人含辛茹苦地把我们抚养长大是多么的不容易。从小失去了父爱的我们三姐弟，不知道父爱的感觉，没有快乐的童年，没有接受到应有的教育，我们只有饥饿、悲伤、痛苦！日本侵略战争给我们幼小的身心带来了极大的伤害。母亲无论如何也无法接受父亲被炸死的事实。父亲的身影永远徘徊在母亲的脑海里。母亲用到的一个词就是"日本鬼子"，直到去世也无法抹去日本侵略战争给她带来的阴影和伤痛。她亲口告诉我们当年那场灾难的惨状，并把父亲留下的唯一遗物——那块有些斑驳的怀表交给了我，让我们永远还保存有另一件物品——一张泛黄的小纸片，那是我表哥（刘东圆）于1940年（民国29年）为纪念我父亲（他的舅父）逝世一周年亲笔写的一篇悼词。这两样东西我珍藏了几十年，它们记录了当年成都大轰炸的惨烈，它们也是日本军国主义侵略罪行的铁证。

解放后，我母亲有了工作，大姐参了军，我和二姐都靠助学金上了学，得到了国家的关怀，生活慢慢地好了起来。如今我们姐弟三人都已退休，生活过得幸福。但我们都没有忘记母亲说过的话——不要忘记历史。现在我参加了成都大轰炸受害者对日索赔的活动，目的是要让日本政府正视历史，反省历史，以史为鉴，面向未来。不要走军国主义的老路，低头认罪，赔偿受害者人员伤亡、财产损失和精神伤害，以告慰他们九泉之下的亲人。也以此告诉年轻一代，了解国家那段屈辱的历史，不忘历史，正确认识个人的命运和国家的命运是紧密联系在一起的，从而肩负起自己对国家对社会应尽的责任。

（吴及义：男，生于1939年农历2月16日，1965年毕业于原成都工学院，就职于成都矿灯厂，任副总工程师，于1995年退休。家住成都市陕西街266号。）

（转录自成都市国防教育学会、成都大轰炸史实研究专委会编著：《铁证》，中国和平出版社2013年版，第39—45页）

9. 廖世华证言

回想抗日战争时期，日寇飞机常来侵扰后方，如重庆、成都、昆明、乐山、泸州、宜宾、自贡……甚至松潘，炸弹炸毁了数万同胞生命、财产。记得 1941 年 7 月 27 日那天（正是星期日）日寇 100 架飞机轰炸蓉城，那天死伤达 3000 多人，损毁房屋 2000 千多间，还有其他的财产损失无数……我那时仅有三岁，跟着二姐和二姐夫躲在了一家农户庄稼地的草棚里（因成都是平原无防空洞），我们进去时已有十余人躺在地上。一会敌机呼叫着在商业繁华区上空投弹，然后又用机枪扫射人群，一些人因恐惧跳进了旁边的护城河（三洞桥当时那条河还较宽阔），日机又向河面人群扫射，人们流的鲜血染红了河面。警报解除后，我二姐廖世英惊叫着："妹妹遭了！"因她看见我一身是血，谁知，她的胳膊已抬不起来。弹片穿透了她的右臂，血是她身上流出来的，此时许多人都受伤，无法立即找到医护人员，姐夫和赶来的大哥，才将我身上的衣服脱下，为二姐包伤。

另一边，我母亲和五哥躲在河边的大树下，炸弹刚好在他们旁边落下，炸出一个大坑。飞出的泥土将我母亲埋住了，后经大家努力用手刨土，才将母亲救出，而五哥廖世诚却被弹片射进腹腔，因流血过多而去世。母亲因惊吓、伤心整整在床上躺了一个多星期，才勉强挣扎起来。而二姐除了手臂炸断，腹中三个月胎儿（第一胎）也流产了。我父亲因五哥的突然离去气得吐血，因五哥是我们兄弟姐妹中学习最好，最能团结人，最聪明、勇敢，最深受大家喜爱的哥哥。去世前，帮助我家保姆蔡嫂劈的柴、挑的水都还在，连蔡嫂都哭得十分伤心。

当时我们一家虽不是殷实大户，但也有书香之气。我父亲在重庆求精学堂曾参加过"戊戌变法"运动，被清政府关过近十年监狱，受了无数酷刑；大哥从北京大学毕业回蓉工作不久，还参加过新都《铭章中学》的筹备工作；二姐在德阳做教师；三姐在省公路局做职员；四哥考取了抗日教育学校——《空军幼年学校》（在都江堰蒲阳镇）。我五哥尚在读初中，对我特别好。那时我仅三岁，但这种血腥恐怖的情景，伴随我一生，至今历历在目，有时在梦中还哭喊着："妈妈、二姐快去看看五哥……"

像这种被炸伤、炸残家人，炸毁房屋的家庭何止我家。有的家庭，全家人被炸死；有的一大家只剩一两个人，有的一家炸伤几个。还曾听老师、大人和其他同学讲：7月27日仅那一天在人民公园（当时叫少城公园）被炸死、炸伤的人特多；在祠堂街的树上，挂着被炸人的大腿、手臂及内脏；还有一个资料曾述及，在逃跑路上，一位20余岁妇女，在城墙缺口处坐着喂她怀中仅七八个月大的小胖婴儿，回来时，孩子还吸着母亲的乳头，而他和母亲已是脑髓液外流……真是惨不忍睹。多少人妻离子散，无家可归。

因此我要说出这些事实，除了向日本政府讨回公道——要他们认罪、谢罪、赔偿损失外，还希望我们莫要忘记历史，要正视历史。望子孙后代幸福成长，再不能被外国欺侮，我们也决不欺侮其他国家！更希望国际立法，避免无差别的轰炸，无差别的枪杀。

（廖世华：女，生于1938年9月16日，在成都中医药大学任老师、副教授。1944年11月退休，家住成都市一环路西三段三号四川省电视大学内。）

（转录自成都市国防教育学会、成都大轰炸史实研究专委会编著：《铁证》，中国和平出版社2013年版，第46—49页）

10. 黎光惠证言

上个世纪 40 年代初，我们家住在成都市中心纱帽街，江南清真寺内，有 5 间住屋，约 100 多平方米。我家有 4 口人：父亲马新如在伊斯兰教江南清真寺任教长（即阿訇）；母亲锁俊仙，家庭妇女；我和丈夫马子秋。全家主要生活来源就靠父亲一人供养。在当时，成都处于抗日战争大后方，我们一家人生活比较宽裕，过着丰衣足食的生活。

1941 年 7 月 27 日，一个晴朗的日子。成都的夏天本来就很炎热，天一晴，太阳直晒，更加炽热难耐。这天上午，父亲马新如在寺内一边摇扇子，一边和伊斯兰教徒谈论教事。我丈夫马子秋到街上帮人做事去了，我和妈妈锁俊仙在厨房做饭。

突然，街上防空警报响了，门外有人在喊："快跑！快躲！"我和妈妈放下手里的活，冲到门口准备逃跑时，飞机的狂叫声越来越近，从盐市口一带传来了炸弹的爆炸声。父亲马新如冲我们喊道："已经来不及了，不要跑，就地分散找个地方躲起来吧！"于是，我和母亲跑到室内，钻到一张八仙桌下面躲了起来，父亲马新如则跑到后屋去躲避。这时，一颗炸弹落在清真寺屋顶上爆炸了，房子立刻散了架，听到乒乒乓乓响了一分多钟，房屋全部垮塌了。我看见院内五颜六色的烟雾，空气中弥漫着刺鼻的火药味，浑浊的灰尘呛得人喘不过气来。我觉得心里发烧，不停地咳嗽，吐出来的痰都是黑的。我看见一个燃烧弹落在院子中间，炸了一个大坑，房屋还在继续烧。门外，左边一个炸弹落在路中间，砸出了一个大坑，但还没有爆炸。为了躲避敌机的再次轰炸，妈妈带着我往新南门外跑，那时新南门外就是郊区，跑警报的市民往往到此处躲避轰炸。通往新南门的路上，男男女女、老老少少，整条街都挤满了跑警报的人。有背小孩的、搀扶老人的、抬伤员的、有亲人被炸死悲痛欲绝要自尽的，喊叫声、哭叫声一片惨象。

我们在新南门郊区竹林中躲避了几个小时。下午警报解除后，我和妈妈赶快回清真寺，寻找我父亲和我爱人马子秋。一回到院内，就碰见本寺的伊斯兰教教务人员和马子秋，他们也在四处寻找我们，彼此见到后，好像几个月没有见到久别重逢一样兴奋。但是，仍然没有父亲的音讯，这时大家的心情又紧张起来。我们心慌意乱地在清真寺内边找边喊："马新如！马新如！"突然我爱人马子秋哭叫了起来："爸爸！爸爸！"我闻声跑了过去，看见在红沙石和瓦砾下面，有一块父亲的长衫衣角露在外面，当我们手忙脚乱地刨开瓦砾，把父亲扒出来时，人早已经断气了。爸爸头部有机枪扫射的枪眼，腹部被弹片炸开了口子肠子露了出来，全身都是血，血和衣服已经粘在一起了。我和妈妈的嗓子都哭哑了，妈妈几次扑到爸爸身上，几个亲戚好不容易才把妈妈从爸爸遗体上拉开。

因天气热，怕遗体腐烂，第二天清真寺的教务人员，按照伊斯兰教的习俗，为父亲沐浴净身，我们全家及亲属和回族同胞100余人参加了葬礼，把父亲安葬在成都北门外驷马桥回民公墓。

当天成都《新民报》报道了江南清真寺伊斯兰教教长马新如，被日本飞机炸死在中纱帽街清真寺内的消息。引起了成都全体伊斯兰教教民对日本军国主义的极大愤恨。

父亲去世后，家中的生活来源断了，吃了上顿没下顿，又要经常跑警报，东躲西藏。清真寺无法居住了，我们就搬到西北郊农村张家院子。我当时有7个月身孕，由于惊吓过度和跑警报劳累，我流产了。我承受丧父和失子之痛的双重打击，每天茶不思、饭不想，整日以泪洗面。为了生活，我丈夫马子秋去帮人做苦力，我和母亲没日没夜用手织毛线袜子，做些豆豉赶场去卖，有时，还给别人带婴儿，挣些小钱艰难度日。

日本飞机轰炸成都，不但造成我家房屋、家产被毁，而且夺去我父亲和尚未出世的孩子的生命，日军犯下不可饶恕的罪行。日本当局无理由不认错谢罪。

（黎光惠：女，1923年1月9日生，成都市民，现住成都市成华区桃溪路办事处，二环路东一段27号。）

（转录自成都市国防教育学会、成都大轰炸史实研究专委会编著：《铁证》，中国和平出版社2013年版，第50—53页）

11. 廖开藩证言

1941年7月27日，成都市遭受了日本法西斯飞机最为惨重的一次轰炸。炸死、炸伤数千人，炸后惨状令人目不忍睹。炸死者的肢体碎肉，墙壁上、屋顶上、树枝上到处都是，许多屋顶被揭走，许多房屋被炸塌。街上被炸死的同胞尸体堆满街，碎砖烂瓦遍地都是。这种种悲惨的景象，更加激起全市人民对日寇的深仇大恨，共同抱定要为死难同胞报仇雪恨之心。

在这次轰炸前有几个月的时间里，日机不断地轰炸成都市区和郊区。市民们在恐惧中度日，日日夜夜都在忙着跑空袭警报，躲避日机轰炸。市民们连续跑了很长时间，大家都感到十分疲劳了。最近这一个多月日机没有来轰炸了，即使有几次空袭警报，日机也没有飞临成都市区。市民们思想也就麻痹了。大家认为，日寇飞机今天不一定会来，何必空跑一趟受累?! 总而言之，是思想麻痹大意不想跑。

就是这一天，蓝蓝的天空万里无云。我们中央军校成都分校全校师生也同以前一样，早上出操，白天训练，晚上归营。整天在市郊野外紧张的军事训练。这天刚好轮到我值日，全队一共留4个同学在城内西较场的壕沟内看守行李。我们4个同学都很高兴，心想再不用到野外去摸爬滚打了，还可以把自己的行李打开垫好在上面好好地睡它一天觉，恢复一下以前在野外演习的疲劳。9时左右，空袭警报响了，警报声划破了街市上的宁静，跑警报的人不算多，稀稀拉拉的几个人。只有一些老成的、胆小的人往城外跑。绝大多数人还以为敌机不一定会来轰炸。约过了20分钟，紧急警报拉响了。一会儿，沉重的轰炸机声从东方传来。街上的市民像潮水似的往城外涌去，喊爹叫娘的满街都在跑，特别是建军门前交通堵塞，特别拥挤，空气万分紧张。

当时，我们4个看行李的同学，都还睡在捆好的行李包上，当看到敌机飞来时，我们全都跳上建军门前墙上散兵坑中隐避起来。霎时，炸弹的巨大爆炸声，从北较场军校本部那个方向传过来，黑色的烟尘冲上云霄，达千米以上高。紧接着是以"辛亥秋保路纪念碑"为中心的少城公园及其附近街道和南较场、西较场附近的爆炸声，黑烟笼罩着大地，泥土、碎石、断砖、破瓦片，像暴雨似的从天空中倾泻下来，弹片的啸叫声划破长空，火药气味呛煞人，我的身体被震得弹起一尺来高。日寇的轰炸机，在成都市居民区轰炸之后，又转向太平寺机场，对仓库、油库投弹后，才转向东方飞去了。

我们4个同学互相庆幸没被敌机炸死，大家商量留一个同学在原地看守行李，其余同学上街去参加救灾。我们3个人从西较场的侧门跑步向少城公园方向。走到一个小巷子与祠堂街交会的道口上，看见四周的房子倒塌了，尸体遍地，男女老少都有。特别是路旁的一个弹坑旁，一个孕妇被炸死了。头、身体、手、脚全部都模糊不清，肚内的婴儿从爆破的肚内流出来，婴儿的头脚和黑色的泥浆水混合成黑糊糊的一团。死者无数。我们3人心中无不万分痛恨日寇狂炸我国居民的暴行。

我们继续前进至祠堂街和金河街的接合处的一个小花园内，看见四周房屋瓦片被揭开，房子被炸得倒塌。小花园中心有一座小巧的楼房，其屋背被炸弹揭翻了，楼上的客厅中心有一张四方桌子，3个男人伏在牌桌上，1个男人倒在桌边的楼板上，3个妇女都倒在桌凳的旁边，全都死了。桌上还有麻将片，楼板上也抛散了许多的麻将牌。这7具尸体均未见大出血，根据现场分析可能是遭受空中爆炸的榴散弹或是被炸弹冲击波震裂神经而死的。

我们又走到祠堂街和少城公园的园门口，这几处被炸的情况更加凄惨，沿街死伤的同胞遍地都是，街道两侧的屋檐下面也堆满了死难同胞，男女老少都有。这几条街道的房子被炸塌了许多，大部分的屋瓦被揭掉了，有的死尸被抛上没瓦的屋背；有的死者肢体、头、腿、手臂被抛到树枝上挂起；也有的肌肉、皮肤被甩在断墙残壁上粘着。一些小街小巷，到处都有被炸死炸伤的同胞，破砖烂瓦满街都是，血流遍地。我们再进到少城公园里面去看，其悲惨情况更加厉害。屋檐下、花架下、大树底下，死尸成堆，血流遍地。可是"辛亥秋保路死事纪念碑"还耸立在广场当中，这个公园里死伤的就有好几百人，而且死者多、伤者少。这些市民见敌机已飞临上空，无法疏散，只好跑到公园里树荫下躲藏起来。但敌机又是以这座纪念碑作指示目标，来轰炸军校的南较场和西较场的，所以把许多各种各样的炸弹都丢在少城公园、南较场和西较场内。而这个区域又是出城要道，加上人多拥挤又跑迟了，所以造成这样的惨重伤亡。

次日，校本部下达命令，全校停止训练一天，全体师生带上劳动工具，到北较场校本部去掩埋尸体、填炸弹坑。当我们进到二校门口，看到以钢筋水泥建筑的校门被炸掉一个角。宽大广阔的北较场中，弹痕累累，全部都遭受了重磅炸弹（起码1000磅以上）的袭击。每个炸弹坑口的直径有20米左右，有十几米深。我们中队约有140多人，填了一上午，只填了半个弹坑。

这次敌机对成都市区的残酷轰炸，造成数千人的伤亡。特别是少城公园和它周围的街道死伤的人最多，经济损失无法计算。许多同胞散失了父母、兄弟、姐妹、妻儿、子女等亲人，也有的全家遭难，这是日本侵略者对大后方和平居民的一次惨无人道的大屠杀，也是成都市人民自抗战以来遭受生命财产损失最惨重的一次。因此，又称为"七·二七"日机空袭大惨案。

这一次惨案是我亲身经历的，我愿意对我的第二故乡成都贡献这点史料，愿成都人民永远记住日本法西斯侵略者给你们带来过的灾难。

(廖开藩：男，湖南郴州人。抗战时期在成都中央军校学习，曾在国民党军队服役。现退休，住湖南郴州市。)

(转录自成都市国防教育学会、成都大轰炸史实研究专委会编著：《铁证》，中国和平出版社2013年版，第58—63页)

12. 陈再伯证言

牢记抗战史，不忘民族仇。日本侵略我国，日机轰炸成都，造成我家深重的灾难。

1939年，我家住盐市口附近青石桥南街51号，我们是一般平民。父亲陈俊伯做油米生意兼中医治病，母亲车郁周是家庭妇女，大哥陈少伯、大姐陈雪秋、二哥陈小伯均是中学生，二姐陈元秋和我（陈再伯）还是两三岁小孩。我们一家加上佣人、保姆共18人一起生活。我家公馆占地面积2亩多，有5间铺面和30多间房屋，自住剩下的用于出租，过着和平安宁的生活。

6月11日，大批日机突袭成都。在市中心盐市口一带，投掷大量的爆炸弹、燃烧弹，狂轰乱炸。顿时，火光冲天、浓烟滚滚、房屋炸毁、瓦砾成堆、血肉横飞、尸骨遍地、惨不忍睹！平民百姓炸死无数。

解除警报后，我父亲带着大姐陈雪秋从郊外跑警报回来。一看我家：前院房屋被炸垮，后院住房全被烧光，留守佣人素清大姐被烧得面目全非！家里珍藏的一大箱古董玉器，明代唐伯虎、清代郑板桥的珍宝字画与钱财全部烧毁了。我父亲深感他辛辛苦苦挣来的家业化为灰烬，美好的生活遭到毁灭。顿时，痛心疾首气昏倒地，再也没有站起来。父亲遇难含恨而死，与家人阴阳相隔！

母亲之前一直带着我和二姐在双流县杨公乡农村躲警报。解除警报后，我们回到成都，母亲看到家被炸垮，父亲惨死，生活依靠化为乌有，一气之下致精神失常变成了疯子。

在亲戚帮助下，我们修复了部分房屋自住和出租，获得一些经济来源，其余大片房屋无力修复，大片破砖烂瓦的地长期成为荒地。从此我们苦苦度日，过着家破人亡的悲惨生活。

我母亲的疯病间断发作痛苦一生。当她病情有所好转时，也照管我们姐弟生活。还经常把我们两个小孩带到龙泉驿洛带乡下，在我父亲的坟墓前痛哭不止，思念亲人痛说悲情。围观群众常被感动得流下同情的眼泪，还送饭给我们吃。随着日子的久远，我母亲疯病发作逐渐缓解，生活也能自理，还料理家务，但是病情时停时发，痛苦伴随了她一生。因积劳成疾，母亲于1962年初得肿病去逝。

我们姐妹的命运也悲惨坎坷。大哥、二哥失学后游离失所，在外靠做帮工或流浪生活。二哥就是在外饥寒交迫而死的。

我大姐陈雪秋当年14岁，在家陪父亲多次跑警报，脚部受伤感染化脓，她跛着脚在钻心疼痛中时还是不得不跑警报！

父亲死后遗体安放在东门外盐码头我家营业房中，由大姐一人孤孤零零地守护着。在人们回来安葬父亲后，大姐又沉浸在悲痛和失学之中。幸好被父亲生前的好友王伯伯发现，收留她到自己办的"时钟补习学校"免费住读，得以安身。

1941年7月27日，日本鬼子100多架飞机又疯狂轰炸成都。"少城公园"被炸得最惨，日机又丢炸弹，又用机枪扫射，炸死躲警报的几百人，触目惊心！不少死难同胞的内脏与手脚被炸飞挂在树枝上。附近大街小巷的房子全被炸垮，破砖烂瓦和房屋垮架下全是被炸的同胞。处处尸骨遍地、血流遍地、烟雾弥漫，火药味刺鼻，哭声、叫声、求救声可怜、凄惨。

我大姐住读的"时钟补习学校"就在少城公园对面的东城根街。警报拉响后，她因脚伤疼痛无法跑动，就独自躲在寝室内防御空袭。她被炸得震耳欲聋地昏死过去！当她醒来时，发现被压在垮塌的房屋夹缝中，幸未被炸死。抬头一看全校房屋炸垮，周围还死了不少人。她又惊又吓，感觉浑身疼痛，在饥饿迷糊中昏睡过去。第二天，跑警报回来的同学发现她，把她送回东门外盐码头我家房内，她又一次失学，过着孤零零的生活。

大姐后来结婚了，成为家庭妇女，解放后在街道工厂做工。如今89岁，年老多病，经济收入微薄。她是一位在多灾多难痛苦生活中无比坚强的老人。

我和二姐的童年就是穷困、饥饿、失学。幼年逝父，缺乏母爱，二姐和我相依为命。二姐6岁时就每天起早煮饭给我们吃。我比她小一岁，也只能做一些小事，仅能在井里打水抬水。母亲发病时二姐还要照理她的生活，她经常生病，就打骂我们、不准我们吃饭。有时我就跑到舅舅车辐家去吃饭（舅舅家与我们一样因为日机轰炸受难）。若错过吃饭时间，外婆和舅母就给我一点小钱，我便到西东大街口子上"王豆花饭店"吃碗小饭菜又过一天。二姐在家侍候生病的母亲，只能偶尔偷着煮点饭吃一顿。经常家里无钱无米，饿得我们"白鹅升颈"，有时只能从当铺取回当东西的钱来买米下锅。我们就是从这样忍饥挨饿的生活中挣扎过来的。

由于家庭破碎，生活动荡，经济困难，我和二姐经常停学失学。一次开学后没钱交学费，二姐失学在家，被舅舅发现，给她交了学费才读成书。二姐一直刻苦读书，成绩较好，但初中毕业只能报考公费供读的"成都医士学校"，中专毕业后分到四川省寄生虫研究所等处工作，退休后经济收入很低，现年 77 岁，体弱多病在家过着医病、养病的生活。

1946 年小弟我就读南府街省济小学，时常饿着肚子上学。当时成都闹饥荒，大批穷人起来抢米"吃大户"。一天我跟着一群穷人到新南门城墙外，几家米店去抢米"吃大户"，当大人们砸开门店的门板后，我也跟着他们拼命拥挤进去，我人小力弱被挤翻在地，幸好被一个大人拉了起来，得以相救，未被踩死。我拖着受伤的脚，背了一书包抢来的白米，回家吃了几顿饱饭。

那些年不但经常饿饭，还经常生病无钱医治。为了生存我经常到西东大街一家公馆内开设的"慈善救济会"去求医看病，领取施舍的中草药并学会了煎药吃药的方法。我就是这样靠自己救自己，多次医好感冒和拉肚子等疾病。外婆知道后常说我是"没娘娃天看成"，我顽强地保住了柔弱的生命。

1950 年我考入成都"一师附小"，受到良好的教育。后在成都十四中学初中毕业，因家里困难考入公费的"成都二师"。1958 年中师毕业分配到市属中学做教师，生活才好转起来。

由于日本飞机大轰炸成都，给我家造成的灾难，使我们姐弟幼年饿饭太多，影响身体发育，长大后体质差、体型瘦。这对我一生的健康、工作、事业、兴趣爱好都带来严重的影响。1982 年我调到"成都师范学校"工作，可是在 1992 年我身患多种疾病，55 岁（1993 年）的我提前病退，在家医病养病、画画健身，身体才有所好转，但老年病多总是经不住一点波折。

使我感到欣慰的是，在 2010 年 8 月 6 日我接受日本和平组织友好人士的邀请，去日本广岛参加"热爱和平，反对战争世界大会"。我在会上沉痛控诉日本军国主义侵略我国，对成都大轰炸的罪行。日军对成都大轰炸，给千千万万的成都人民带来深深的灾难，我家的遭遇只是一个缩影。追忆往事，回顾一生，让我们不能不对战争的残酷，给人民造成的伤害无比愤恨，更使我们无比向往和平安宁的生活。我还要继续与成都大轰炸受害者们一道牢记历史，教育后代不忘国耻、振兴中华，把对日民间索赔的官司打到底。强烈要求日本政府认罪谢罪，以实际行动根除战争的隐患，维护世界和平。

（陈再伯：男，1937 年 11 月 28 日生，教师，1993 年退休，家住成都市金牛区同友路 9 号。）

（转录自成都市国防教育学会、成都大轰炸史实研究专委会编著：《铁证》，中国和平出版社 2013 年版，第 64—69 页）

13. 肖连荣证言

75 年前（即 1938 年 11 月 8 日），从这天起，直到 1944 年 11 月止，日本对成都的轰炸长达 6 年之久。成都平民受到 31 次轰炸，其中又以 1939 年 6 月 11 日 17 时 30 分实施的轰炸最为惨烈。

那天，日军派出 20 多架飞机，以每 3 架一组排成"品"字，共九组，轮番在成都上空投下数百枚炸弹。特别在成都商业中心的盐市口一带，投燃烧弹、炸弹百余枚，造成平民死伤 2000 余人，烧毁房屋 6000 余间。其中，位于染坊街的我舅父家的百货店铺和位于锦江街 85 号的我家百货店铺也都不幸遭此浩劫。这次轰炸，造成我家和舅父家以及无数成都平民家毁人亡的惨痛悲剧和伤痛，至今难以忘却！

1938 年后日本开始频繁轰炸成都，人员伤亡、财产房屋遭损的事件经常发生，百姓生活不得安宁，遂有老人、小孩纷纷赴外乡逃难，学校也停课迁校。大概在 1939 年 3 月，当时我 16 岁，在当时的华阳县中兴场亲戚家避难。中兴场离成都 10 多公里，在这里，虽然没有时不时的警报惊扰和日军投掷炸弹轰炸的危险，但母亲和亲戚们都非常担心留守成都的舅父、伙计、师兄们以及房屋财产的安全。

1939 年 6 月 11 日下午，母亲担忧的事还是发生了。成都传来消息：日机在盐市口一带投掷燃烧弹，舅父家和我家及众多街坊邻居的房屋、货物全毁了。听此噩耗，全家老小都感到震惊并陷入悲愤之中，咒骂"日本鬼子无人性"，骂"政府无能"。母亲顿时急得晕倒了，外婆见状，忙给母亲掐"人中"、喂药水，母亲才慢慢醒过来。亲戚们劝慰、安抚后，母亲情绪好转些，她想立即赶回成都看个究竟。因为当时时间已晚，不得不熬到第二天再回。6 月 12 日，我和妹妹随母亲、舅父跟跄地赶回被日本轰炸后的我家现场。

被炸前，以盐市口为中心，周围东、西、南、北四面连接的东大街、西御街、顺城街、安乐市、锦江街、染坊街皆属商业中心，店铺鳞次栉比、热闹繁荣，一夜之间，这里却一片狼藉。虽经当地老百姓和消防人员扑救，但残木余烟未灭，水淋后的瓦泥仍然散发着烟雾、水汽，令人更为心悸的还有随处可见的伤亡人员和滩滩血迹。至于曾经密集的商铺，包括舅父和我家在内的所有店铺里的家具、商品皆化为灰烬，我家唯一残留下来的是妹妹从废墟中挖出的破损储钱罐里的数十枚钱币。母亲昨天就因家业被毁的消息打击晕倒，来此之前，外婆已预告同行舅父及师兄们要劝慰母亲节制悲恸，并预防不幸的意外发生，母亲眼见家业荡然无存的凄惨景象，禁不住捶胸顿足地嚎哭："天啦！我们母子怎么办？叫我们怎么活啊！"见此情景，我和妹妹不知所措地各拉着她的一只手重复劝导说："妈妈，不要哭了！不要哭了！"在场的舅父和师兄也一边不停地用手巾替她擦眼泪，一边劝她离开现场。

当我们在这废墟现场无奈时，环顾四周的街坊也无不悲恸欲绝，有的咒骂日本鬼子；有的怨老天无眼；有的恨政府无能……让我们无辜百姓承受如此重大的灾难和伤痛。

战争固然是暴力的、是残酷的，在战场上不是你死就是我亡，但是我们是身处后方无辜的平民，日本军国主义分子"无差别"地实施狂轰滥炸，不顾人类的良知，不顾国际公约，竟然犯下这类伤天害理的事，是可忍孰不可忍！

最后，我们无可奈何地怀着对日本军国主义满腔愤怒的心情，空着双手、噙着眼泪、拖着无力疲惫的脚步离开这个一片焦土的家，回到临时避难的中兴场。从此，我们一家人在舅父的帮助下过着艰难而悲惨的日子。直到1945年日本战败投降后，我们随舅父一家才迁回成都。母亲带着妹妹与师兄、师嫂一起居住在紫东街一间十余平方米的简陋的家里，我则住在舅父家。

自此以后，我家生活和我兄妹的教育继续由舅父接济维持，母亲虽然缺少文化，但自强自立。她自尊心特强，在父亲去世后，曾以死抗拒再嫁，终身寡居，含辛茹苦地抚育一双儿女成才。因不能自谋其业、自食其力地生活，内心深处的忧愤和伤痛无时无刻不纠缠着母亲的心。自1939年6月11日遭日机轰炸以后，她食欲减少、经常失眠，再没有快乐的欢笑，只有看到我们兄妹较好的学习讯息时，她的脸上才稍微有一点光亮，每次她都说："要争气啊！"如此的生活，她的身体渐渐地消瘦了，可她却总是说"不碍事"，从不就医，最多找医生按一般疾病处方服药。一段时间后，同屋居住的师嫂才对我说，平时她非常节省，常吃素，推说是吃"斋"，逢我们假日回家才买肉弄给我们吃，平时她夜里都常有呻吟、叹息和咳嗽的声音。

对母亲日渐消瘦患病的身体，我们并没有在意。一来我少不懂事，二来缺乏知识，加之她在我兄妹面前忍出的假象，直到她病重卧床才引起重视。经提醒，到当时省立医院检查，才发现她已是直肠癌晚期，必须马上做手术。可是，手术后第二天，母亲就去世了。当时，她年仅43岁，死得太早了！她虽未死于日本军的枪弹，却死于1939年6月11日这天的轰炸，死于这一毁家、灭业而造成的伤痛和忧郁。

（肖连荣：男，1923 年 9 月 23 日生，1948 年毕业于原华西协会大学经济系，会计师，民主建国会成员。从 1951 年起，先后在重庆市江北区工商联、重庆制销厂工作，1984 年退休。）

（转录自成都市国防教育学会、成都大轰炸史实研究专委会编著：《铁证》，中国和平出版社 2013 年版，第 108—113 页）

14. 江本玉证言

　　抗战期间，成都遭受日机轰炸的损失仅次于重庆。1938年6月18架日机首次轰炸成都，在外北机场，外南机场投弹百余枚，在南门外炸死1人，伤3人；同年，日机投放若干枚燃烧弹、烧光盐市口，殃及上东大街、横草湖街、东御街、顺城街的一段或一大段。（时间大约在1938年6、7月）

　　1941年7月前后，日本飞机对成都的轰炸达到抗战以来的最高点。这期间，日本飞机从运城机场或汉口机场起飞，被炸受害严重的地点主要有成都猛追湾、少城公园等处，中弹的街道达80多条，日本飞机共投炸弹360多枚，炸死炸伤百姓1200多人，毁坏房屋约3600多间（数据、时间参考《华西都市报》）。这是抗战中成都遭受日本飞机轰炸最严重的。

　　我11岁读华阳县得胜乡高级小学（今大田坎小学），五年级时就开始跑警报了。为了避免敌机轰炸，那时学校朝会中校长向师生讲防空知识。当时地方政府就设立了"报警装备"。报警及跑警报分四个阶段：一是预行警报，当敌机进入川东方向时，街道上十字路口，有人摇黄旗，不断摇着，叫人准备收拾摊子关门，做好跑警报的准备。二是空袭警报，当敌机飞过重庆时，拉响空袭警报。响声一长一短，呜——呜~！响声催促人们快跑出城内或找附近的地方躲藏。有的老年人、小娃娃跑不动，就把被盖棉絮铺在方桌上，人在方桌下躲藏；三是紧急警报，敌机飞到龙泉驿时，拉响紧急警报。紧急警报是短声，呜—呜~！呜！；四是解除警报一长声，呜——。

　　我13岁读成都县立中学（今成都市第七中学）的初中时，地点在青龙街，有次晚自习时，突然喊"跑警报啰"，有老师在教室门口喊："不要慌，慢慢下楼。"还叮嘱同学："夜晚天气冷，怕着凉，到寝室去把棉被拿上。"同学们跑回寝室把棉被背在身上，大同学牵着小同学的手往西门外跑。到南巷子，小同学跑不动了，大同学就将小同学被盖拿上，把小同学背在背上，跑一路又歇歇气，一直跑到化城桥。据说，化成桥河沟边是躲警报的好地方，还可以在河坝上坐着聊天。夜深了身体感觉有点冷，就把棉被搭在身上御寒。不久紧急警报响了，凄惨的短声，呜！呜！呜！呜响后，这时有人喊快跑进防室洞，蹲下河边或高田坎下，不准高声叫喊，不准吸烟，不准开手电筒。我和同学们就到河边或高坎下躲着。打喷嚏、解小便都要忍耐着，担心炸弹落到自己的头上，人的呼吸简直要窒息！等呀等！等到解除警报响。拉响一长声，呜——后，大家才轻松地出了一口大气，解便的解便，说话的说话。又才慢慢地回到学校。疲倦急了，脸不洗，一倒上床就睡觉了。白天上课时，同学们心里还在想，今天该不得又跑警报。同学的思想、学习、生活都遭受了很大的影响。

有时更伤脑筋的是，刚刚拉响了解除警报，不久，街道上又摇黄旗子、又拉空袭警报，弄得人心惶惶，背起书包又往城外跑，边跑边骂日本飞机真作孽啊！

我的老家在成都东门外牛市口场口外吴家山山脚下钟家老院子后侧，爷爷租了8亩田种庄稼，供着全家人。其实吴家山只有三四十米高，只是一个小山坡。山坡上也有水田和旱地。大约在1938年夏天，我12岁读华阳县得胜乡高级小学（今大田坎小学）时，时值学校放假。我正在乡间小路边玩耍，突然听见空袭警报响了（乡村里看不见摇黄旗子的预行警报），田间干农活的伯伯嬢嬢们把农具丢放在地里，急急忙忙往竹林里跑。他们坐在地上吸烟的吸烟，喝水的喝水，摆龙门阵的摆龙门阵，但是都很谨慎，很小声的。稍后，紧急警报就拉响了，叔叔阿姨们说："嘟个这样快，敌机就飞到啰。"有人说："蹲下蹲矮点，把烟灭了，不要吸烟了。"我偷偷地往天上望，还没有数清楚天空上有多少架敌机时，一眨眼敌机就无影了。这时有人大喊盐市口、东大街遭炸了，我转头向城里方向望去，滚滚黑烟冲天而起，遮盖了半边天空。大家想去救火，又不敢去，只有骂日本鬼子。解除警报后，一些大人拿起盆子提起桶儿往城里方向跑去救火。我也想去，爷爷、奶奶、妈妈说：你去能干啥，天又要黑了。第二天我跟大哥哥们到城里去看被敌机炸烧的情景，刚走到上东大街，盐市口一带大片被敌机投燃烧弹烧光啰，街上还有很大的热气，上东大街、横草湖街、东御街、顺城街都烧了一大段。这几条街的房屋、院子里的家具全被烧光了。有的院子内还有余火燃烧，还有焦臭味。从头天午后烧至第二天上午整整烧了20多个小时，被燃烧弹烧了好一大片，只剩下一座水泥砖柱的"洋房"是当地政府的中国银行。

我的表姐夫谢荣贵是伪政府兵工厂的工人，失业后，以卖旧书摆摊摊维持全家人的生活。敌机轰炸少城公园（今人民公园）那天，他正在祠堂街摆摊摊卖旧书。预行警报时，急急忙忙地把旧书摊摊收拾了送回家。紧接着空袭警报就拉响啰！他来不急跑出城，只能跑进就近的少城公园里去躲警报，刚跑进公园大门（现今的人民公园大门方位未变）的左侧，金河河堤的大树下坐下休息，敌机已飞临头顶上，轰！轰！轰！投炸弹的响声震耳欲聋，炸弹的铁片乱飞。表姐怀中抱的侄女木桢，被投炸弹的震荡，震入金河河堤边下（当时的金河河堤及堤边是泥土的，有小斜面，泥土还生长有杂草），庆幸的是她命中注定躲过了这一劫。表姐被敌机惨无人道地炸死！表姐夫谢荣贵杳无音信。侄女谢木桢从此就失去了母爱、父爱，成了孤儿。

事后，我跟三姨去少城公园找他们，只看见河坎上表姐的尸体，河堤下还在哭泣的侄女木桢，表姐夫又不知去向。三姨把木桢从河堤下拉起来抱在怀中。这时，看见遍地遇难市民的尸体，手足与身体分离，甚至有的内脏肠子都挂在树枝上，有的尸体流血过多已变成姜黄色，非常吓人，惨不忍睹的情景数都数不清，我被吓得直打哆嗦，紧紧地抓住大哥哥的手。当时去找亲友的人，先后自发地呼喊打倒日本帝国主义，随后三姨就把木桢带回家收养。

抗战期间，成都遭受敌机轰炸最惨的地方，除少城公园外，还有猛追湾。猛追湾距离新东门只有一里多路。一次敌机轰炸成都时预行警报、空袭警报、紧急警报，较往常来得快。敌机飞到猛追湾就丢炸弹，我老家牛市口距猛追湾只有三里多路，震动声音很大。老家房屋周围是泥土砖墙，面上一层泥土都在落泥灰。大家怕泥巴墙倒下来，就跑到院子外墙包侧去躲避。解除警报后，大人去猛追湾看炸成啥子情况，我也跟着跑去看，炸死很多大人、小人，尸体不全，肠子挂在树枝上。没有及时返回城里躲警报的人说：这次"警报来得快"，我们想已经跑到乡坝头就安全了。哪晓得敌机这次就是炸的乡下，你看跑掉好多高跟鞋，炸死好多人，那些当官的在预行警报，空袭警报时已坐起飞机、汽车跑多远去逃命啰，炸死的尽是老百姓。

这次大灾难中炸死的同胞、失踪的亲友、特别是失踪的表姐夫谢荣贵和几十年未见面的侄女谢木桢，我好想你们啊！若能共同回忆过去的灾难岁月，品尝今天的幸福生活，若能再见到你们该多好啊。

（江本玉：男，出生于 1926 年，1955 年毕业于四川大学。高级讲师，任教于温江地区农校〈现成都农业职业学院〉，1985 年 12 月后退休，2010 年被聘为成都农业职业学院督学。）

（转录自成都市国防教育学会、成都大轰炸史实研究专委会编著：《铁证》，中国和平出版社 2013 年版，第 171—179 页）

15.赵树伦证言

我叫赵树伦，老家在乐山安谷镇，1939 年，我的父亲在乐山市较场坝开了一个比较大的店子，卖日杂山货，生意红火。1939 年 8 月 19 号，天气很热，中午的时间，突然从梁平、五通那边天上来了 30 几架日本飞机，就像一片乌鸦一样。飞机上丢炸弹，就像下雨一样，较场坝、东大街，丢好多炸弹哦！有几十枚上百枚炸弹。顿时，较场坝、东大街以及全城火光冲天，烟雾缭绕，到处是一片凄惨的哭声，街道上都被血染成红色的了。那个情景不堪回首。我的父亲也是在这个时候倒下来了。大约半个小时飞机就飞起回去了，留下来的是那些房子依然在燃烧，一片凄惨的景象。我的大哥哥 14 岁，当时也在店子上，因为年轻跑得快，就跑到肖家嘴，才幸免于难。

说到乐山的警报，抗日战争期间乐山经常发警报，警报来了不管是白天还是晚上，全城的人都通通的跑，跑到能够躲的地方去。警报天天发，月月发，大家就疲倦了，失去了警惕感，有些都懒得跑了。日本军国主义他是有计策、有预谋、有安排的，突然开来 30 多架飞机袭击我们乐山，无辜死掉的乐山城区市民就有几百人。登记的是 300 多人，其实远不止此数，因为还有赶场的、做生意的、走亲访友的这些人没有户口在乐山，上千人才是正确，这点是合乎实际的，才是说明问题的，才是当时的真实情况。把南来北往的人加起来肯定千人，这些人当时就炸成灰烬，尸不成体。我们帮工的一个嫂子，叫赵李氏，当时就被炸死了，一个学徒工跳到缸子里面去，缸子的水都开锅了，捞起来人都是粑的呀！活活被炖死。这一炸，我们家就全完了，财产一片灰烬。1939 年 8 月 19 号，日本侵略者给我家里头带来大灾难。从那以后，我家回老家一直务农，饭都吃不起，更不要说读书了。一直到 1949 年解放，生活条件才好点了，在党和政府的关怀之下，我从小学、中学一直保送到师范学校，成为一名光荣的人民教师。我勤勤恳恳地在教育战线上工作三十多年直到退休，我的 5 个子女都参加了工作，条件很好，孙儿在读小学、中学，还有的大学毕业了呢。作为日军轰炸四川的见证人，亲眼目睹了战争给人们带来的深重灾难，和平是多么重要啊！我要控诉战争、反对战争、希望人类永远和平。

（朱刚根据录音整理）

（转录自国家民防成都发展研究中心编著：《日军轰炸与四川防空》，2012 年内部出版，第 80—81 页）

16. 周志鹏证言

1939 年乐山被日机轰炸，炸死了我的父亲和大哥。我母亲拖着我二哥和我在乐山小场通江镇（横梁子）过了 3 年极端困难的生活。11 岁步行 350 华里回到邛崃老家，日子也不好过，解放后才得翻身。

我原名叫周兆夫，1939 年的时候才 7 岁，读小学 2 年级，在一所私人学校，我父亲和母亲在乐山学道街经营旅店生意，1939 年之前正逢中日战争全面爆发，沿海江浙一带的人逃难，顺长江来到重庆、来到宜宾，逃到乐山，当时经营旅店生意相当地红火。当时也不晓得日军要来轰炸，也发过警报，由于多次发警报没有敌机来过，再加上乐山人、嘉定人没有经过战争的苦难，不知道战争的厉害，跑警报都跑疲了。人们普遍存在"乐山城小，是经受不起一个炸弹炸的，它不会来的"这种麻痹思想，当时我父亲在乐山城外的小镇，租了一间农房来住，刚住下不久，1939 年 8 月 19 日那天，我父亲和大哥在店内经营生意，没有走。母亲带我到乐山的玉堂街去看戏去了。戏正演得热闹，剧团的人就跑到我母亲的身边说："跑警报了！"但我母亲还不走，她还想看一会儿，过了一会儿，剧团的人又跑到我母亲的耳边说："发紧急警报了！"我母亲慌忙抓起我通过玉堂街往迎春门那儿跑，那个距离不远，大概只有一里多的距离跑到了江边，跳上一只小船。乐山城边上大概有几百只小船，经常载一些农民卖水果、卖农副产品。记得刚刚撑到河心，敌机就在上空盘旋。我也看不清楚，当时很小。飞机转了一圈之后，就飞走了，大人们还在船上说："是不是我们的飞机啊？"刚刚说完这个话，不到 3 分钟，大飞机就来了，听到"嗡嗡嗡"的，随着"咚、咚、咚"三声炮响，只见嘉定城火光冲天。敌机还在天上来回盘旋、扫射轰炸我们。还有一会才能到河岸，就来不及了，我母亲就拖起我跳下河，一船的人一起跳下河，游到岸边，就往山里跑。河边上有一块小竹林，人们全都躲到竹林里，我母亲把我压到她的怀下，二三十人一起，躲到那个小竹林里。飞机一遍又一遍的轰炸，由于耳朵震聋了，或者是大人把我压倒，我只听到三声炮，三声炸弹响。一直到下午 4 点钟，人们才敢离开竹林，但都不敢回去，也回不去，隔一条河。那条河只有一里多宽的样子，也没有船。黄昏的时候，人们像热锅上的蚂蚁，不知对岸城中的亲人怎样，看见嘉定城的火光，大家直流泪。下午 6、7 点，我母亲才急急忙忙冲过江去。天哪！我们的家全部是大火冲天，烟雾弥漫，不敢进去。十全河到学道街大概只有半公里路的距离，妈妈就喊我父亲的名字："周志林啊，周志林，你在哪里哦？"喊我们大哥的名字："周兆行啊周兆行，你在哪里哟？"后来火势太大，就回到小城去找，看有没有我父亲和哥哥的音信。第二天，又到乡下去找，只有 15 华里的路，走了大半天，才走到我们乡下的出租屋，还是没有人。妈妈又是一阵嚎啕大哭，又返回来在嘉定城罩面找我父亲，仍然没有消息。火势在三天以后才扑灭，回去看，房空了，人没了，到天井里面去看，才看到一滩血迹斑斑的痕迹。我母亲牵着我，哭得昏天黑地的，俗话说：春雷不打鸟，儿在窝中望娘回。现在我们父亲死在大火中，都烧焦了，尸体东一块，西一块，没个全尸，炸得血肉横飞啊！我们哥哥连痕迹都找不到。一个大旅店，大概有二三十间住房，平时都是住满了人，生意很好，可想当时我们家死了多少人哟。我们的大家业被火焚烧完了，我家是乐山市千万个炸得无家可归中的一家，而且，更困难的还在于我们祖祖辈辈都不是乐山人，我们原来住在泸州，开了个照相馆。为啥子我们要来乐山住呢？是因为当时处在国民党的白色恐怖之下，警察来逮我们父亲和母亲，父亲不在，母亲在楼上听到警察来了，就从楼上跑到邻居家去，就这样跑掉了。我家就丢下了照相馆，逃难到乐山来的。我们在乐山无亲可投，是纯粹的流浪者。后来开旅店，看到生活有点起色，日本这一轰炸一下子就化为灰烬了。我的苦难，在我自己的亲身经历中不堪回首的痛苦往事太多太多。我母亲带着我，一日三餐没得来源，我饿得在床上打滚。为了吃饭，我去帮人家办喜事的家旱打彩旗，跑去河里面搬屁蛋虫来充饥，我还抓过知了充饥，吃过红萝卜根。冬天冻疮，耳朵、脚都破皮了，流黄水，如果衣服沾到，一扯，就又痛又难闻，这就是我的童年生活。夏天，蚊虫成堆，黄昏晚上，蚊虫声音如雷，也没蚊帐，只有任凭蚊子咬。蚊子咬了就打摆子，得疾病，冷得来盖三床被子也没效，热起来不穿衣服都难过。就这样在通江城横梁子，熬过了三年。因为我们在乐山无亲可投，无友可帮，是一个纯粹的难民，在走投无路后想起我们老家在邛崃，邛崃到乐山有 350 华里。实在熬不住了，母亲才说："没有办法了，只有逃荒回老家了。"一个女流之辈，拖着两个娃娃，350 华里，走了一个月的时间，边走边要饭乞讨，实在走不动了，就在人家的屋檐下休息，好不容易才走回邛崃。心想邛崃是自己的老家，哪个晓得老家只有个外婆，外婆来看我们的时候，见我们下午三点过还没吃饭，就去买了莲花白来炒给我们吃。我们都觉得好好吃哟。就这样子，熬到解放以后。解放后，幸好我解放前认真读过两年书，50 年我就考起了教师。我全家的生命是党和解放军给的。解放后几十年，我教了一辈子书，生活非常安定。回想起来，日本军国主义轰炸乐山，使我的幼儿、少年、青年时代都在痛苦中度过，这是日本军国主义给我们的一场灾难。我是乐山人，我知道，乐山并没有工厂，也没有驻军，为什么日本军国主义要轰炸乐山？为什么把我们的家毁了？把我美好的童年毁了？这个账我要算，就是要向日本军国主义申讨正义。有幸在 2009 年乐山人民支持我到东京，我在东京法庭上诉说了我的苦，诉说了是谁带给我的苦，我把法官问得张口结舌，本来法官在法庭上对于我们中国的受难者他是不屑一顾的。但是听了不得不低下了头。日本政府代表本来写好了答辩词，当场也拿不出话来说了，慌慌张张递了张答辩卷就灰溜溜的走了。日本也有很多正义的朋友来支持我，他们也到了法庭。当时重庆代表团的受害人也在，成都的律师也在，他们都说我义正辞严，我在法庭上说："我出了气，我向日本人诉说了我的苦。我出了气，我这一生值得！为了我们的子孙万代不再受战争之苦，我们希望人类永远和平。"

（周志鹏，男，1932 年 4 月 8 日生，出生在乐山，现住邛崃环东巷 104号，人民教师。采访人：陈志。）

（转录自国家民防成都发展研究中心编著：《日军轰炸与四川防空》，2012 年内部出版，第 82—86 页）

17. 先茂秋证言

对轰炸的印象深嘛，相当的深，是一生难忘的记忆。轰炸的时候我全家的住处都被日军轰炸完了，当时我看见较场坝一片火海，当时我母亲就倒在了那里。我父亲在成都做生意，得知乐山被日本人轰炸后随即赶了回来。看见母亲被炸死后，我父亲伤心欲绝，过了不久也死了，从此我就成了一个孤儿。我一辈子都忘不了日本人的罪行，从小就仇恨日本帝国主义。我们家是在1939年8月19日被炸的。当时我们家是500个平方的货面铺和住房，还有10几个工人在一起的，我们是经营山货和海参、鱿鱼这样的一个铺子，就在这天被炸成了一片废墟。当时我家里面还有两个管账房的先生，有一个叫陈德贵的，脖子上还挂着两行账本和两个师兄一起往大码头跑。我的一个师兄到了大码头就往老田河街跑，那里有一个石洞，就躲在那里逃过了一难。他看到河里的水被炸起有几丈高，把他吓得魂不附体。我另外一个师兄到了大码头就往油炸街跑去（就是现在8·19大轰炸纪念广场），结果被炸死了。

从那时起，我就成了一个孤儿，过着非常凄惨的生活。虽然现在看见我身体比较好，那是我从小就能吃苦，早上5点过就起床，不管是寒冬腊月、数九寒天都是如此，过着相当苦的日子。后来我的邻居看我可怜，就由一个老中医把我收养起来。那个时候我小学还没毕业，收养以后我就考初中最后直到大学毕业。我想起我这一生啊，尤其是活来，我说我这条命是老天爷给的。所以说，我对日本人是相当的憎恨。后来我们这里成立了8·19组织，我是积极的参加，而且我也愿意在里面做些事情，有什么事用到我的时候我都会义不容辞的参与进去。我要控诉以前日本人侵略我们的罪行，我心中有说不出的苦。我从小就没受过母爱，因为我很小的时候母亲就被日本飞机扔的炸弹给炸死了。我也记不清我母亲长什么样了，我父亲常年在成都做生意。因为我们家在成都也有一个铺面，是做盐业生意的，后来因为乐山的家被日本人炸了以后，要给受伤和死难的伙计发遣散费和安葬费，被迫把成都的铺面也卖了，到最后我们的家业也就这样崩溃了。

我知道今后我要发奋，而且没有父母的人真是可怜！这些都是当年日本人带给我们的灾难，让我们一贫如洗，而且还让我们失去了亲人。我的孤儿生活是怎么样的啊，我有时候在外婆家住一段时间，毕竟是在外婆家，家里还有舅舅、舅妈等等，也不能让我长期在那里居住。我吃什么呢，经常是这个邻居照顾我，那个邻居帮助我让我去吃一顿，每天就这么过嘛。小学一毕业我的养父经常照顾我，还有其他的邻居也很照顾我，这些都是有着劳动人们的感情，他们也都是缺儿少女的，所以对我都挺好的，我一辈子都不忘他们的恩情。

被轰炸时我只有 3 岁多。跑警报的时候是我家里面的一个保姆把我背起，跑的时候，连头上戴的帽子都跑掉了。我们就住在中和街，就挨到较场坝那里，我们家有 500 多个平方。在解放前有那么大的房子还是算少的。当时我们有自己的船，跑警报时船工就把我们拉到河对面到防空洞那里去。防空洞是我外公的，不是我们自己的，我们就是在那里借住一阵子，就这样躲轰炸。像我们现在还经常摆起以前的事，像乐山这么小的一个地方，日本人都要来轰炸，轰炸我们这些善良的人民。我们这里的老年人对日本人是相当的憎恨。

（先茂秋：男，1936 年生，乐山人。采访人：吴晋。）

（转录自国家民防成都发展研究中心编著：《日军轰炸与四川防空》，2012 年内部出版，第 87—89 页）

18. 罗保清证言

当时日本人的飞机第一次来的时候，我就在河坝头玩耍。飞机来的时候好像是要到中午了，飞机是从乐山大佛那个方向飞过来的。在大佛那里不是有条河嘛，就在那丢了颗炸弹，当时就炸死了河里很多鱼，那些渔民就忙到去捞鱼。过了一会就飞来了很多飞机，黑压压的一片，大概有几十架嘛。先是9架飞机在前面，到了大佛那里就分开了轰炸。开始我还觉得很好看，可是一爆炸就把我吓到了，炸弹炸了以后好多地方就开始燃烧起来，到处都是轰隆轰隆的声音。把我们这些人吓坏了，就开始往河边跑，看到到处都是火光冲天、热气腾腾，爆炸的声音相当的大。河边站满了人，好多没跑出来的都被炸死在里面了。在当时轰炸的情况下，我们乐山城从肖公嘴开始一直炸到高北门那里。跑出来的人都挤在河边上，都想坐船走，好多船当时已经被炸沉了。那个飞机看到河边上挤满了人就开始用机枪扫射，打死很多人在河边上。那个河水都被染红了，相当的恐怖。那个机枪扫射的时候，飞机飞得相当的低，都能看见那些日本人的模样。扫射完以后飞机就往峨眉山方向飞去了，当时蒋介石就住在峨眉山。我算运气好，当时没在家里待着，而是跑到田坝头玩耍，要是不出来也就被炸死在家里了。后来我回家的时候，看到家门口还有炸弹炸的坑在那个地方。这次轰炸的十几条街在当时乐山算是最繁华的地方，好多街道都被炸平了。这次轰炸起码炸死了几百人，伤的人也有几千人。

（吴晋根据录音整理）

（转录自国家民防成都发展研究中心编著：《日军轰炸与四川防空》，2012年内部出版，第93—94页）

19. 马俊修证言

1941 年农历五月二十九中午 12 点钟左右，日本机 27 架，突然袭击松潘城。投下 200 多颗炸弹及燃烧弹。立即炸死近 500 人，炸伤 700 余人，烧毁机关、商号、居民房屋 500 余家，烧死十几人，炸烂学校，居民房舍 3 万余间。未爆炸弹 4 枚。

小小古城，一时天昏地暗，硝烟弥漫，火光冲天，死尸四溅，目不忍睹。今年是我国人民纪念抗战 40 周年之际，我是这场惨案中罹难幸存者。抱着非常沉痛的心情。愿将我亲身经历，自闻目睹，回忆叙述这件难忘的往事，事隔 45 年之久，难免有不够翔实和遗漏之处，恳请读者指正。

1941 年（民国三十年）农历五月二十九中午 12 点钟左右，天气晴朗，城内繁华的街道人畜拥挤，商贸交易正在进行时，忽传来非比寻常的怪声，瞬间发现东南方上空黑压压地一群飞机向松潘城袭来。从来都没有看见过这样多的飞机，人们有些惊慌，正在这时，听得有人高声喊到："不要怕，这是我们的飞机来学习的"。还有的人在说："有好多飞机？啊，有 27 架……"话音未落，飞机已降到低空，才发现有红圈旗号，是日本飞机。城中大乱，人们不知所措，只听得飞机上一声响（似乎是指挥信号），27 架立即分为 9 架 1 队，成三角形，在城上空镜了两三转，就开始投炸弹了。只听轰隆轰隆几声，随着爆炸声就是黑烟翻滚，什么都看不见了。人和牛马乱作一团，沿街摆设的小商摊贩，全被打倒，锅盆碗盏打得粉碎，菜市、米市货物倾倒在街心。飞机声，哭嚎声，震耳欲聋。敌机朝着奔跑的人群中丢炸弹，机枪扫射。

我家在北街，离鼓楼十字口不远，自营一小小酱园铺生意，全家四口，两个娃娃，大的 3 岁上街剃头去了，小的半岁，正在睡中，我被旁边的炸弹震昏了，倒在地上，爬起来就往东门跑，跑到东门城门洞时，里面的人挤得无一点空隙，有窒息的危险，欲出不敢，欲进不得。我急向左边的观音空巷奔去，由垮城墙跑过通远桥，到一里多远的一家禾苗地里躲着。一身大汗，心脏似欲下坠，口干若火，扯一把青草舔闻。抬头遥望城中，硝烟弥漫，火光冲天。这里还有 3 架飞机在上空盘旋，阴云起处，天降一阵细雨。飞机声随即消失了。猛想起家中妻儿大小怎么样了。即从地里走出，原路走到东南，已不能再去了。只见小城门洞里炸死很多人，尸体横七竖八，重叠倒在地下，城内有 2 个深沟丈余的炸弹坑，城内城外很多有头无身、有身无腿的尸体。从衣着上看，能辨认出死者中有不少进城卖货买货的藏族男女，还有学校师生很多都倒在血泊之中。大门洞内、小门洞内血流成河，血肉四溅，惨不忍睹。

我即由垮掉的城墙处走到观音桥庙门前又发现2个炸弹坑，周围倒下不少尸体。走到我家门前一看，我的铺房前半截已被炸烂了，货物满地、架货、柜台东侧西歪。进屋不见一人，厨房内遍地是水，才发觉水缸被炸破身水全流出。这时，我爱人背起小儿，全身泥土，哭着回来了，不见大娃，心更焦急。正欲去找，只见中街全部烧完，大火向北街猛扑过来，群众自发地在打火，我即参加。这时候东街"火头"已烧毁县政府，出来几个县政府的职员，指手划脚地喊："快挑水，快把监狱附近的房子拆了"。激起群众的气愤，人群中有人喊："把这些贪官丢进火堆里，你们为啥不放警报？"吓得这些官吏赶紧跑了，由于人民群众的努力，东街烧至街门口石狮子坝，北街烧至鼓楼以上两三家，西街烧完，南街烧完走近桥头。一场大火整整烧到当天半夜，天降阵雨，才算熄灭。人们如惊弓之鸟，半夜，一家的房屋垮了，发出巨大的响声。有人喊："飞机又来了。"全城人民又受一场虚惊，搬家、疏散、喊爹喊妈，哭哭啼啼整个通宵。我回家首先看到大儿子坐在床上呆了，一见我就痛哭起来，我看他头发中一路白色。他说："舅舅引我去街上剃头，才刮一刀，飞机来了，舅舅把我抱起就跑，跑到真武街，在庙背后才没炸死。"这时候门外有人喊，说我兄弟和老表都炸死在南门外了。

我的同胞兄弟马俊森，刚满24岁，丢下1儿1女，大的不满3岁。我老表马国栋，是我三姑母的独苗苗，新婚不到3个月，他们年轻就遭一大难，七旬老母，妻儿又依靠何人。这一系列伤心之事，涌上心头，含着泪水，喊了几个亲友，拿着两扇门板，直到南门外去找，找到南门外黎家门巷在10多个男女尸体中找到我兄弟和老表的尸体。从血泊中抬出来一看是机枪扫射、胸中弹死的，抬到中街清真寺院坝内放着，这时这里已停放了10多具男女回民尸体。

后来政府统计出来日机共投200多炸弹，也有燃烧弹，机枪扫射。共死了近500人，轻重伤员700余人，烧毁机关、商号、居民房屋500多家，烧死中街省银行职员多人，附近杨家老太婆及数右商店七八人。炸烂东街完小，及各街巷民房300余间，未爆炸弹4颗。〔在中街利贞长（马祖怀）商号内1颗，县政府及菜园内2颗，观音堂巷内空地1颗〕。

(被采访人：马俊修，男，松潘小商人，1985年采访记录。)

(2006年阿坝州档案馆整理笔录，中共阿坝藏族羌族自治州委党史研究室提供)

20. 广元上西街道办事处调查记录

调查时间：2007 年 12 月 10 日上午

参加人员：

  韩平环，男，1926 年生，住址：女皇路社区三组（身份证号：略）

  王文福，男，1927 年生，住址：女皇路社区三组（身份证号：略）

  卢万学，男，1938 年生，住址：女皇路社区一组（身份证号：略）

  杨开芝，男，1928 年生，住址：女皇路社区五组（身份证号：略）

记　录：王永雄，利州区委办公室干部

主持人：范明辉，利州区政协原副主席

调查情况：

  范明辉问：今天我们召开一个调查座谈会，请大家回忆一下抗日战争时期日本飞机轰炸广元城和上西坝飞机场的情况，如轰炸时间、敌机架数、投弹数、造成人员伤亡的人数、财产损失情况，请你们把当时听到、看到的给我们介绍一下。

  韩平环：民国三十年农历五月二十五（1941 年 6 月），我背煤炭准备卖，听到东山响起警报声，街上人四面八方涌入防空洞。五月二十八（农历）早饭后，飞机从南山方向飞过来，三排每排 9 架共 27 架飞机，飞向老城和上西坝机场，共投下 82 枚炸弹在飞机场。因前几天下雨，地面湿，大多数炸弹陷在土中没有爆。炸死了冉碧清（男），他当时正割草，炸死后手中还紧握镰刀。第二次轰炸是农历七月初七，飞机从北边来，飞机从须家沟飞来，一进广元城就炸开了。爆炸引起大华纱厂仓库燃烧。炸沉了河边的运煤船，船上的人炸死。炸弹一甩飞机就飞走了。炸后又有飞机 2 至 3 架飞来满天旋转，侦察扫射。还有一次，一架中国飞机从东边飞来，降落在上西坝机场，飞机翅膀受损。日本飞机追来扫射，中国飞机驾驶员从飞机里跑出来，向群众招手，叫不要跑，他自己跑到飞机跑道旁袁家门前躲起来。这天日本飞机飞得很低，把高树的叶子都刮落了，进行了低空扫射。

  王文福：1941 年 5 月 28 日，日本飞机从南山飞来，主要目的炸广元棉纺厂。上西坝飞机场共有 400 亩，第一次对棉纺厂没炸，就炸飞机场。当时我在推豆腐卖，飞机来了，就躲进了土地庙中，看到飞机有 27 架。第二次日本飞机追中国飞机，还是从南山来，国民党飞机共三架，河西吴家荣、东坝、上西坝（各一架）降落，上西坝飞机驾驶员躲在袁家门前（现嘉陵宾馆旁）。

杨开芝：1941 年阴历五月二十八，九到十点，我正卸煤炭，看到日本飞机飞来，重点炸上西坝的中国飞机。沈家沟 2 名妇女穿白衣服，炸起的尘土把她的大腿都盖住了，人没受伤。把兰风林家猪圈炸了，炸死一头肥猪。把石磨炸飞到沟中。吴平红（男，当时 50 多岁）被炸飞起的土块打死。冉碧清等被炸死后我还到现场去看了的。

卢万学：农历五月二十八，我听说日本飞机把中国飞机迫降落在车家坝（现）朝天区西北乡东坝村。

（原件存中共广元市委党史研究室）

21. 回忆日机轰炸广元座谈会记录（一）

调查时间：2007 年 12 月 13 日上午 10 时 30 分

地　　点：利州区东坝街道办事处金柜社区居委会

参加人员：赵洪清（身份证号：略）

　　　　　赵庭怀（身份证号：略）

主持人：王永雄

记　　录：王扬声

　　赵洪清（男，住金柜社区一组）：1936 年 6、7 月，天气热，广元棉纺厂拉哨、拉深长哨，城里人都往东坝跑。日本的飞机像个罗面架，有三架飞一组，或九架、六架，一厢一厢的。我们躲在沟边的树枝下隐蔽。飞机把炸弹丢在北门外，爆炸了。还丢在嘉陵江里面。飞机是从北面飞来。在我们头上打个转转。丢炸弹时，向下冲，丢弹之后，直直地冲上天，很灵透。丢炸弹前，拉了防空哨，人都跑光了，还是听说炸死了人。飞机飞得低，飞机的门子都看得清楚。丢炸弹两坨、三坨的往下丢。我三岁时，跟妈逃过难。哪个把我背回来，都记得。

　　赵庭怀（男，住金柜社区一组）：日本飞机，有的丢炸弹，有的还用枪扫，我们藏在包谷秆丛里。日本飞机三架一组，成铧铁尖队形，飞机飞来很低，把我吓了一个仰绊。日机飞来时，是下午三四点。扫射时，一颗子弹，从我大胯旁边飞过去了，把我吓滚了，晚上睡觉还吓得精叫唤。

（原件存中共广元市委党史研究室）

22. 回忆日机轰炸广元座谈会记录(二)

时　　间：2007 年 12 月 14 日 10 时

地　　点：嘉陵办事处下河街社区宿舍楼 1 楼 2 单元 3 楼 1 号

被采访人：穆绍姬（身份证号：略），女，回族，1919 年 4 月生，89 岁，原嘉陵镇副镇长，广元建市后任嘉陵办事处副主任，1985 年任市人民代表，1986 年退休。属无党派人士

参加座谈人：王永雄，王扬声，何月明（嘉陵办事处干部）

记　　录：王扬声

　　穆绍姬：大概是 1940 年还是 1941 年，那时日机炸广元，我们妇女多躲到农村去，我躲到马家坝的哟。从河塆场塔山塆过来了许多飞机，到处丢炸弹。在郑家山炸死了好多人，一片火海。现在豫剧团位置，炸成一团火海，豫剧团对门的铜元厂也是一片火海，烧了半截街，居民损失惨重。苏廷瑜被炸死，他的女儿，弹片钻进脑壳皮，把弹片取出后，后来直到现在，她说话都有语言障碍。做理发生意的魏家，也有被炸死的人。卫家山还有炸死的人。那时天天都拉警报，一天几次。一听警报，人群都到处躲逃，一片惊恐。

（原件存中共广元市委党史研究室）

23. 回忆日机轰炸广元座谈会记录（三）

时　　间：2007 年 12 月 17 日上午 11 时
参加人员：范春锐（身份证号：略）、范明辉、王永雄、王扬声
记　　录：王扬声

　　范春锐：第一次炸广元，我在城里卖柴。一会儿拉起了警报。拉了几次，城里有个万宫墙（现在的后马路），日本飞机来了，丢了几颗炸弹。万宫墙一颗，南河坝一颗，界牌垭口一颗，都爆炸了。界牌炸死了一条牛和看牛的人。

　　第二次是在栽秧过后，在夏至边边头，日机又来炸，丢在界牌的垭上，南山口上丢了一颗，炸了很大的坑。过后我们还去看炸弹坑来的。

　　第三次是栽迟秧，日机炸后，我们躲过后，都出来看，这次炸伤了两个看牛的人，城里也有炸死炸伤的人。后来听城里人说，兵工厂的王创业（烧开水的）被炸死了，很惨。

（原件存中共广元市委党史研究室）

24. 回忆日机轰炸广元座谈会记录（四）

参加人员：杨萌（身份证号：略）、范明辉、王永雄、王扬声
地　　点：杨萌家
时　　间：2007年12月19日下午
记　　录：王扬声

　　杨萌：我今年92岁。抗日时期，我在教书，警报响，我们就逃避。那是1942年，日本飞机炸农本局，那里拴的马，飞机就嗨起炸，炸死了几匹马。我的叔叔苏廷瑜被当场炸死，他的女儿（苏家菊）被父亲抱着，父亲被炸死时，苏家菊头部受重伤，头部被弹片伤了很大个口子。（取下墙上三十年代摄的照片，介绍被炸死的苏廷瑜）。我看了日本飞机三架一组，多次来广元上空骚扰，警报一响，我们就到处逃。

（原件存中共广元市委党史研究室）

25. 回忆日机轰炸广元座谈会记录（五）

时　　间：2007 年 12 月 19 日下午
地　　点：市政府宿舍楼苏家菊家，广元市利州区人民路北段 12 号 5 栋三单元
4 楼二号
参加人员：苏家菊（身份证号：略）、回族，张三厚（苏家菊丈夫），范明辉，
王永雄，王扬声
记　　录：王扬声

　　苏家菊：日机轰炸郑家山，那年 8 月份，我们在郑家山祖坟茔里躲飞机。我父亲苏润姗（苏廷瑜）抱着我，我父亲被炸死，倒在祖坟上，我的脑壳也受了伤，满身是血。后来亲属见父亲死了，一摸我，还有气儿，连忙把我送到棉纺厂防空洞包扎抢救，才活了一条命。还有两个小小伙，也被炸死了，脑壳都炸掉了半边。满坡炸死的都是马、牛、骡的尸体。

（原件存中共广元市委党史研究室）

26. 1941年8月29日日机轰炸
苍溪陵江洪山梁等地情况调查笔录

调查时间：2007 年 9 月 27 日

访问人：张正金、曹子安、帖君帮、罗映辉

被访人：刘克贵，刘克仁

地　　点：苍溪陵江镇镇水村七组

　　问：请你详细讲解一下当年日军飞机轰炸苍溪陵江镇洪山梁一带的情况？

　　我父亲叫刘恩平。我当时还小，12 岁。当天是 7 月 7 土地会，早上翻红苕，大概在中午 10 点左右，有人在黄连松旁看见日本飞机 9 架飞过去，12 架又过去了。我们只听见哨子在叫，就像机关枪声音，当时天就黑下来了，是被烟雾罩的。我和姐姐去看，父亲就倒在地里，直流血，我家的黄牛也被打中颈子直叫唤，流血不止。我又去叫我婆婆来看，没办法。就去叫我大哥（堂兄）把父亲往家里背，走不多远就没气了，父亲中弹后不久就死了，背回来后就用白布裹了。后来我和几个娃儿去看弹坑，看见一坨铁，砸在地里，我拿回家后，用这坨铁打了一把刀和一把锄头。日本飞机先用机枪射，再扔炸弹，炸弹扔在洪山梁新田和半山堰等地，在刘恩兴的地里扔了 1 个燃烧弹，在刘家湾扔了下一个炸弹，在沙坝（罗家砣）扔了两颗炸弹，在陈三元房后扔了个燃烧弹（陈家坪）。除了父亲刘恩平外，刘恩兴一家七人全部炸死，炸弹扔在刘恩兴家堂屋中间，这七个人是刘恩兴、刘讨口、刘润狗、刘何英、刘梅英、陈姓（是刘恩兴亲戚，住寨山村）、刘闷狗。李中英腮边都打了一个弹片。当时，也没有医治。

　　庄稼损失：共损坏约 25 亩庄稼，6 头猪，1 头牛。

　　口述人：刘克贵　刘克仁

　　在场人：张正金　朱兴全　李吉生

（原件存中共广元市委党史研究室）

27. 1944年日机轰炸苍溪石门朱家渡情况调查笔录

调查时间：2007 年 9 月 24 日

被访问人：赵云菊

地　　点：苍溪县石门乡朱家村二组赵云菊家

参加人员：曹子安、帖君帮、罗映辉、姜有现

记　　录：罗映辉

　　曹主任：请你介绍一下 1944 年 8 月下旬日军轰炸朱家渡的情况。

　　赵云菊：是午饭前，当时我们在朱家渡砍柴，空中在过飞机，飞机是从东向西飞。当时我们就在数，飞机从天上过，三架一组，一共 27 架。突然飞机上就扔下了炸弹，当时炸伤了两人，赵志宣和王成付。赵志宣是伤及头部，炸后当日下午就打冷子（冰雹），当时有一个阆中的游医，来给我父亲脑部取出了弹片。王成付的手臂炸断，也是阆中的游医给接好了的。王成付有一个儿子叫王孔友，在伏公三岔沟（学校）附近住。

　　当时在场砍柴的还有赵云春、赵云岭、赵志钦、邓如莲、李秀珍、赵志培、李云会等人，现在这些人都去世了。在炸弹坑捡的还有很弹片，后来我们在弹坑处修了一座堰。

　　姜友宣（代笔）

（原件存中共广元市委党史研究室）

28. 苏联援华飞机坠毁在南江县坪河乡的调查笔录（一）

时间：2007 年 11 月 10 日

地点：南江县坪河乡人民村七社（王家湾庙梁上）

被调查人：周安礼，女，现年 56 岁，健康，不识字，家住南江县坪河乡人民村七社

调查人：杨照义（坪河乡宣传委员）

问：你们这里关于苏联援华飞机坠毁，飞机上人员遇难的事情知道不？

答：是民国 26 年的事了。听我父亲摆龙门阵摆的。

问：当时落下来的情况咋样？

答：在碧家山碰了一下，一个倒栽葱就落在张德礼（家）侧边湾里。当时父亲在后面梁上做农活，听到（梁）上面的人喊"救命"，还能听到子弹的响声，"砰""砰"的响。

问：当时第一次来安葬的人有谁？

答：有当时的保长周开化来找我父亲（周开聪），说"老弟，我们现在把死人安埋了，再说飞机"。还有甲长张文才也参加了的。

问：当时飞机落下来对农房、田地、树木、人口有损失没有？

答：落到一棵大梧桐树上斜面一撞，栽到张德礼（家）那边湾里。后来那里就叫飞机湾里。对地面没有损失，也没有人口伤亡。

问：当时你父亲等四人是怎么安葬的？

答：周开化、张文才、张德成和我父亲，挖了一个方坑，把人乱埋在里面的。还在我家拿了一床席子和被子铺在下面，人不沾土就埋了。一共 24 人。

问：飞机的残骸又是怎么处理的呢？

答：齐家待伙的就撤了。后来拿到什么地方去了就不知道了。

问：据说撤飞机时还捡了两把枪？

答：是落下来的尸体上的，一长一短。是周开化拿去了的。

问：第二次上面来人后又是怎么安埋的？

答：来的人他们说是俄国人来收尸的。拿的红版绫、白版绫和丝带子捆尸体，其中只有两具全尸，这两个是做的火匣子，抽的我家的楼板，用钉子钉起，其他 22 人在我家垛仓架起，白缎绫捆里面，红缎绫裹外面，由于尸体腐烂，用

钉耙抓起来，也分不清谁是谁的，一个尸体放一个头，然后每8个放一排，上面用板子盖着，不让土沾身。

问：他们后来给的报酬没有？

答：当时吃住什么都没有，只是每埋一个给5个银元。一共120个大洋。给我父亲送了三尺红版绫做纪念，后来做成了麻布口袋。

问：每天在你家吃住的人有好多？

答：每天有14—15桌，除了自家的腊肉外，一般就是便饭和小酢豆腐，每顿一大锅，连续十五六天。第二次又是5天，见天就三四桌。把黄桶扣在毛边锅上蒸饭。酒也是自己烤的。

问：当时每桌饭算的多少钱？

答：结（账）的是3个银元。

问：当时他们做什么纪念活动没有？

答：是我爷爷周怀桌做悼文，准备了三捆纸，40捆香，蜡30把（每把36支）写的袱子北背了三大背。我们兴烧"七七"，他们烧了五天就走了。

问：垛仓多少钱？生活多少钱？席子、楼板多少钱？

答：当时垛仓可以装4000斤谷子，结2200元，生活16500元，席子60元，楼板2400元，被子300元，这些我们都没有要。

问：纸好多钱？香多少？蜡多少？

答：三捆纸是那些人带来的，香是420元，蜡330元，这些我家也没有要钱。

问：博物馆哪年来过的？

答：是1981年来的，问了些情况，做了记录。还给我父亲称了斤白糖，一斤叶子烟，还与张德成照相的。碑板就背走了。

问：还有要说的？

答：没有了。

问：你说的都是真的？

答：是真实的。

（原件存中共巴中市委党史研究室）

29. 苏联援华飞机坠毁在南江县坪河乡的调查笔录（二）

时间：2007 年 11 月 10 日

地点：南江县坪河乡人民村七社张德礼家

被调查人：张德礼，男，现年 58 岁，健康，小学文化，家住南江县坪河乡人民村七社

调查事项：苏联援华飞机坠毁

调查人：杨照义（坪河乡宣传委员）

问：你知道（苏联援华飞机坠毁）这个事情？

答：听父亲摆的。

问：讲下飞机落下来的情况。

答：听到飞机上喊"救命"就落下来了。飞机的，在张文坤家后门有棵核桃树一下子就落到了沟里。飞机的身子就在我家现在那后面梁上。是架大飞机。

问：飞机落下来有没有造成损失，人员伤亡没有？

答：没有。

问：现在 24 名烈士安埋在什么地方？

答：当时保长喊埋在我给你指的茶丛那边的。

问：又过了好多天后，汉中方面来人是怎样处理的？

答：汉中来人后就用火匣子埋的，24 个。

问：埋在哪里的？

答：就在我家院坝边上。

问：你原来就住在这里？

答：原来在左边沟边老房子住，这房子是新建的。

问：飞机落下来后，上面有什么没有？

答：烧了几天，子弹、炮弹炸了几天，具体周开化捡了四支手枪，吴礼堂知道后把他抓到槐树河里收缴。张元方捡了金圈子卖给新铺子二胖子当铜的收购。拿到汉中卖了。胡云才捡的铜盆子昨年才丢失了。

问：当年碑板是谁背走了的？

答：是张晋鹏带起人背走了的。当时他们请南江县博物馆的，是我父亲背

起走的。碑是汉白玉的，民国 26 年立的。

问：除了上述的，还有什么呢？

答：不知道。

问：你上面说的是真实的吧？

答：是的。

（原件存中共巴中市委党史研究室）

30. 苏联援华飞机坠毁在南江县坪河乡的调查笔录（三）

时间：2007 年 11 月 10 日

地点：南江县坪河乡人民村七社（王家湾何名雨家）

被调查人：何照雨，男，现年 90 岁，健康，不识字，家住南江县坪河乡人民村七社

调查事项：苏联援华飞机坠毁有关情况

调查人：杨照义（坪河乡宣传委员）、何明全（人民村主任）

问：你知道王家湾落飞机的事情？

答：知道。

问：飞机当时落下的情况，说下。

答：从三角飞向顺家寨一撞，一个倒栽葱就落下来了。先落的翅膀，后是机身。

问：当年飞机上死亡多少人？

答：飞机上有两个人在翅膀没有烧到位，其余都是烧焦了的，只有两个有头发，老师黄的。

问：当时是怎样安埋的？

答：国家来了一批，有个各（郭）委员，打了个指示碑。

问：24 名烈士埋在一起吧？

答：挖了一个坑全部埋在里面。

问：飞机落下来有没有造成损失，人员伤亡没有？

答：没有。机尾擦了房子边上有棵核桃树一背。

问：埋在何处？

答：埋张德礼院坝边上。

问：当时有没有人管理？

答：当时周开化的保长，甲长胡三礼，他们在安排。周开化严得很，对谁都不说。

问：你们捡到什么东西没有？

答：没有。

问：24 名烈士有没有后人来过？

答：没有人来看。

问：还有什么要说的呢？

答：没有了。

问：你上面说的是真实的吧？

答：是的。

（原件存中共巴中市委党史研究室）

四、大事记①

1932 年

1 月 28 日　日本武装侵犯上海。筠连腾川丝厂缫成的生丝运抵上海途中，遭遇日军飞机（以下简称日机）轰炸，50 关担生丝全部毁于日军炮火。

1936 年

本年　遂宁县发善后公债，以粮额统计应系公债130000 余元法币（亦称为国币，下同）。

1937 年

同年　德阳列支防空技能培训费 34.52 万元法币。

同年　遂宁、仁寿、威远、资中、长宁 5 县共上缴救国公债 534775 元法币。

同年　仁寿、广元两县共捐献寒衣 818 件，棉背心 3000 件，布鞋 200 双。

1938 年

3 月　一架中国空军驱逐机负伤降落在射洪县境内申家林后，空军轰炸总队将其运往遂宁。

1 月至 6 月　资中县接待并救济难民 121 人，支出口粮费 4430 元法币。

6 月 20 日　日军三架轰炸机飞越南部县碧龙乡时，其中一架飞机坠入全子山，机上 7 人毙命。

---

① 本大事记中除特别标注外，法币均按当年币值记录。

10月2日 华阳（今属成都双流）修筑太平寺飞机场，征用地23830.94亩，发给土地征用及拆迁补偿等费用共计255000元法币。华阳、成都、彭县、崇庆、灌县（今都江堰）、双流等县各征调民工700名，温江、新都、郫县各征调民工600名，崇宁、新繁各征调民工500名，共计征调民工7000名。

10月 洪雅县征集民工1万人，修筑运送战备物质的乐西公路冷竹坪、楠木园、蓑衣岭地段，往返3次，1940年12月完成任务。

10月 苏联援华飞机一架，损毁于南江县坪河（王家湾村），机上24人全部牺牲。

11月8日 日机18架首次侵入成都上空，在外北机场及外南机场投弹96枚，炸死3人，伤5人，毁房6幢。

11月15日 日机17架在成都外北机场投弹103枚，炸伤1人，炸毁空军军士学校房间3幢。

11月 华阳县11月份总共增加避难人口767人。

同月 成都县三个区11月份共增加避难人口数1602人。

12月 广汉抽派民工1400人赴双流县修机场。

冬季 丹棱县政府奉命修筑川康公路南龙段。筑路持续到1940春。丹棱县民工在筑路中因劳累、饥饿、寒冻而死亡49人。

同年 邻水县征集劳工1000人参与修筑重庆广阳坝机场，历时6个月。邻水县支出银洋1833.4253万元法币。

同年 武胜县为抗战征送石工500名协助蓬溪县修筑川鄂公路。

同年 名山县共交航空费3944元法币，家属优待谷100900石。

同年 因抗战所需，遂宁南坝修建军用飞机场，1939年建成，工程费共用7070732元法币。

同年 宜宾县征调木船400只到襄樊抗日前线运兵和器材，每只船载量为25000担，三分之二的船只未返回。

同年 各地共募捐法币113499.26元法币，寒衣113348件，腊肉23斤，大洋62元，铜元1749千200文，稻谷61429市石。

1938年至1941年 通江抗日官兵牺牲104人发抚恤1万元法币。

1937年10月到1938年底 成都凤凰山飞机场修建和扩修，共动用民工约7475人，共支出288665.246元法币，征地1395.8509亩，前后有成都、广汉、温江、德阳、华阳、简阳、郫县、双流、新都及四川省警区总队民工参加修建。

1939 年

1 月 2 日　平武县响㶽乡狗圈堡坠毁一架苏联飞机，死亡苏联人 21 名。

1 月 10 日　中午 11 时 3 刻起，日机 8 架在泸县县城（今泸州城区）东门口、大北街戏院、小市五峰顶侧排风山等地共投弹 19 枚，炸伤 20 人，炸死 7 人；民生公司囤船一只被炸沉没；炸毁房屋 65 间。

2 月　眉山县府强征 1600 名民工修建温江黄田坝飞机场。彭山县征集民工 800 名、夫役 40 名，赴温江县修黄田坝机场，历时 3 个月。

3 月 1 日　四川省政府拨出 20 万元法币安置来川难民。

3 月 22 日　成都市征得防空经费 25 万元法币。

4 月上旬　一架抗日歼击机负伤，坠毁于白衣乡河坝，驾驶员黎宗彦罹难。

4 月起　泸县二分之一以上居民被疏散。泸县富绅巨商募集捐款 300 万元法币，作为指挥部事业费及行政费用。

5 月 9 日　中央拨 30 万元法币疏散费，成都市议定以 20 万元在郊外建筑大量草屋，安置平民；10 万元法币加上省政府补助 10 万元法币共计 20 万元法币，用于平民搬迁支用。

5 月 19 日　行政院和财政部拨给川黔两省建筑疏散用房各 100 万元法币；后增加为 300 万元法币（重庆 200 万，成都 100 万）。据初步统计，成都疏散平民将在 10 万户以上。

5 月 22 日　11 时许，日机在简阳贾家乡十二保毛家大堰扔下两颗燃烧弹，烧毁房屋 33 间，粮食 3 石 7 斗，衣服 101 件，寿木 2 具，床柜桌凳 67 件，树木 36 根，帐被褥 33 床，猪羊 12 头，厨具 29 件等，造成直接经济损失 30350 元法币。

5 月 31 日　中央赈济会预拨 5 万元法币作救灾准备。

6 月 2 日　四川战时负债 1300 万法币（1938 年 7 月至 1938 年 12 月旧债）；新债 2000 余万元法币（1939 年上半年以来）。

6 月 11 日　日机 27 架轰炸成都，共投弹 111 枚，炸死 259 人，炸伤 468 人，损坏街巷 49 条，损房约 6075 间，被烧、震倒、拆卸门牌号 1215 号，受灾 6000 余人，经济损失达 66.3 万余元法币。在解决空袭造成的伤亡方面，防空司令部先后在市区设立了 22 处医疗所，5 家重伤医院，并将全市公、私立医院编入防护团，建立了 6 所伤民收容所，4 所临时治疗所，5 所棺殓所，2 所难民收容所。卫生防疫：霍乱病人注射 5000 多人。赈款发放，单户的每户 30 元法币，两户同居的每户 20 元法币；被炸死亡的发放抚恤费 30 元法币，重伤的 20 元法币，轻伤的 10 元法币，行政院拨款 10 万元法币赈恤灾民。成都市政府发给出征将士家属优待费共计 10000.00 余元法币，用于对 800 余户家属的生活补助。

同日　下午 6 时，24 架日机轰炸简阳莲花埝芦永店（现简阳市石板凳镇芦永村八社），炸死 5 人，伤 10 余人。炸毁瓦房三层，炸死猪 3 头，牛 1 头，鸡鸭 10 只，损失枪 2 支，票洋 900 余元。

7 月 13 日　四川紧急救联处已发赈款 40000 余元法币。

7 月 17 日　党政军联合会决定拨款 40 万法币，20 万法币作为建筑平民住宅贷款；20 万法币作疏散补助费。

7 月 27 日　拆除火巷补偿费加上 5 月 25 日财政厅拨付的 10 万元法币，政府共核发补偿 20 万元法币。

7 月 28 日　白市驿机场自 1938 年 11 月 5 日开工至 1939 年 6 月完成。期间各县支用民石工伙食实际须赔累 90000 余元法币。航委会补助 70000 余元法币，各级民工队长薪金及修理工具等等又需 60000 余元法币。总计此役工程除航委会发个工程费 50 万元法币之外，各县赔垫数字在 20 万法币元以上，后由中央拨补。

7 月　宜宾县城区设"难民收容所"，收容沦陷区难民 550 人，每人每月口食费 12 元法币。

8 月 2 日　党政军民慰劳团经费确定为 170000 元法币。

8 月 17 日　成都"6·11"空袭损害户口暨抚济发款数一览表总计发放 55035.15 元法币。

8 月 19 日　日本出动飞机 4 批 36 架空袭乐山城，投炸弹 100 余枚，燃烧弹 100 余枚，被炸 2050 户，重伤 380 人，轻伤 600 多人，死亡 838 人，10000 多人无家可归，全毁城区街道 12 条、房屋 3000 幢，全城财产损失 2000 余万元法币。

8 月 30 日　安徽省难民陆续入川，成都平民疏散贫保委会贫儿寄托所设备费 20000 元法币。

同月　日本飞机在峨眉县青龙岗投炸弹 1 枚，毁房 2 间，伤 1 人。

9 月 10 日　剑阁县难民收容所成立，收容鲁、豫等地来剑阁难民 250 名。

9 月 11 日　上午 9 时半起，日机 2 批 36 架空袭泸县，在泸州市区、西门、忠山东北城郊等地投弹 185 余枚，炸伤 446 人，炸死 303 人，损毁房屋 3326

幢，其中，专署、泸县县府、警局、法院等建筑均在轰炸中损坏。"烧夷弹"（燃烧弹）、爆炸弹引起的大火直烧到下午3时，全城6700余户人家遭炸毁、烧光。居民2100户、4879人无家可归。此次日机轰炸造成的财产损失达3000万元法币以上。

9月25日　日机9架轰炸簇桥，炸死葛三兴1人，其碾房炸毁。

9月29日　日机9架首次轰炸遂宁城关及机场一带，投弹100余枚，亡4人、伤2人、损民房数间，毁坏机场。

9月30日　中央赈济委员会在成都设难民总站，以救助战区来川难胞。当月1.5万黄河难民由陕西来四川后，被妥善安置。

9月　彭山县征集民工600名、夫役30名，赴新津县修机场，历时60天。

10月1日　日机两批空袭成都，投炸弹50枚，炸死7人，炸伤1人，炸毁房屋2间。

10月1日　日机2批空袭遂宁，投弹90余枚。

10月1日、24日　日机先后在武胜中心、清平等地投弹11枚，炸毁部分农田，炸伤1人。

10月2日　日机6批共约80余架过泸县，第4批在城内投弹20余枚，炸死4人，炸伤14人，毁房40余幢。

同日　日机先后分两批18架夜袭宜宾。投弹300枚，炸伤4人，炸死6人。毁房10间。

10月10日　日军飞机17架次，空袭自贡市自流井桐垱镇、长垛镇等地，日机投弹113枚，有17枚未爆炸。炸死27人、伤85人，炸毁房屋175间。私立曙光中学（现蜀光中学）教学楼中弹，部分建筑及设施被毁。

同日　长宁县十三城厢镇因日本飞机飞临上空袭扰，造成民众恐慌，踩死4人。

10月24日　日机3批4次侵入遂宁机场，投弹约200余枚，伤1人，炸损我飞机1架，机场受损，焚烧民房1户。

同月　资阳县城各小学、县中校（现资阳中学）、简易师范校（现雁江一小），避日机轰炸，共用疏散及迁移费11416.90元法币。

同月　资中县兵役协会拨交常备队壮丁优待谷332石，到1940年底共发优待谷12027石。

11月4日　日机在凤凰山机场东端起至昭觉寺马路以西之线，投弹约156枚，命中跑道上；机场内第六十八站玻璃震损约十分之四；机场内所停之"中航第（11）号邮机"被烧毁；落凤桥民房 3 座被毁；死 16 人，牛 1 只，猪 2 只，鸡鸭各 1 只；伤 18 人，犬 1 只；民房 3 座是邓先刚草房 22 间、周伸祥草房 18 间、范姓草房 29 间，机场南端电线被损，雍家渡姜姓田中有练习机一架强迫降落机身震损，飞行生 2 名均微伤。

同日　日机 20 余架轰炸成都，受到我空军猛击猛撞。其中，日军指挥官奥田大佐所指挥飞机受创，坠落于乐至县（原中江县）全胜乡麻柳沟，造成地面 2 座四合大院起火，死亡 4 人（其中日军 3 人），重伤 7 人，其中一名孕妇受伤早产伤子。

同日　20 余架逃窜日机，围着乐至县大垱、全胜、盛池、宝林、新观音等乡，扫射数圈，盛池乡文家沟陈昌文家耕牛中弹死亡，周围的数十家民房寺庙、学校被打成窟窿。

同日　日机轰炸成都市驷马太平两镇：重伤女 1 人；轻伤男 1 人，童 1 名；死亡男 4 人，女 3 人，童 1 人，不明 4 人。损坏房屋 56 间，3 间院，家具全毁，牛 1 只，猪 12 只，黄谷 188 石，白米 12 石，胡豆 2 石，麦子 4 石，谷草 23400 斤，共计 25000 余元法币。住户财产间接损失报表揭示迁移费、疏散费共计 900 余元法币；防空设备费人民义务办理；救济费、抚恤费系参加省会救联处办理。

11 月 15 日　日机 17 架空袭成都，投弹 100 余枚，炸伤 1 人，损毁民房 6 栋，成都凤凰山机场及华阳太平寺机场两处着弹。

同日　日机 27 架空袭温江，投爆炸弹 210 枚，炸死 6 人。

同日　高县在南广修建轰炸场，支出全部费用为民工工资 10802 元，房屋坟墓拆迁费 4696.20 元法币，押金 3415.00 元法币，年租金 2695.80 元法币，瞭望台 969.75 元法币，共计：22578.00 元法币。

11 月 18 日　日机 27 架袭川。

同日　四川省赈济会统计救济战区难民概况，共计 38000 人。

同日　日机空袭达县城，投弹 1 枚，四川省桐油贸易公司达县分公司万寿宫仓库起火。

11 月　彭山县征集民工 500 名、夫役 25 名，扩修新津机场，历时 1 个月。

同月　庆符县在有关镇乡发放出征军人优待谷共计 1044 石。

12 月 19 日　10 时 40 分，日机 25 架在宜宾上空盘旋 4 圈，至 12 时飞离，10 分钟后，9 架日机向宜宾菜坝飞机场投弹 30 枚。

12 月　为抗战需要，青神县奉令征调民工 8172 名，修筑邛崃桑园镇飞机场。1940 年 3 月又征调民工 1099 名前往修筑桑园镇机场，前后半年时间

（1939.12 至 1940.6），共耗费大米 176.8906 万斤，法币 7.2499 万元法币。眉山县征调民工 1556 名修筑邛崃桑园镇飞机场，次年又先后加派民工 1500 名。

同月 庆符县（现高县）民政科"抗战以来人民捐资调查表"记载：全县共捐献物资值法币 16986.59 元正法币。修建南岸坝飞机轰炸场服役投工 54010 工作日，修建叙昆大道庆符段服役投工 3690 工作日（每工日给口食 0.20 元法币）。

年底 抗日战争全面开始后，国民政府在全国开征"临时国难费"，至民国 28 年（1939 年）底，绵阳县共征收 256502 元。

同年 为支援抗日前线，苍溪县连续两年分四次购买爱国公债 5120 万元法币。为抗日军人家属发优待谷 4701 石。1942 年，苍溪发积谷 2247 石。

同年 国民政府为抗击日军入川修建"巴山国防工事"，在广元旺苍地区抽调义务民工 2 万名，建工事 500 余处。

同年 广元县政府报告本年度抗战社会财产间接损失 6000 元法币。

同年 邻水县为输送抗战物资修筑汉渝公路，邻水县境内总长 80.3 公里。全县共征集劳工 10000 余人，支出银洋 15628.1000 万元。

同年 征收国难税：巴中县 39298.92 元法币，南江 8372.12 元法币，通江 16390.25 元法币，合计 64061.29 元法币。

同年 通江、南江、巴中、绵阳 4 县本年共上缴国难费共 1061685.29 元法币。

同年 各地募捐法币 8097836.91 元，布鞋 4800 双。

1940 年

2 月 7 日 资中县填报抗战间接损失 10323.9 元法币，其中迁移费 6043.9 元法币、防空设备费 3080 元法币、救济费 1200 元法币。

2 月 屏山县成立征工筑路委员会，先后征调 4000 民工抢修滇缅公路乐（山）西（昌）支路。翌年 5 月完工。民工患病 113 人，死亡 24 人。

4 月 22 日 19 时，日侦察机 1 架，轰炸机 35 架，飞临宜宾上空，日侦察机向菜坝飞机场上空掷投照明弹 30 枚。随后，日轰炸机向宜宾菜坝飞机场投弹 200 枚。（其中巨型重磅炸弹 2 枚）伤 3 人，死 1 人，毁房 3 间，1 架飞机受损，征集 200 名民工修复机场。

4 月 23 日 因 1939 年成都市曾遭日军敌机轰炸，四川省政府会同川康绥靖主任公署电请并获得中央政府批准拨付疏散区建屋贷款 200 万元法币。

4月24日　日机18架空袭遂宁，投弹200余枚，死7人，伤9人，毁房2栋约5770元（大洋）；毁器具、衣物、猪牛等2550元（大洋），毁农作物2321元（大洋），共计10441元（大洋）。

4月　德阳县出动民工1250人修建太平洋寺机场，做工250天，计6.25万个工日。

5月18日　日本轰炸机18架次，在南充县长乐乡（今高坪区长乐镇）鱼塘沟投弹25枚，炸死2人，伤1人，毁房3间。村民江德安家的1头肥壮水牛被炸死，罗廷川家的1头架子猪被飞来的弹片把脚炸断，墙被炸垮。

5月18—19日　两日内，日军每天出动18架敌机侵扰成都，对成都崇义桥、斑竹园、天回联保第六保六甲等区域进行袭击，共投弹196枚，造成33人死亡，26人受伤，损毁居民房屋8间及1院，折合1400元法币。

5月19日　19时28分，日机27架飞临宜宾上空盘旋3圈后，即向菜坝飞机场投弹193枚，同时分别向城区北门外真武山投弹2枚，洞子口投弹3枚，陕西馆投弹2枚。伤25人，死14人，毁房21间，死猪8只，直接经济损失20720元法币。征集民工660名修复机场。

5月21日　日机3架空袭达县蒲家场（今通川区蒲家镇）吊钟庙，投弹12枚，炸死1人，伤3人，炸死耕牛1头。

5月　绵竹县出动民工1125人，抢修双流机场，所做工日无从查考。

6月6日　日机27架空袭遂宁机场，投炸弹500余枚，燃烧弹380余枚，死21人，伤39人，损失民房76间，折房屋、器具、猪牛等损失计约46766元法币，并毁坏机场。

同日　2架日机在武胜县城西北人木桥投弹1枚，炸伤1人。

6月12日　正午日机36架经渠县李馥乡上空时投弹5枚于龚家桥附近，炸毁杨开理住宅、后院、树林。

6月24日　日机34架轰炸蓬安县罗家场玉皇观牛头寨，投弹1枚，毁房屋2间，稻田1亩，财产损失4350元法币。

6月26日　日机向邻水县复耳乡青林沟半山中之绿水荡投弹3枚，毁坏树木数十株。

6月　中江抽调民工5000人赴崇庆修建王场坝机场。施工中遇日机轰炸，死24人，伤74人，病死73人。

7月4日　日机35架空袭遂宁机场，投弹200余枚，死1人，伤6人，机场受损，毁房、器具、猪牛等损失共计7940元法币。

7月5日　午后2时，日机空袭泸县，投弹3枚，落入来奇联保第一保石踏边钱姓田中，震倒草房1间，无人员伤亡。

同日　日机27架于上午11时投弹98枚，对自流井、贡井夏洞寺一带轰炸，炸死73人，轻伤141人，毁房90间（均含贡井）。

同日　12时50分，日机80架，对自流井慧生公园、繆沟井、珍珠寺、豆芽湾、八店街等地投弹98枚，另有3枚未爆炸，炸死73人、伤141人、炸毁房屋90间、地下室2处。

7月10日　日机27架第一次轰炸三台县城，炸毁房屋578间，造成死89人，轻重伤127人。

7月24日　日机入侵成都市，市内各大街道（其中有记载44条街巷）、省警察局北糠市街分驻所、浙江会馆及附近区域，以及警员张衡、罗省悟、程幼龙、饶振汉等家均被炸，日军投弹138枚，造成102人死亡、114人受伤、4人失踪；日军的空袭使得成都市出现大量灾民、难民，其中灾民340人，出动劳工282人；政府拨付医药费562.5元法币，发给受害者医药补助费、殓埋费及私物损害救济费三项共计2829.3元法币；根据被害者的统计，被炸私物损害品估价为5535.2元法币；政府对灾场抢救出力人员给予嘉奖，奖励1000元法币；发给受害者家属奖恤金455元法币。

同日　日机在成都市还炸毁了几间学校，据呈报的统计表统计华东区小、三圣镇第四保国民学校等被炸，损失桌椅及教学用具等物品242件，属社会财产；国民党第34、98两团被炸，损失大批武器、被服，但无具体数据和估价。由于敌机当日对成都市进行的大规模轰炸，使得成都市空袭服务队用于防护的经费增加，开支费用2265.61元法币；居民房屋损失8057间，私人财产估价合计2136521元法币，另有房屋2092间无估价。

7月30日　日机1架对蓬安骑龙补疤桥进行轰炸，伤1人，炸毁房屋1间，农田约1亩，财产损失折合约2800元法币。

7月31日　正午，10余架日机飞窜蓬安县，投弹1枚，下午又有日机24架，投弹5枚，对金溪、骑龙两乡交界的香炉山进行轰炸，伤1人，毁房屋2座，农田约6亩，财产损失约7850元法币。

8月2日　3时至15时，日机两批34架空袭泸县城区，投弹83枚，损毁房屋1655幢，炸伤337人，炸死335人。此次空袭造成财产损失估计数91750元法币。

同日　26架日机在广安县城投弹107枚，王爷庙（今新平路小学）、南园、渠江东岸沙背山、厅房湾等地被炸，炸死 17 人，炸伤 46 人，炸毁房屋 91 间，木船一艘。

　　同日　日机在邻水县幺滩场北五里萧家湾及谭家湾投弹 7 枚，伤 1 人。

　　同日　日机 45 架分 3 批从荣昌方向飞至隆昌实施轰炸，投重磅弹（500 公斤以上）19 枚，破甲弹 49 枚，烧夷弹 6 枚，县城北街、东街、老街、顺河街、公馆巷、姚家巷、考棚、文庙、南门桥等均遭轰炸。共炸毁房屋 360 间，震倒 277 间，炸死 157 人，炸伤 38 人，轻伤 157 人。轰炸造成损失计 50 万元。

　　同日　日机 2 架在大竹县川主乡两路口投弹 2 枚，炸死 1 人，炸伤 3 人，损房 4 幢。同日，日机多架在县属城南乡境内野鸭池、青龙寺，各投弹 1 枚，死亡 1 人，受伤 3 人，炸毁建筑物 4 间。

　　8 月 12 日　日机 54 架空袭泸县城区及城郊，投弹 109 枚，炸伤 362 人，炸死 307 人，损毁房屋 2195 间。此次空袭造成财产损失 90750 元法币。

　　同日　上午 11 时，日机 20 余架，对自流井轰炸，泊于火井沱内的贡井"利商公"号盐运船炸沉 2 只、炸烂未沉 2 只。泊于堰外（韭菜坝）内的行船炸沉 4 只、炸烂 5 只，扛力工人段银三被当场炸死。

　　同日　午后 12 时 50 分，日机 81 架，对自流井繆沟井、豆芽湾、东兴寺等地投弹 267 枚，另有 16 枚未爆炸，炸死 92 人，伤 157 人、炸毁房屋 282 间。

　　8 月 21 日　日本飞机 1 架轰炸平昌县高峰寺，炸毁民房地产 2 座，死亡 2 人。

　　同日　午后日机 36 架分 3 批在渠城（渠县）上空投弹 37 枚，炸伤 133 人，炸死 29 人，损房 5488 幢。

　　同日　午后 1 时 20 分日机 36 架在达县城轰炸，投弹 44 枚，损房 84 幢，炸死 80 人，炸伤 137 人。炸断电线杆 2 根。炸死猪牛 5 头。造成直接财产损失约 8000 余元法币。

　　8 月　四川省政府指定仁寿县捐献驱逐机 1.5 架，捐洋 30 万元法币。

　　同月　日本侵略者派飞机轰炸隆昌县城后，为修建防空工事，县城三镇绅商每户捐款 20 元至 250 元法币，共劝募 23550 元法币。

　　同月　邻水县征集民工 1000 人协助修建重庆白市驿飞机场。

　　夏季　宜宾县宝元通商号运货船在日军侵占越南海防时损失一船货物，价值 592127 元法币；捐献军粮米款 34700 元法币。

　　9 月 3 日　中午 12 点左右，日本轰炸机 36 架次，在南充市区城西南木老、都尉坝上空，用机枪扫射无辜市民；然后一队从小南门，经川主街、河街直至五里店；一队由正南街，经果山公园、仪凤街直到平城门外；一队飞经城隍庙、西栅子、大北街、茧市街直至三公庙外，一路疯狂扫射，投掷各种炸弹288枚，炸死438人，伤378人，毁坏房屋400余幢，牛死伤19头，民船1只。

同日　27架日本飞机轮番轰炸广安县城，投弹221枚，县城北门外火柴厂、小北门（今人民医院附近）、厚街、百花山和协兴乡罐子山被炸。炸死70人，重伤55人，轻伤86人，炸毁房屋150栋。

9月14日　日机侵入双流机场上空，在空战中，国军1架重型轰炸机被日机击中，坠毁于金花桥彭家青杠林。

10月1日　根据绵阳储运处统计，全县已上缴抗战军粮黄谷10399911石，捐献支前黄谷114石。捐购飞机款法币77112.65元。

10月4日　日军出动飞机36架，投弹93枚，对成都市市区进行大规模轰炸，其中尤以东较场、猛追湾一带，北较场、市救济院、收容所等区域损失甚为严重，空袭造成成都市105人死亡，225人受伤；政府对在此次空袭中的部分遇难者给付了医药费、殓埋费、抚恤金等，其中：医药费640元法币、殓埋费625元法币，并发给抚恤金3115元法币；收容所被炸，申请获得房屋赔修和物品购置费500元法币；社会财产损失估值5309.3元法币，此外，还有汽车1辆、桥梁1座、车辆3辆、办公及生活用品713件被炸损失无估价；私人房屋损失416间；私人用品损失132件、估价5878元法币；衣服5件、估价210元法币；私人财产损失估价合计113674元法币，另有房屋100间无估价。

10月5日　日军出动飞机36架，投弹100枚，对成都进行大规模轰炸，其中尤以市救济院、北区、西北城区及部分学校等区域损失甚为严重，空袭造成成都市33人死亡，57人受伤；社会财产损失估值10300元法币，此外，还有汽车3辆、碉堡1座被炸损失无估价；私人房屋损失1771间、受灾1527户人家，估价1786080元和10000洋元，另有房屋589间无估价。

10月8日　资中县筹募消防防空经费24500元法币。截至民国32年1月止共计收到捐款银14900元法币。

10月12日　日军出动敌机29架，对成都市区再次进行轰炸，投弹96枚，造成124人死亡，177人受伤；损房588幢。

10月13日　1架美国飞机在荣县铁厂乡徐家山坠毁，美国飞行员跳伞后，被当地群众救援送往荣县县城。

10月26日　日机13架空袭崇庆县王场机场，用机枪扫射，死伤民工40余人。

10月27日　日军出动敌机21架，投弹94枚，炸伤29人，炸死26人，损房440幢。

10月30日　成都，日机8架，在各机场用机枪扫射。

10月　三台全县征调民工8500名到双流县修建飞机场。

11月30日　仁寿县成立捐献军粮委员会，捐献军粮1000市担，捐谷50市石，捐代金2720元法币。

11月　剑阁县登记抗战军属，清理优待积谷。计有出征军人5217人，派募优待积谷40500石。

12月12日　裘川，日机9架袭扰。

12月　德阳县摊派军粮6.4万石。

同年　长宁县捐献军粮14778石，捐献代金309050元法币。

同年　通江、南江、巴中捐献军粮37700石。

同年　各地共募捐法币732532.65元法币，军粮119642石。

同年　四川动员了250万民工修筑的川陕、川黔、川滇、川湘四条公路干线，于1940年开通。

1941 年

1月4日　高县、庆符政府共捐献飞机款20万元法币，其中庆符县22个乡镇捐献机款2万元法币。

2月　营山出动民工5000人，赴达县修建河市坝飞机场；同年11月16日完工返县，付生活补助费150万元法币。

同月　西充县征调民工2000人参加南充都尉坝飞机场的修建。

3月4日　救济出征军人家属，成都拨经费50万元法币，成立示范工厂。

3月14日　午前20架敌机分批次入川，被空军猛击，4架受伤坠落。

3月20日　敌机3架空袭遂宁，投烧夷弹18枚，损房7幢。

4月6日　四川省会出钱劳军捐款20万法币汇出。

4月11日　南充县征集民工6000多人开工（折合法币540万元）修建都尉坝机场，10月13日建成。

4月　为抗战需要，本年4月至10月，青神县奉令征调民工1500名去峨边县寿永乡楠木园修筑乐西公路，前后半年时间共耗费大米12.096万斤，法币1.7649万元。

4 月 绵阳县交抗战军粮 4.4 万石。

5 月 4 日 日机轰炸长宁古河镇天堂湾，损毁房屋 3 间折大洋 180 元法币，树木 10 根折大洋 1 元，大洋合计 181 元法币。

5 月 7 日 广安县捐款献机委员会成立。至 1943 年 9 月，共获捐款 20 万元法币，购抗日战机 1 架。

5 月 20 日 13 时 10 分，日机 27 架在宜宾菜坝飞机场上空投弹 300 枚，炸死场夫 1 人、卫兵 1 人，毁房 1 栋，倒房 20 栋，邮航机峨嵋号右翼炸毁，军用飞机受损毁，毁空军第一站办公室 5 间，10 桶汽油焚毁。

同日 日机 21 架空袭成都，驱逐机在南北机场及武侯青羊宫扫射后离去。

5 月 22 日 敌机 54 架袭蓉，投弹 42 枚，造成人员伤亡 40 人，损毁房屋 121 间，太平寺机场附近民居不同程度受损。

5 月 剑阁县征调民工 200 名到广元东坝修筑飞机场。

6 月 22 日 上午 10 时 30 分，日机 27 架轰炸广元县城区，投弹 162 枚，炸死 44 人，炸伤 80 人，其中重伤 40 人，炸毁上西坝飞机场，炸毁飞机 2 架、汽车 4 辆、房屋 42 间，造成直接损失 56 万元法币，另广元县防空指挥部被炸损失公私物品及炸毁房屋、约计值洋 9000 元法币。广元城内西北公路局、新九师师部、交通警备第三支队第一营部、县防空指挥部、大华纱厂、西北制造厂被炸，损失无法计算。

6 月 23 日 日军 27 架飞机对松潘县城进行狂轰乱炸，共丢炸弹 245 枚，炸亡人数 198 人，炸伤人数 497 人，其中重伤 204 人，轻伤 293 人；被炸面积四华里，炸毁 245 幢，其中全部烧毁房屋 58 幢，炸毁大部分房屋 187 幢。直接损失约值当时价法币 3 亿元法币以上。

6 月 27 日 日机 108 架空袭成都，投爆炸弹 426 枚，烧夷弹 20 枚，炸伤 905 人，炸死 698 人，炸损民房 1512 间，炸毁民房 1791 间。

同日 日机 3 架空袭崇庆（今崇州），炸伤 2 人。

同日 日机 27 架空袭绵阳，投爆炸弹 10 枚，炸死 5 人。

同日 日机 9 架空袭遂宁，投爆炸弹 7 枚，损房 23 间。

同日 日机 27 架空袭阆中，投爆炸弹 7 枚，烧夷弹 2 枚，炸伤 35 人，炸死 16 人，损房 46 间。

同日 日机 27 架空袭三台，投爆炸弹 20 枚，炸伤 29 人，炸死 10 人，损房 168 间。

同日 日机 8 架空袭梓潼，投爆炸弹 4 枚，炸死 2 人。

同日　日机 27 架空袭简阳，投爆炸弹 4 枚，炸伤 4 人，炸死 1 人。

同日　日机 27 架空袭南充，投爆炸弹 28 枚，炸伤 17 人，炸死 17 人，毁房 7 间。

同日　日机 4 批 99 架空袭自贡，投爆炸弹 235 枚，烧夷弹 140 枚，炸伤 133 人，炸死 104 人，毁房 1000 间。

同日　日机 6 批 18 架空袭泸县，投爆炸弹 100 枚，炸伤 46 人，炸死 12 人，损房 47 间，毁房 7 间。

同日　日机 9 架空袭内江，投爆炸弹 18 枚，炸伤 42 人，炸死 15 人，损房 45 间，毁房 3 间。

6 月 29 日　日机 24 架空袭自贡，投爆炸弹 158 枚，炸伤 15 人，炸死 48 人，毁房 500 间。

7 月 4 日　下午 3 时，3 架呈"品"字形的飞机飞向南部铁佛塘镇（原叫李渡乡）境内。其中一架飞机不知何故摇摇欲坠，向农民李德怀的房屋撞去。李一家人还未清醒过来，只听飞机内传出"叭叭"的枪响，接着"轰"的一声巨响，这架日本重型轰炸机掠过李德怀的家坠毁。从机舱里甩出 3 具日本鬼子尸体。丈余长的飞机翅膀把保长韩福的房砸垮二间，正在房檐推大磨的邓月志之妻吓昏倒地，受重伤后死亡，邓月志的女儿被飞机残片刺穿了胸腔，当场死亡，拉磨的牛被炸死。

7 月 27 日　日机 108 架于上午 9 点 30 分到中午 1 点 30 分分批空袭成都，投弹 446 枚，滥炸市区，炸死 698 人，炸伤 905 人，损毁街道 118 条，损房 1512 幢，毁房 1797 幢。

同日　日机 29 架第 2 次轰炸三台县城，炸毁房屋 168 间，死 10 人，轻重伤 29 人。

同日　日机 27 架从东北方向飞抵阆中县城上空，向城西南沿河一带投弹 9 枚［燃烧弹 2 枚，爆炸弹（重磅）7 枚］，炸死 16 人，伤 35 人，毁房 45 间，并炸沉南门后勤部米船 2 只，四川盐运处盐船 1 只，另一盐船尾部炸伤未沉。

同日　日机 27 架次，飞临南充城上空，分 3 路纵队空袭破坏嘉陵江水上交通线，在嘉陵江沿岸投弹 28 枚，炸死民众 17 余人，伤 17 多人，毁房 7 幢。

同日　日机 9 架袭遂，投弹 7 枚，炸毁遂宁城区民房 41 栋，共损失法币 10 万元。

同日　日机 27 架轰炸简阳县城，投弹 4 枚，亡 2 人，伤 4 人。

同日　9 架日机轰炸盐亭县城，造成 3 人死亡，2 人重伤，8 人轻伤，损毁农田 32 亩，粮食 9600 斤，制种场房屋 4 间 24000 元法币，城厢中心小学房屋 9 间 3600 元法币，杜甫寓居古迹 1 处，公路 8000 米，政府伤亡抚恤 380 元法币。

同日　上午 8 时 30 分，日机 2 批 8 架犯境，在梓潼县城东郊用机枪扫射后，投弹 7 枚，炸后远飞。所投之弹有 4 枚爆炸，轻伤 2 人，损失已成熟玉米 2 亩，未爆 3 枚，均在东郊郝家大院（外东董家店之南，县肉联厂东北）临近的玉米地中，弹坑深有丈余。

同日　3 架日机在广安县城投弹 6 枚，其中 4 枚落在云顶山，2 枚落于县城厚街民房，死伤各 1 人，炸毁房屋 2 间。

同日　日机 1 批 18 架空袭泸县城区及城郊，投弹 95 枚，炸伤 46 人，炸死 12 人，损毁房屋 54 间。

同日　上午 10 时 23 分，日机 99 架，对自贡新街、米行街、石塔上等地投弹 375 枚，炸死 65 人，伤 109 人、炸毁房屋 1249 间，地下室 3 处，消防车 2 部，损失粮食 4230 市石。

7 月 28 日　日机 9 架轰炸内江县城，共投弹 20 余枚。造成 15 人死亡，13 人重伤，24 人轻伤，炸毁房屋 48 间，财物损失 50 余万元法币。

同日　日机 26 架，在渠县城南门河边及南坝投弹 7 枚，毁农作物一片。

7 月 29 日　上午 11 时 30 分，日机分 2 批 24 架次，轰炸自贡正街、光大街等地，投弹 194 枚，炸死 48 人伤 15 人，炸毁房屋 500 间。光大街一带烧成废墟。

同日　国民政府拨款 10 万救济被炸居民。

同日　日军飞机 22 架在空袭自贡市后空袭威远县新盛乡金石乡国立东北、中山中学和新义乡鸡公岭煤铁嵧厂两处，投弹 10 枚，均未命中偏落荒郊，房屋人畜无损，炸毁田地及庄稼，损失 5000 元法币。

7 月 30 日　上午 8 时，日机 27 架飞临渠县城，投弹 54 枚，炸死 13 人，炸伤 13 人，炸毁震毁房屋 18 幢，毁房 38 间，炸毁商船 3 只，军米船 1 只，各项财物损失共计 6 万余元法币。

8 月 6 日　日机 27 架，在南充县罗家场（今高坪区江陵镇）投弹 28 枚，炸毁房屋 7 栋。同日，日机 9 架飞到南充县李渡乡（今嘉陵区李渡镇），其中 1 架作低空飞行，向地面扫射，并投弹 1 枚。炸弹落入距场半华里的狮子山山腰，未造成人员伤亡。

8 月 11 日　日机由宜宾飞往重庆，经纳溪时投弹 1 枚在安富镇西林寺，炸伤女性（刘张氏）1 人。

同日　9 时 20 分，日机分 2 批 27 架飞临宜宾县城区上空，掷投炸弹 132

枚，燃烧弹23枚，11枚炸弹未爆，城区东、南、西、北城39条街中弹。日机飞离后，城区女学街、南街、谢将军街、洞天街四处起火。轻伤106人，重伤80人，死105人，毁房58间，倒房136间，炸沉木船3只，直接经济损失87132490元法币，大洋108480元。

8月16日　上午11时30分，日本轰炸机27架，对阆中县城进行轮番轰炸，投弹130枚[其中重磅炸弹110多枚（未爆8枚），燃烧弹20枚]。天上宫、三陈街、四排楼、官菜园、关岳庙等二十多条街被炸。这是阆中县城遭受日机轰炸最惨重而损失最大的一次空袭。据民国阆中防空指挥部调查统计，这次日机空袭，共炸毁民房785间，炸死士兵、商人、学生、平民等158人，重伤75人，轻伤134人。

8月17日　上午11时30分，日机27架次，轰炸自贡市郭家坳、土地坡、五营村等地，投弹267枚，另有4枚未爆炸，炸死36人，伤69人，炸毁房屋129间，燃烧井灶4处，天车2座。另轰炸正街、八店街、王家塘、沙湾等地，投弹230枚，其中5枚未爆炸，炸死24人伤46人，炸毁房屋360间。炸毁农民银行、上海银行。

同日　日机27架空袭富顺，投爆炸弹23枚，炸伤6人，炸死6人，毁房4间。

8月19日　下午1时，9架日本轰炸机飞至南部县城上空，丢下3枚炸弹和1块石头，2枚未爆，剩下的1枚落在北门柳林子河坝，炸死正在河边洗尿布的朱李氏；袁克培妻子的脚后根被弹片削去，虽经治愈，但神经失常，而且终身残废，3名保安被炸成轻伤。

8月21日　彭山县开始测量洪山寺机场征用土地。9月1日测量完毕。征用观音、公义两乡农田2400余亩，拆除民房300余间。

8月22日　日机9架飞临内江县城市区集中轰炸，投下爆炸弹、烧夷弹51枚，城内大东街、小东街、东坝街、南街（现中央路）、华陀街（现三八街）、三倒拐街、箭道街及东外河街等处被炸，尤以河街一带灾情最为严重，大火入夜未熄。造成72人死亡，42人重伤，81人轻伤，毁损房屋1223间，致2938人无家可归，财物损失1038万元法币。

8月23日　日机7架空袭乐山，投爆炸弹34枚，燃烧弹12枚，炸伤30人，炸死11人，炸毁40间房，震倒60间房。

8月29日　上午11时许，敌机27架分2批由陕入川，在阆中市城西北上空投弹约200余枚，机场两界一带民屋着弹起火。不久，另有9架返于锦屏山、阆南桥、马家沟一带之间投弹15枚并机枪扫射。此次空袭炸死43人，伤75

人，房屋损失瓦房 242 间，草屋 60 间。

同日 日机 26 架轰炸广元县城区，投弹 319 枚，炸死 38 人，炸伤 80 人，炸毁房屋 165 间，西北制造厂、大华纱厂、陇海机器厂部分设备被毁，汽车 1 辆、大木船 4 只被毁，社会财产直接损失法币 43 万元法币，间接损失无法计算。居民财产损失（房屋、耕牛）115.8 万元法币。

同日 日机 27 架空袭苍溪。在苍溪县三川乡断腰扁城厢镇洪家梁（现三川镇断腰扁、陵江镇洪山梁）等地投弹 9 枚，刘恩兴一家 8 人被炸死，另有 5 人被炸伤，轰炸燃烧草房院子 1 套，炸毁瓦房 2 间，炸死生猪、耕牛各 1 头。日机还在洪山梁新田、半山堰、刘家湾、沙坝等地扔炸弹和燃烧弹，引起树木、柴草、庄稼遍地燃烧。

同日 日本飞机 7 架轰炸乐山城，投弹 60 余枚，同时轰炸乐山县苏稽峨眉河、沙嘴场、宋祠堂等地，俯冲扫射当日苏稽赶场群众，当场死亡 129 人，伤者无数。

8 月 30 日 9 时 10 分，日机 14 架于空袭达县城区及郊外，投炸弹和燃烧弹共 47 枚，炸中滩头街、通川桥附近、南外草街子、三里坪、西外鲜家坝、潘家风火等处。炸毁房屋 9 间，震倒 7 间。炸伤 39 人，其中重伤 15 人，轻伤 24 人；炸死 8 人，炸伤 39 人。该次轰炸造成直接财产损失 10 余万元法币。

8 月 31 日 日军飞机 27 架袭蓉，投弹 73 枚，造成人员伤亡 113 人，损毁房屋 127 间。

9 月 绵阳飞机场在塘汛乡甘草坝勘定建设，全部工程共征调民工 294250 人，拆民房 2712 间，迁坟 23 座，占地 1057 亩。机场于民国 33 年（1944 年）5 月建成。

10 月 5 日 敌机 36 架绕道进犯，3 架敌机受重创。

10 月 9 日 内江县民众将征募寒衣代金计 12549.36 元法币汇解全国征募寒衣运动委员会四川省分会，超额完成配额的 56.8%。

10 月 日机 20 多架，飞经巴中化成上空，投弹 13 枚，炸毁民房 1 座。损失 25 万元法币。

年底 西充县 1941—1945 年征收、征借和积谷粮食共 443163 石 85 合，折合法币 30 亿元。

同年 广元东坝飞机场工程完工，总投资 46.9 万元法币。

同年 中国空军 1 架飞机被日机击中，坠毁于旺苍白水城区干溪河，机上 2 人跳伞，1 人遇难。

同年 什邡募集现金 10731 元法币、大米 34914 石、寒衣 440 件救济灾民、难民、伤兵并向抗属发放优待谷 6292 石。

　　同年　遂宁全县受优待的家属为 28484 户，发优待金 118695 元（法币）。

　　同年　遂宁县政府支付壮丁入部队饷银 2581502 元法币。

　　同年　共计经过万源上空的日机有 7000 多架次，其中一次 130 余架。全年发出空袭警报 280 多次，紧急警报 140 多次，最多一天发出过紧急警报 3 次。

　　同年　各县募捐法币 2289187.36 元，大米 78914 石，寒衣 440 件。

1942 年

　　2 月 5 日　四川省政府为蓉"七二七"伤亡警士省府发医药费 1065 元法币，殓埋费 1000 元法币，抚恤金 11160 元法币。

　　3 月 18 日　洪山寺机场正式动工。彭山县征集民工 7800 人参加修建。

　　9 月 1 日　泸县、合江、江津等县民工 6500 余人，动工修建合江菜坝飞机场（1943 年 6 月竣工，机场占地 693.75 亩，跑道以土石夯作而成，后改作临时加油站，抗战胜利后废弃）。

　　9 月　日机在盐亭县城城东冷铺子往雷家湾及大牛山一带，投掷炸弹 20 多枚，未造成人员伤亡，但毁坏农田道路，损失粮食。

　　12 月　资中县补报 1942 年抗战财产间接损失共计 5.7213 万元法币，其中迁移费 1.91 万元法币、防空设备费 3.614 万元法币、抚恤费 1.973 万元法币。

　　同月　剑阁县难民收容所收容难民 108 人，其中女 61 人。

　　同年　什邡为抗属发放优待谷 6992 石。

　　同年　遂宁全县受优待的家属 28484 户，发优待谷 145026 市石。

　　同年　名山县支付家属优待、壮丁安家费 353430 元法币。

　　同年　西康省（民国所设，包括今四川甘孜、凉山、雅安以及西藏东部地方）防空通讯设备费用 17494855 元法币。

　　同年　各县募捐法币 4847514.26 元，捐军粮 33204.7 市石，驱逐机 1 架，滑翔机 1 架。

1943 年

　　1 月 14 日　眉山县当局在城乡强征民工 15785 名，武装弹区，修筑彭山飞机场，历经 108 天，伤亡有名在册的 300 余人。

年初 射洪全县奉派壮丁安家费 6306000 元法币。

2月19日 成都市召开征兵会议,决定赠给每一出征壮丁家属 2500 元法币,全市 4416 名壮丁共给安家费 1104 万元法币。

3月18日 午后 1 时许,1 架中国空军侦察机在剑阁县武连、开封交界的严家山袁坝河坠毁,驾驶员遇难。

4月 日机 10 架于空袭宜宾返航时,经泸县城区上空,投下巨型炸弹 1 枚,落入城中新马路太华铁工厂内,炸毁 3 个住院和 13 间铺面,毁房 50 间,炸飞毛铁 30 多万斤。

7月 日机多架袭泸,从石场湾上空开始轰炸,沿三星街到长江南岸桥沟头,有伤亡;本年还发生一次敌机夜袭,在水井沟投弹,有伤亡。

8月 一天凌晨,巴中县化成乡罗家河一屠户杀猪卖肉去化成镇赶早市,用松光照明,恰遇日敌机飞临罗家河上空,误为作战目标,立即投掷 3 枚炸弹,爆炸 2 枚(1 枚未爆后留奇章中学吊钟用,后收藏于川陕革命根据地博物馆),炸毁(引燃)草房两座 16 间。

同月 中江民众捐献大洋 20 万购飞机 1 架。

9月4日 航空委员会空军第二总站令开江在普安宝塔坝修建军用机场,10 日成立航空委员会建筑开江机场工程处,选调民工 5600 人,于本月 15 日开工,机场跑道长 1250 米,宽 172 米。

秋 平昌县驷马乡 33 名民工修达县河市飞机场。时间半年,钱粮由乡、保自筹,每保民工 3 人、大米 10 石(每石 160 斤)、钱 3000 元法币。该乡 11 保,共筹粮 110 石(17600 斤)、钱 33000 元法币。

10月6日 一架美机在彭山县境内青龙乡七、八保交界处坠落,烧毁民房 7 户,造成 4 死 7 伤,损失约 93 万元法币。

年底 彭山县洪山寺机场扩建征用耕地 3000 余亩,机场面积扩大到 5400 余亩,此后又陆续征地修建招待所、指挥台、弹药库、油库、修理厂、营房等设施,机场总面积增至 6000 余亩。拆除民房近 400 间,搬迁农民 3000 余人。

同年 广元、昭化两县分别建立"忠烈祠",褒扬"抗御外侮忠勇义烈之官兵和其他人民"。全国抗战时期广元县阵亡 292 人,昭化县阵亡 111 人,经国民政府内政部核定,均为褒扬对象,列入忠烈祠。

同年 国民政府航空委员会从旺苍调部分民工到广汉修建三水军用机场。

同年 旺苍设治局给全县 700 余户征属每户发放优待金 200 元法币,合计 14 万元法币。

同年　以军工建设紧急，剑阁征调 300 名工匠去广汉赶筑超级空中堡垒机场，并由专员林维干率领官员、会计等 6 名参加施工指挥管理工作。

　　同年　旺苍设治局给抗战家属每户发优待金 200 元法币，共 14 万元法币。

　　同年　十六区（今阿坝地区）为七七劳军运动献金，各县献金 4.4523 万元法币。

　　是年　什邡为抗属发放优待谷 8000 石。

　　同年　通江劳军运动、出国壮丁费计 124169 元法币。

　　同年　西康省（包括今四川甘孜、凉山、雅安以及西藏东部地方）防空通讯设备费用 7328792 元法币。

　　同年　各县上缴救国公债 60464750 元法币，公债 81650 元美元，乡镇公益储蓄券 25504500 元法币。

　　同年　各县募捐 2059350.5 元法币，捐飞机、滑翔机各一架，黄谷 195931 石，米 3500 石。

1944 年

　　1 月 17 日　资中县发给发轮乡出征军人安家费每人 2000 元法币，共计发放 71 人安家费 14.2 万元法币。

　　1 月 31 日　洪雅县政府奉令修筑邛崃飞机场，征调民工 6000 人赴邛崃修筑。2 月 25 日至 4 月 25 日，因要求加快工程进度，又征调民工 3330 人。历经 103 天，做工 72 万多个。死亡 115 人，伤 185 人，遣回伤病民工 700 余人。

　　1 月下旬　名山县成立"四川省名山县特种工程总部"，抽调民工 4800 人，组成 13 个大队，39 个中队，188 个分队抢修邛崃桑园机场。于 5 月 10 日竣工，受到省政府通令嘉奖。

　　1 月至 5 月　修建广汉飞机场。德阳县出动民工 1.8 万人，广汉县出动民工 13200 人，罗江出动民工 20000 人，什邡出动民工 12554 人，共做工 584.92 万个，死 10 余人。

　　3 月 24 日　洪山寺机场扩建工程正式动工。先后征调彭山、眉山、仁寿、夹江、洪雅、温江、郫县、邛崃、崇庆、灌县等县民工、夫役（工匠）约计 20 万人，雇用汽车、马车、架车、鸡公车等约 3 万辆，6 月 28 日，工程竣工。

　　3 月　泸州蓝田坝修筑军用飞机场，县长张孟才兼富顺县民工总队长，领 1.6 万名民工赴泸抢修，历时 4 个月竣工。民工病死 18 人，各给抚恤谷 10 石。

4月　眉山县秦家乡遭日本飞机投弹轰炸，伤数人，毁部分民房、农田。

同月　遂宁专署遂宁机场附近占地81.47亩修建美军营房，征地费用1226123.5元法币，驻扎美国空军，建营房费、青苗赔偿费等不详。同时，征集民工1200人修筑机场滑行道总计1593公尺，共计领碛米197.74市石，工具费48000元法币；搬运碎石支78市石碛米、板车费租用费208000元法币，征地125.7356亩，每亩核价25050元法币，共支征地费3149676.78元法币。

6月　通江县为优待全县3916户（17406人）抗战军人家属，发优待谷10295石。1947年，优待远征军22名，谷308石。

7月29日　上午，20多架日机飞过南部县梅家乡石家坝时丢下了7枚炸弹，1枚未爆炸，炸毁白鹤嘴古柏林一片，炸毁汪治国家木架草房5间，家具、农具和13头生猪全被炸毁和炸死，白鹤嘴100多亩良田也被炸毁，损失即将收割的稻谷1.4万斤、棉花80斤、红苕6万斤、杂粮1000斤。

7月　什邡修广汉机场用款674.8万元法币，自带口粮7720石；死亡51人，每人抚恤2200元法币，计11.2万元法币。

8月7日　日机于仁寿县富加乡张坪山投弹8枚，1枚于田间爆炸，其余于山地爆炸，炸死当地居民李廖氏1名。

8月20日　剑阁武连新桥遭日本飞机袭击，投炸弹8枚，落于吕家沟、雷打石等地，未造成人畜伤亡。

8月25日　27架日机在苍溪县石门朱家渡（现石门乡宋江西岸）投下1枚炸弹，炸成宽4尺、深4尺的弹坑，10余根松柏树被炸断，柴草烧焦，炸伤正在朱家渡官坟林砍柴的赵志林等7人。

8月　富顺县政府奉令征远征军87名，每乡1名，每名给安家费1万元法币。

8月　一架美国飞机毁于柏梓乡青果侍，驾驶员幸存，由县府派员护送到成都。

夏　一架B29美军飞机在机场南端边沿的彭山县陈家坝附落焚毁，烧毁稻田秧苗20亩，民房3间。

10月9日　日机窥视到安岳县通贤场板桥村公路边送粮农民打着火把，当即投下炸弹11枚，人们躲闪隐蔽及时，无人员伤亡。

10月　日机偷袭广汉机场，投弹28枚，炸毁美空军住房1间，驱逐机5架受轻伤，民众2人因敌机扫射受伤。

11月13日　多架日机在东林（现游仙）境内投弹，炸毁房屋、牲畜。

11 月 21 日 1 架日机再次窜入安岳县上空，投下 6 枚炸弹，炸毁粮田 80 亩，损失粮食 10 万公斤，无人员伤亡。

11 月 22 日 空军第 15 站机来万源组织搬运飞机残骸出县境，共花费人力 500 多个，经费 61 万多元法币。

12 月 6 日 下午 3 时 30 分，一架美国 B－29 第 5213 号空中堡垒飞机从邛崃机场起飞去印度执行任务，返航途中油管爆炸坠落于乐山县蔡金乡学堂坳。机上 17 人，4 人受伤，空军少校怀特等 9 人遇难。

12 月 大竹县抗敌后援会登记抗战军人家属 31271 户，每户发给优待谷 1 市石。

同年 旺苍"出征军人家属优待委员会"在全县筹集征属安家费 253.5 万元法币，发给出征壮丁安家费每户 2000 元法币，优待谷 2 市石。

同年 开江县筹派壮丁安家费 100 万元法币。

同年 什邡县为抗属发放优待谷 9000 石。

同年 名山县支出特种工程费 119000 元法币，家属优待安家费 30550 元法币。

同年 名山县派国民兵 694 人，抢修机场民工 5290 名，征食大米 1700 石，扁担 6800 根，锄头 3400 根，锄柄 5100 根。

同年 遂宁县享受优待谷家属 33400 户，共发优待谷 33400 石。

同年 根据四川省政府令，丹棱县征工 5000 人，征款 60 万元法币，征粮 2300 石，前往邛崃县桑园镇修建邛崃机场。丹棱民工于是年 1 月底到达，2 月 1 日开工。工程至 8 月竣工。丹棱投工 273 万个，挖土、运石 10 万立方米。在此期间，丹棱民工因伤病得不到治疗，死亡 50 人，残废 300 人。

同年 宜宾县宝元通一商船在柳州玉独山途中遭日军进攻，损失 13163683 元法币；宜宾县宝元通镁铨号船在日军侵占越南海防时损失 387000 元法币。

同年 各县共募捐 12257541.2 元法币，捐军鞋 49894 双，袜子 23916 双，献粮 27.8 万公斤。

1938—1944 年 冯玉祥将军以"慰劳抗战将士和充裕国库，建军建国"为宗旨，以宣传演讲、召集献金大会、登门劝募、义卖字画、献金竞赛等方式，在四川各地号召群众募捐，共募捐法币 342966786 元，棉衣 813 件，粮食 662585 石，黄谷 32214 石，金戒指 2216 只，金手镯 10 只，布鞋 10000 多双及大量物资。

1943—1944 年 根据盟军对日作战计划，要在新津、邛崃、彭山、广汉修建 4 个大型轰炸机场，在成都、温江、德阳等地扩建、新建 5 个战斗机场。为此，四川 29 个县的 50 万民工投入机场建设，半年完成任务。

1945 年

1 月　遂宁县支出知识青年从军安家费法币 400 万元。

2 月　隆昌县抽调 1 万名民工到泸县修建蓝田坝军用飞机场，5 月下旬竣工返县。在机场修建中因人员多、生活条件差、霍乱流行，隆昌因病死亡民工 23 人。

5 月　美国陈纳德飞虎队 1 架战斗机在追击日机时，于江油县藏王寨老君山撞崖坠毁。江油县府寻得飞机残骸和美国飞行员 4 具遗体送省。

6 月 1 日　1945 年共征调民工 85500 人参加机场修筑。机场竣工，用粮 4 万石，死亡民工 135 人。工程征地费、青苗费、房屋搬迁费计 5100 万元法币。

夏季　达县、大竹、开江、宣汉 4 县征调民工 2 万名赴梁山扩建飞机场，霍乱流行，病 2000 余人，死 1100 余人。其中达县 231 人，开江民工回家死亡 296 人，导致县境霍乱蔓延，大竹县死亡数百人，县城民众死 500 多人。

9 月　什邡县发放慰问金 512.9 万元法币。

12 月 23 日　八年中，遂宁县共有 37123 名志士出川抗日，捐躯者数以千计。

12 月　筠连县县报改善士兵待遇献金，原配额 724 万元法币，实献法币 65.2 万元。

同年　遂宁县全县优待的家属 34096 户，发优待谷 34096 市石。

同年　据统计 5 架美机及我国战斗机 1 架在抗日前线返回途中失事遇难，其医疗、安葬、飞机残骸保护，国民党四川省空军监备司令部到万源处理事故接待等费用 64.2064 万元法币。

同年　开江县筹派壮丁安家费法币 200 万元，人均 9.40 元，改善抗日将士待遇。

同年底　资中县从 1937 年起至 1945 年，全县共发放抗敌军人优待金和抚恤金 300.937 万元法币。

同年　南溪县恤金支付通知书 23 份，恤金为法币 587795.00 元。

同年　各县募捐法币 1759695808 元，军鞋 43908 双，袜子 23916 双，军粮 85033 石，黄谷 064956 石，大米 3071 石，寒衣 298 件。

同年　据《四川省各县府呈复抗战时期（民工）伤亡数目调查表》和《四川省统计提要》（1945 年），叙永县，征用 12020 人，伤 64 人，亡 126 人；犍为县，征用 3600 人，伤 67 人，亡 95 人；万源县，征用 4874 人，伤 25 人，亡 17 人；温江县，征用 53902 人，伤 212 人，亡 134 人；长宁县，征用 2931 人，伤 95 人，亡 154 人；隆昌县，征用 10000 人，伤 3 人，亡 162 人。

　　1938—1945 年　据何应钦《八年抗战之经过》（台北金文图书有限公司 1982 年版）一书载，四川省实征壮丁计为：1937 年 103837 名；1938 年 174145 名；1939 年 296341 名；1940 年 266373 名；1941 年 344601 名；1942 年 366625 名；1943 年 352681 名；1944 年 391112 名；1945 年 283086 名，总计 2578810 名。

1946 年

　　1 月 12 日　射洪遵令填报历年征送壮丁数目调查表统计，抗战期间射洪出征壮丁共计 27379 人。射洪第二期抗战时期，有据可查的射洪阵亡将士 476 人。

　　同年　遂宁全县优待征属 28780 名，每名发代金 2000 元，共发出优待金法币 56941000 万元。

　　同年　中江县政府对 8 年出征将士优抚情况进行统计：全县共优待征属 34142 户，人口 102456 人，发放优待金 19013.2 万元法币，安家费 66729.8 万元法币，优待谷 520 万石；出征将士 41430 人，阵亡 712 人，征属医药安葬费 221 万元法币。

　　同年　南溪县请领恤金保证书 19 份，恤金为 1376785 元法币。

　　同年　阆中县遵令填报财产间接损失，34265507.6 元法币（1937 年币值），包括私有财产间接损失法币 380291.3 元（1937 年币值），公有财产间接损失法币 33885216.30 元（1937 年币值）。

　　同年　名山县家属优待壮丁安家费 18870 元法币，谷物 6383884 石。

1947 年

　　9 月 18 日　仪陇县遵令填报财产间接损失，共计法币 1492478555900 元。

　　同年　绵竹县政府统计抗战损失：直接损失（按这次调研统计口径应为间接损失）机关部分 2134.1 万元法币；学校部分 3502 万元法币；农户部分 2922.4 万元法币；企业部分 54353 万元法币；间接损失 121040 万元法币。

同年　邻水县统计，实行抗战征兵制，抗战期间全县共征兵员 22214 人。1937—1945 年每年征兵（出征）人数分别为：1400、3956、2808、3468、1384、2341、1690、2668、2499。

　　1939 年 9 月—1944 年　广元县城北、东及南郊共修防空洞 270 个，防空壕堑 104 处。大华纱厂修建砖石结构坑道式防空洞约 1379 米。

　　1941—1945 年　四川田赋共征收谷物 8408 万石，占全国征收谷物总量的 1/3 以上。

以下为无年份或抗战期间综合统计

　　抗战时期　剑阁县社会财产间接损失 815 万元法币，居民财产直接损失 312 万元法币。

　　抗战时期　广元县征用民工 23000 人，其中 7 人受伤、死亡 3 人。

　　抗战期间　四川每一个乡镇或数个乡镇应编组铁肩队 1 个中队，中队部设于乡镇公所所在地。铁肩队担任运输工作，其工具如背篼扁担绳索，而雨笠碗筷及防滑脚马由各乡镇事前准备用。铁肩队各级官兵除兼任概为无给职外，其余一律照陆军一等兵待遇发给工资（包括副食品饷项），主食每人每天交大米 25 市两，但随从服务中队附及兼任人员仍应给工资及主食米。沿滩区属第 1 中队 2 分队的邓关 2 个班 24 人，3 分队的沿滩 2 个班 24 人；第 3 中队 1 分队的仙市 2 个班 24 人，2 分队的瓦市 1 个班 12 人；第 4 中队 2 分队的卫坪 2 个班 24 人；第 8 中队 1 分队的永安 2 个班 24 人，富华 1 个班 12 人，2 分队的富全 1 个班 12 人，3 分队的九河 2 个班 24 人；第 9 中队 1 分队的黄市 2 个班 24 人，2 分队的兴隆 1 个班 12 人。全区 11 个乡镇共有铁肩队 16 个班，官兵 216 人。

　　抗战期间　泸县、纳溪、合江、叙永、古蔺等五县共送交壮丁 131426 名。8 年抗战期间，有泸州籍的 2022 名官兵在战场上牺牲（其中泸县 1037 人，合江县 494 人，纳溪县 83 人，叙永县 206 人，古蔺县 202 人）。

　　抗战期间　除各种特种部队、军事学校直接在川招募，以及出川抗战的川军自行回乡征募的兵员外，四川共征兵 257.88 万人，占同期全国征兵人数的 13.35%。西康省共征兵 30938 人。

　　抗战期间　日本侵略者出动飞机 7380 架次以上，对四川的 66 个市、县（包含今重庆市管辖的区域）进行了至少 321 天的战略轰炸和扫射，投下的炸弹至少有 26826 枚。

抗战期间 据民国四川省政府统计处汇核统计，1938—1944 年，四川民众被炸伤 26000 余人，被炸死 22500 余人，其中以 1939 年、1940 年、1941 年最为严重。依据 58 个市、县呈报的采茶损失项目统计，被炸毁的房屋有 23.32 万余间，炸毁衣服 34.6 万余件，炸毁田园 80 余亩，树木 1.82 万余株，炸毁汽车 60 余辆，人力车 140 余辆，木船 3500 余艘，汽船 13 艘。什物 97059 万余件，损失现金 7729.8 万余元法币。以上损失按 1945 年的物价指数折算，至少损失 1500.64 亿元法币。这还不包括遭轰炸的新繁、荣县、眉山、夹江、屏山、江安、中江 7 县市的损失及全省各项公有财产的损失。

抗战期间 据不完全统计，川军累计阵亡 263991 人，伤 365269 人，失踪 26025 人，共 64 万余人。

（执笔　杨萍）

后 记

　　根据中央党史研究室的统一部署和安排，我们从 2005 年春开始在全省开展了"抗日战争时期四川人口伤亡和财产损失"课题调研工作。经过近 10 年的努力，《四川省抗日战争时期人口伤亡和财产损失》一书终于面世。本书是本省所有参与课题的同志心血的结晶，全省 18 个市州的百余位同志与省级课题组的同志一道共同完成了这一历史性的课题。本书的问世，离不开中央课题组特别是霍海丹、李蓉、姚金果等同志的关心，他们多次亲临四川指导、督促课题进展，帮助对书稿进行修改完善。

　　在本课题调研过程中，课题组曾面临许多困难。先后经历了省委党史研究室四任主要室领导的变更；课题组组长周锐京加入课题组后不久即调任省委党史研究室办公室主任，只能兼顾课题组工作；课题组其他成员来自省委党史研究室不同的处室，时常被抽调参与其他任务，对本身工作难免造成一定影响。因此，四川省抗战损失课题一度进展缓慢。

　　尽管有重重困难，但在省委党史研究室室务会领导下，在中央课题组的指导和督促下，四川省课题组的同志仍以最大努力，力求按"精品工程、基础工程、警世工程、传世工程"的要求做好此项工作。据不完全统计，本课题工作开展以来，课题组在省内外共查阅纸质原始档案 60 大卷、15000 余页，查阅缩微胶片 27 卷约 11500 页，查阅书籍和报刊资料 120 多种约 3000 余万字；共复印档案资料 2900 余页、文献资料 700 余页，摘抄 300 余页；共收集翻拍历史图片 200 余张。通过对大量历史资料的查阅分析和比对，并审阅省内各市州调研报告后，基本弄清了抗日战争时期日本侵略者给四川人民造成的重大伤亡和损失情况，由此形成《四川省抗日战争时期人口伤亡和财产损失》书稿。

　　参与本书编纂的有周锐京、曾凡荣、杨萍、王癸鳕、徐静、黄婷婷，周锐京统稿，王承先、李文星审定。由杨先农研究员、刘君研究馆员和谯珊博士组成的专家组成员对书稿进行了认真的审读并提出了中肯的意见。国家民防成都发展研究中心欣然同意我们无偿使用《日军轰炸与四川防空》中的口述史资料。另外，本课题大量选用了南京中国第二历史档案馆及四川省档案馆馆藏档案，参阅了相关资料和研究成果。在此，谨向所有关心、支持、参与本书编纂出版工作的同志致以衷心的谢意！

　　本课题是一项庞大系统的历史工程，其艰巨性不言而喻。需要特别说明的是，课题中的基本统计数据与结论均由我们目前所掌握的档案和文献资料得出，难免挂一漏万，因此，本书仍属阶段性成果。我们尽量在已经掌握材料的基础上保持客观公允，如果今后有新的材料发现而需要修正某些数据或结论，并不影响本书力求还原历史事实的初衷。

　　虽然我们已尽了最大努力，但由于相关资料的缺失和自身水平所限，本书不当、遗漏之处难免，敬请读者指正。

四川省委党史研究室调研课题组

2015 年 3 月

总 后 记

历时多年的《抗日战争时期中国人口伤亡和财产损失调研丛书》终于问世了。参加这套丛书编纂工作的，主要是承担《抗日战争时期中国人口伤亡和财产损失》课题调研任务的各省、自治区、直辖市及其下属市、县的领导同志和课题组成员，以及部分著名专家。他们以高度的责任心和使命感，竭尽全力，攻坚克难，终于完成了各自承担的任务，并按统一要求，形成了调研成果的 A 系列书稿。同时，有关省、自治区、直辖市还从实际情况出发，编纂了主要反映市、县调研成果的 B 系列书稿。由于各地情况不尽相同及其他原因，呈现在读者面前的丛书，将分批陆续完成和出版。

为了保证质量，我们对本丛书中由各省、自治区、直辖市完成的 A 系列书稿（即省级调研成果）实行了四级验收制，即：所有的省级调研成果，先由有关省（自治区、直辖市）课题领导小组及其聘请的省级专家验收组分别审读通过、写出书面意见；然后提交到中共中央党史研究室课题组。中共中央党史研究室课题组审读后，再聘请国内知名专家审读书稿，提出书面意见。对每次审读提出的意见，各省、自治区、直辖市课题组都认真研究落实，对书稿进行反复修改，或是说明相关情况，直到符合要求。曰一批专家完成的 A 系列书稿（即带全局性的专门课题调研成果），也通过类似的办法验收。主要反映市、县调研成果的 B 系列书稿，则由有关省、自治区、直辖市党史研究室组织验收。各种调研成果验收修改的过程，同时也是调研的深化过程、提高过程。经过反复修改补充的成果，在质量上都有明显提高。

中共中央党史研究室课题组在中共中央党史研究室室委会和分管室副主任的具体领导下开展工作。中共中央党史研究室几任主要领导同志即曲青山和孙英、李景田、欧阳淞主任，非常关心和重视本课题调研工作的开展。分管这项工作的室副主任李忠杰同志始终严格把握政治方向，精心部署和安排，明确提出创建"精品工程、基础工程、警世工程、传世工程"的要求，给工作指明方向，还及时领导解决调研过程中遇到的种种困难和问题。各地同志和有关专家同中共中央党史研究室课题组保持密切联系，对中共中央党史研究室课题组的工作给予了积极配合和支持。

中共中央党史研究室课题组由李忠杰、霍海丹、李蓉、姚金果、李颖、王志刚、王树林、杨凯等同志组成。先后担任中共中央党史研究室第一研究部领导职务的黄修荣、刘益涛、蒋建农同志参与了课题调研和审改的部分工作。中共中央党史研究室科研管理部、办公厅的部分同志也参与了有关工作。特别是在北京市和山东省召开的两次全国性会议，中共中央党史研究室科研管理部、办公厅的有关同志自始至终参与了繁忙的会务工作，付出了大量心血和辛勤劳动。

在李忠杰同志直接领导下，中共中央党史研究室课题组承担了组织指导与协调推进各地课题调研和联系有关专家完成全局性专题调研的繁重任务。在人手十分有限的条件下，课题组同志们近10年如一日，以对民族负责、对历史负责的自觉精神，克服困难，埋头苦干，为圆满完成任务做了大量工作。计先后编发213期达60多万字的《工作简报》，同各省、自治区、直辖市的同志和有关专家进行了数以千次、万次的电话联系及当面沟通，先后到10多个省、自治区、直辖市实地调查、参加会议，了解情况，当面指导，协助各地完成调研工作，或邀请有关地方的同志到北京进行座谈；还组织22个省、自治区、直辖市课题组编纂《抗日战争时期全国重大惨案》，同中央档案馆联合编辑《抗日战争时期解放区人口伤亡和财产损失档案选编》，同中国第二历史档案馆、中国人民解放军档案馆联合编辑其馆藏的相关档案资料，撰写有关专题报告，等等。将近10年来，课题组成员虽有变动，但工作始终如一，没有延误和懈怠。

需要说明的是，《抗日战争时期中国人口伤亡和财产损失》课题，有时也简称为抗战损失课题或抗损课题。虽然有学者认为"抗战损失"或"抗损"通常只能反映抗日战争中财产方面的损失，人口伤亡不能称作损失，但考虑到当年国民政府习惯采用"抗战损失汇报"或"抗战中人口与财产所受损失统计"等表述，所以本课题参照前例，以"抗战损失"或"抗损"作为课题简称。

2014年初，根据中央领导同志的指示精神和中共中央党史研究室室委会关于做好出版和对外宣传全国抗战损失课题调研成果准备工作的要求，我们组织部分省、自治区、直辖市的分管领导和课题组成员对已经印出样本的A系列书稿再次进行复审和互审，并邀请部分承担了抗战损失专题调研任务的专家参加审稿工作。这次集中复审和互审的主要任务是：审核已经印出样本的A系列书稿，对相关数据、史实严格把关，保证课题调研结论的真实性，保证书稿没有重大差错。中共中央党史研究室主要领导同志和分管领导同志也提出要求：把工作做得再深入、再扎实一些，统一规范，责任到人，把问题消灭在书稿正式出版之前。

在复审和互审过程中，地方同志和邀请的专家以多种形式及时沟通，围绕审稿发现的问题研究讨论，和中共中央党史研究室分管领导进行交流，对一些重要的共性问题达成一致。经过复审和互审，对有关的A系列书稿做出进一步修改。在此基础上，中共中央党史研究室课题组同志又对拟第一批出版的每一部A系列书稿进行多环节的审读、检查、修改、校对，严格审核把关，尽可能如实、客观地反映调研情况和成果。

中共中央党史研究室的其他同志及一些外聘同志、从地方党史部门借调的同志，如徐玉凤、谢忠厚、杨延力、郭明泉、戴思厚、王俊云、梁亿新、宋河星、毛立红、王莹莹、茅永怀、庚新顺、李蕙芬同志等，满腔热情地参加了本课题调研的部分工作。不论是调研选题的讨论、同有关各方的联络，还是资料的整理、归类、建档等，他们都付出了辛勤的劳动。

这里，还要特别感谢国家社会科学基金规划办公室、国家新闻出版广电总局有关领导和同志对本课题调研工作的支持和帮助，感谢有关部门对丛书出版经费的支持和保证。中共党史出版社的领导汪晓军以及陈海平、姚建萍等同志，也为这套丛书的出版花费了很多心血。

我们相信，本丛书 A 系列和 B 系列各卷的陆续公开出版，必将大大有助于抗战损失课题调研成果的推广利用，有利于固化历史，更好地发挥以史为鉴、资政育人的作用。但是，我们也深知，本课题调研迄今所取得的成果，还只是阶段性的、部分的、不完全的成果。在已经取得的来之不易的成果的基础上，今后，这一课题的调研工作还要深入不懈地继续进行下去。

中共中央党史研究室课题组

2014 年 4 月 30 日